人民慈善家

PEOPLE'S PHILANTHROPIST

刘 军 主编

人民出版社

封面题字：苏士澍

主　编：刘　军
副主编：姚苏凌

撰　稿：刘　军　姚苏凌　芸　子
　　　　简　心　齐　全　董湘依

校　　对：郭向丽
美术编辑：杨飞羊

前　言

上善若水，厚德载物。中华文明源远流长，孕育了中华民族崇德向善、助人为乐的宝贵精神品格和价值追求。每一个时代都会留下令人刻骨铭心的精神记忆和榜样人物形象。榜样是信念，是精神，更是力量。榜样的力量超越时代，为后世敬仰与效法。今天，榜样依然是中华民族实现伟大复兴的强大精神动力。

2013年9月，中共中央总书记、国家主席习近平在接见第四届全国道德模范及提名奖获得者时深情地说："要深入开展学习宣传道德模范活动，弘扬真善美，传播正能量，激励人民群众崇德向善、见贤思齐，鼓励全社会积善成德、明德惟馨，为实现中华民族伟大复兴的中国梦凝聚起强大的精神力量和有力的道德支撑。"

慈善公益事业，是惠及人民的事业，也是凝聚中华儿女精神力量实现中国梦的伟大事业。改革开放30多年来，随着社会主义现代化建设的不断推进，中国慈善公益事业也取得了长足的发展。海内外中华儿女传承和发扬中华民族优秀传统，胸怀大爱、心系家国，不仅在扶危济困、捐资助学、敬老爱幼，以及帮助贫困地区脱贫致富等方面不遗余力，而且在四川汶川特大地震、青海玉树地震、甘肃舟曲特大泥石流灾害、四川芦山地震等重大自然灾害发生后，纷纷慷慨解囊、倾力救助。这充分体现了中华儿女守望相助、血浓于水的同胞深情。他们的善行义举，也成为中华民族重要的精神财富之一。

为人民做好事，人民不会忘记。为弘扬慈善精神，彰显慈善榜样，引导更多人关注和加入到慈善公益行列中，中国政协杂志社和人民出版社特联合编撰出版了慈善人物主题文献《人民慈善家》。

《人民慈善家》甄选推举了25位具有代表性的慈善家，对他们的事业成就和参与慈善公益的先进事迹进行了回顾与梳理。相对于其他以捐款数额进行排行与评比的各类慈善榜单而言，我们更加关注和探寻拥有不同财富实力与社会能量的慈善家与众不同的人生境界、慈善情怀和精神品格；同时，我们也注重总结和展现他们作为榜样人物在参与慈善公益过程中所发挥的引领作用，以及他们对促进中国慈善公益事业进一步发展的深层次思考和真知灼见……

善行天下，德耀中华。我们相信，只要每个人为社会多做一件善事、多献一份爱心，中华民族将会迎来更加美好的明天！

目 录 CONTENTS

积善传家　明德卓行
—— 董氏集团创始人董纪勋

"积善之家，必有余庆。"积德行善之家，恩泽及于子孙。早在20世纪90年代，著名实业家董纪勋就投身慈善，受其影响，儿子董瑞莘做起了公益，之后孙子董凤池在他们的带动下也参与公益，祖孙三代人共同撑起一份慈善事业。董氏儿孙深知上代人的艰辛，没有悠然自得地止步于父辈用血汗铺成的道路上；更理解上代人心中涌动的大爱乡情，心甘情愿地远赴西非接班，不遗余力投身慈善，将家国大爱代代传承。董纪勋、董瑞莘、董凤池三代传承，坚持慈善的事迹和精神令人感动。

董纪勋在创业初期，就开始积极投身慈善。这是他多年来形成的"董氏家风"，如同无声的教诲，助人立德立言、成人成才，让后人铭刻在心、代代受益。董氏家族的家风不仅打破了"富不过三代"的魔咒，更为推动企业发展和国家慈善事业进步注入了原动力。

得益于社会　奉献于社会
—— 全国政协常委、中国泛海控股集团董事长卢志强

作为中国泛海控股集团的创立者和领航人，在卢志强的人生理念里，"得益于社会，奉献于社会"是一条体现民营企业家价值观的主线，把企业经营好无疑是企业家的责任和使命。在卢志强看来，企业要做到优秀、卓越，就必须站在社会和国家的角度，去承担更多的责任、担负更多的使命，而慈善是通往优秀的必经之路。

30多年来，卢志强领导的中国泛海控股集团及其所属企业，不仅实现了企业的可持续发展，而且能够自觉履行企业社会责任，积极参与公益慈善事业。截至2016年10月，中国泛海累计向国家上缴税收100多亿元，向社会公益慈善事业捐赠近50亿元。卢志强先后荣获"中华慈善奖"特别贡献奖、"中国光彩事业奖章""人民不会忘记"奖牌、"优秀中国特色社会主义建设者""全国抗震救灾模范""全国社会扶贫先进个人""中国光彩事业20周年突出贡献奖""十大慈善家"和"全国脱贫攻坚奖"等多项荣誉。

赤子报国之心　兼济天下之责
—— 全国政协委员、旭日集团董事长杨钊

他年少有为，只身赴港，历经商海浮沉，白手起家，创立伟大基业；他艰苦创业，敢为人先，一手打造纺织帝国，数载打拼，一朝闻名世界；他研习佛道，心怀儒理，一颗赤子善心，兼济天下，将"旭日"的光芒普撒到世界的各个角落。

他是一位港商投资内地的"排头兵"，满怀激情，以一腔热血投身祖国建设的大业；他是一位了不起的企业家，果敢坚定，一手打造的商业帝国也正如旭日一般生机蓬勃，绚烂耀眼；他更是一位了不起的慈善家，以赤子之心广行善举、奉献社会，至今捐赠善款累计超过24亿港元。

他，就是中华慈善奖获得者、全国政协委员、旭日集团董事长杨钊。

身担大任　心怀大爱
—— 全国政协经济委员会副主任、世茂集团董事局主席许荣茂

作为香港政经界有着重要影响力的人士，长期以来，许荣茂热心投身于社会服务，表现卓越，尤其鼎力支持公益事业，频频用出人意料的大手笔，刷新着世人对慈善的理解，同时，亦将民间力量的社会关怀推向全新高度。以爱心回馈社会，以慈善帮扶弱者，一直是许荣茂坚持不懈的社会事业。截至目前，许荣茂带领世茂集团累计捐赠逾11.8亿元，公益覆盖人口超过2000万。

许荣茂先后荣获了中国政府慈善领域最高奖——中华慈善奖特别贡献奖、香港特别行政区政府授予的至高荣誉——金紫荆星章，以及"2014年度中国首善""2015中国年度慈善领袖""中国慈善榜2016年度终身成就奖"等荣誉称号。

书坛大家　德艺双馨
—— 全国政协委员、首都师范大学教授欧阳中石

欧阳中石是书坛大家，他的书法博采众家之长，形成了自己飘逸潇洒、清新多姿的独特风格，在海内外有着广泛的影响。他曾经获得"中国书法兰亭奖·终身成就奖""中国书法兰亭奖·教育贡献奖"，也获得过"全国劳动模范"称号、"首都杰出人才奖"、北京市模范教师称号等荣誉。

然而，比起这些荣誉称号，他更愿意称呼自己为"教书匠"。用他的话说，自从上了学就没有离开过学校，毕业后站立三尺讲台，小学、初中、高中、大学、研究生、博士、博士后，一届也没落下，甚至多种科目都尝试过。人们钦佩他的博学才华，惊叹他的丰富经历，他却轻描淡写地用"少无大志、见异思迁、不务正业、无家可归"总结自己。这就是大师虚怀若谷的气质和高尚的人格魅力。

璀璨人生　德高品善
—— 广东省慈善总会荣誉会长、深圳信立泰药业股份有限公司
　　董事长叶澄海

他曾经是政坛一颗耀眼的新星，他从最基层做起，一步一个脚印，逐步走上广东省委常委、深圳市副市长的领导岗位。正值政绩显著、口碑颇佳时，他却华丽转身，毅然弃政从商。他亦是一位温文儒雅、睿智果敢的企业家，以过人的胆识、聪明的才智驰骋商海，20多年不离不弃、浪前布局、危中寻机、运筹帷幄、决胜千里，缔造了一个商业传奇王国，演绎出一幕精彩的人生大戏。

他是一位德高望重、虚怀若谷的长者，在悠适怡然的心境中，感悟精彩丰盛的人生；他，也是一位慈怀若海、力行善举的著名慈善家。他就是广东省慈善总会荣誉会长、深圳信立泰药业股份有限公司董事长叶澄海。

追求卓越　奉献社会

—— 十一届全国政协常委、通威集团董事局主席刘汉元

历经30多年的艰苦奋斗和不懈追求，通威集团从无到有、从小到大、由弱及强，已发展成以农业、新能源为双主业，并在化工、宠物食品、建筑与房地产等行业快速发展的大型民营科技型企业。2016年再次入围"中国民营企业500强"，通威品牌价值跃升至403.58亿元，连续13年荣列这一国际公信力和认同度最高、权威性和参鉴性最强的中国品牌国家队。

审视通威从500元起家到2015年销售收入超530亿元的企业发展轨迹，集团董事局主席刘汉元坦言："财富越多，责任越大。"多年来，这位多次登上福布斯排行榜的富豪，在慈善公益事业方面的贡献同样引人关注。他先后荣获"中国慈善家""抗震救灾先进个人"、首届中国企业社会责任年"责任领袖""亚太最具社会责任感华商领袖"等荣誉称号。

"让每个人的人生都有出彩的机会"

—— 全国政协委员、碧桂园集团创始人杨国强

"我们要做有良心、有社会责任感的阳光企业""希望社会因我们的存在而变得更加美好"，这是碧桂园集团创始人杨国强亲自为企业拟定的核心理念，也是碧桂园上下一直努力践行的基本准则。碧桂园集团始终努力为更多的人创造更加美好的安居条件，每年为国家纳税100多亿元。除却创造财富的多少之别，与大多数成功人士一样，杨国强通过艰苦努力、不懈奋斗，成为这个时代的创富榜样。特别值得一提的是，在取得巨大财富和非凡成就之后，他用另一个方式诠释着财富的意义——慈善，攀登着另一个高峰——道德。

从1997年第一笔大额捐赠算起，20年来，杨国强及女儿杨惠妍和碧桂园集团不遗余力地参与慈善公益事业，为教育、医疗、扶贫、救灾等领域累计捐赠超26亿元。

翰墨人生　勇担责任

—— 全国政协委员、中国人民革命军事博物馆研究馆员卢中南

卢中南研习创作正楷，从潜心临写欧阳询的各种碑帖，融会贯通，再到自己不断吸收前人之长，开拓创新，注重笔法多变，雅俗共赏，兼具虞世南的冲和、褚遂良的灵动、颜真卿的宽博、赵孟頫的潇洒，独具个人特色，成为当今书坛楷书高手。

卢中南作品中透出的潇洒清正正如他本人，始终默守着他的那片净土，勤于笔耕，行得端，立得正。他希望能够用自己的作品激励部队官兵爱军习武、扎根基层、献身国防。他说："我们可以创作书写一些既体现时代特色又符合传统文学审美的诗词书法作品，让这些作品上得了天入得了地，雅俗共赏而不是曲高和寡。这样的话，在弘扬民族文化、传播先进军事文化的过程中，才更能体现我们军旅书法家的责任担当。"

从心出发　家国担当

—— 全国政协委员、玖龙纸业（控股）有限公司董事长张茵

她，坚持把环保作为企业生命线，演绎现实版的"点纸成金"；在男性主导的商业世界里，她白手起家，三次夺得胡润百富榜中国女首富桂冠。

她，把企业家的社会责任看得很重，对慈善事业充满热忱但不盲目，讲究"好钢用在刀刃上，帮助真正需要帮助的人。"目前，她和她所领导的企业累计捐款超过1亿元。

她，先后获得"中华慈善奖""CCTV中国经济年度人物""商界木兰奖""广东扶贫济困红棉杯金杯奖""南方华人慈善盛典慈善人物""东莞十大慈善人物"等奖项和荣誉称号。

她，就是全国政协委员、香港太平绅士、玖龙纸业掌门人、美国中南（控股）有限公司创始人、集商业智慧与慈心仁爱于一身的张茵。

赤子丹心　勇担责任
—— 全国政协委员、广州富力地产股份有限公司董事长兼总裁张力

张力领导的富力地产是中国综合实力最强的房地产企业之一，他以勇于开拓、把握机遇的领袖风范，引领企业在向国际化转型的道路上披荆斩棘。

在企业发展壮大的同时，张力更以一颗赤子报国之心回馈社会，投身慈善事业，奉献大爱善心。十多年来，他秉承"承担责任，无悔人生"的精神，带领富力地产在扶贫、文教、卫生、治安、敬老等多个领域，累计捐款捐物超过4.2亿元人民币。

因为无数的慈善义举，张力委员曾获得民政部颁发的"中华慈善奖"突出贡献（个人）奖等多个慈善奖项，成为慈善家中的杰出楷模。

弘扬中华文化的爱心使者
—— 全国政协委员、法治中国诗书画院院长汪国新

2016年春节期间，联合国总部特别邀请汪国新举办"关帝圣君画展"，这既是对中华传统文化的尊重，也是对一位艺术家几十年辛勤耕耘的肯定……

当代著名人物画家汪国新，其画作以八面威风的关公艺术形象独树一帜于中国画坛。作为一个艺术家，汪国新一直满怀"当为华夏铸脊梁"的社会责任和使命，致力于传扬中华民族的传统文化，把"忠、义、仁、勇、智、礼、信"的中华美德作为旗帜，足迹遍布世界各地。

作为一个公民，汪国新总是以感恩社会、回报人民的慈善之心投身慈善公益事业，积极参与自然灾害救助、希望工程、环保、军烈属抚恤、濒危动物保护、残疾儿童帮扶、山区脱贫致富、关注福利院等活动，捐赠善款及画作价值数千万元。

思利及人　彰显责任

—— 全国政协委员、李锦记健康产品集团主席兼行政总裁李惠森

创建于1888年的李锦记，经历百年的风雨与艰辛创业，已由一个蚝油坊发展成一个享誉全球的跨国集团。但是李锦记家族并没有沉浸于自身的荣誉和成功中，而是秉承"思利及人"核心价值观，在常年造福社会的过程中对慈善公益和企业社会责任有着更深的认识和实践。

李惠森，从"李锦记第四代传人之一"到杰出企业家、慈善家……多年来，他领导的企业在实现可持续发展的同时，还在长期的公益实践中，开创了"短期与长期平衡发展、硬件与软件平衡建设、输血与造血平衡慈善"的公益新模式。

截至目前，李锦记集团和李惠森捐赠善款和物资价值累计超过1.8亿元。李惠森先后荣获"中华慈善事业突出贡献奖""中华慈善最具爱心外资企业奖"，以及"中华健康快车光明贡献奖"等奖项。

桑梓情浓　初心不改

—— 广东省政协特聘委员、完美（中国）有限公司董事长古润金

获得马来西亚丹斯里、皇室拿督和太平局绅荣衔的古润金，是著名的实业家、慈善家、社会活动家。祖籍地广东省中山市的他，自幼接受长辈们的熏陶，对孙中山先生的"博爱"精神与革命事迹都深有感悟，"天下为公"的博爱胸襟深深地打动了古润金，也影响了他的人生价值观：孜孜不倦，慈爱众生。

20多年来，怀着对故土的眷恋之情和对社会的责任之感，他在不断创富的同时，还不忘投身社会慈善公益事业，逐渐形成了以捐助希望工程、推广母亲水窖、支持华文教育等为主体的慈善公益体系，累计各类捐款、捐物总额已逾6亿元。古润金曾六次获得中国政府慈善领域的最高奖——中华慈善奖。2012年3月，作为海外杰出华人、华侨代表，应邀列席全国政协第十一届五次会议。

爱国爱教　慈悲喜舍

—— 湖北省政协委员、庐山铁佛寺和黄梅妙乐寺方丈释妙乐

她，求法问道、苦修实证30年——11年三步一拜朝礼名山祖庭，3年坐洞，7年闭关，9年面壁，潜心佛法；她呕心沥血，修建了庐山铁佛寺、黄梅妙乐寺等10座寺院；她慈悲济世，为社会公益事业捐助3.5亿元人民币……这一串数字的背后，体现了一位佛门大行者圆融无碍的智慧境界，无我利他的精神品格，爱国爱教、爱党爱民的真实情怀。

她就是妙乐法师，现任湖北省政协委员、江西省宗教文化交流协会副会长、九江市宗教研究会会长，湖北省佛协副会长，庐山铁佛寺、黄梅妙乐寺方丈。

愿做终身义工　绽放夺目美丽

—— 江西省政协委员、国际佛光会香港协会会长邝美云

港姐、歌手、演员、老板、政协委员、慈善家……诸多的身份集于一身，她游刃有余，每样事情都做得风生水起——她就是邝美云。告别演艺圈转战商界，身份的成功转换，铸就了一段传奇人生。打拼了多年之后，从前的"邝美人"美丽依旧，岁月仿佛格外厚待她。事业有成、身家上亿，在别人眼中，她完全可以功成身退，享乐人生，但是如今她所追求的不是挥霍财富的人生，而是去做一名"终身义工"，用爱心和智慧绽放一个女人最夺目的美丽。

近年来，邝美云为捐资助学、支援灾区等慈善公益活动捐款2000多万元，但她说："做慈善并不是仅仅给钱那么简单，精神上的给予才是最重要的。"

桥跨千仞志所趋　顿履万里怀苍生
—— 广东省政协常委、广东桥胜集团董事长兼总经理陈桥顿

他从苦难中走出，积蹉步而至千里，建造起直上云霄的事业大厦；他以诚待人，以人为本，时时处处关爱员工，凝聚人心；他对社会怀有难能可贵的慈悲之心，从企业盈利5000元起就拿出200元来帮助别人。为老百姓多做实事，是他朴素的慈善观；他深爱着自己的家乡，以及那片洒满汗水的土地，立意以诚挚的行动将家乡建设得更美，展现了一个有担当、有作为的企业家的风采。

他，就是全国劳动模范、全国爱国拥军模范、全国五一劳动奖章获得者、中国光彩事业奖章获得者、广东桥胜集团董事长兼总经理陈桥顿。

心怀大爱　回馈社会
—— 宁夏回族自治区政协常委、宁夏陈逢干大学生助学基金会会长陈逢干

他曾经大声疾呼："中国的企业家不要做守财奴！"

他曾经感言："赚钱不难，花钱很难，花到对社会有用的地方更难！"

他曾经许诺："我不是最有钱的人，但我要做最有爱心的人！"

他就是宁夏回族自治区政协常委陈逢干，连续四年荣获中华慈善奖、连续六年荣获"全国十大慈善家"称号。

这些荣耀告诉世人，他履行着自己许下的承诺，时刻提醒自己勿忘帮助他人，他数十年如一日的付出如同冬日里的暖阳，让人们看到温暖和希望。30多年来，他为社会捐款2亿多元，他的坎坷创业历程、曲折人生之路，伴随着的是一段传奇的爱心故事。

让人生最美丽的花朵在爱心中绽放

—— 天津市政协常委、阳光义工爱心社社长张秀燕

江南自古出美女，但也不乏才女。20世纪末，有这样一位绍兴女子，她集秀外慧中于一身，以其敏锐的眼光和巨大的胆识，投身到天津日新月异的发展大潮中，在传统的深邃和现代的瑰丽中给我们演绎着一幕幕感人的故事。

在事业成功的同时，她始终没有忘记自己应尽的社会责任，她经常告诫自己，人活着不能光为了自己，必须回馈社会，报答人民，这才是真正的人生。

她，就是天津市第十二届政协常委、阳光义工爱心社社长张秀燕。

施以爱心　　不图回报

—— 云南省政协委员、西双版纳石化集团董事长柳天伟

1979年，18岁的柳天伟从墨江县一个偏僻落后的小山村来到西双版纳，从此心系傣乡，开创了一条充满正能量的温暖大道。他一路披荆斩棘，不仅脚踏实地地铺就了自己的实业之路，而且坚持不懈地为版纳群众谋福祉、播爱心。

从1998年捐出20万元建造天伟小学开始，柳天伟开启了发展企业和做慈善的快乐之旅。从扶贫救济到捐资助学，从抢险救灾到助残敬老，不管是企业员工还是当地各族群众，他都慷慨解囊，倾力相助，以实际行动回报社，铸就慈善大爱。20多年来，他累计向社会公益事业捐款捐物超过8000万元，成为西双版纳州远近闻名的慈善家。

助人是快乐的源泉

—— 广州市政协委员、香港昌泰国际集团主席兼行政总裁邓慕莲

"助人是快乐的源泉。"这句话出自广东省罗定夏坊小学师生写给邓慕莲的感谢信，也是邓慕莲一直以来坚持的理念。达则兼济天下，邓慕莲一直希望自己的所作所为能影响更多的人，人人都尽其所能，奉献爱心，传播善念，不仅帮助别人，自己也能收获快乐。

心有大爱，情牵祖国。事业的成功并非邓慕莲最大的骄傲，能帮助那些身处困境中的人，让她的内心充满了真正的快乐。邓慕莲一直关注并推动中华文化及教育事业，不遗余力地帮助国内弱势群体中的青少年，相信教育是改变他们命运最有效的途径。

大别山走出来的爱心使者

—— 中国扶贫开发协会荣誉副会长、湖北省昊成置业有限公司董事长何光营

2011 年 6 月 26 日，"辉煌征程——建党 90 周年大型纪念盛典"暨"推动中国公益发展功勋人物颁奖仪式"在中央电视台梅地亚中心举行，因在慈善公益方面所作出的积极贡献，从大别山走出来的爱心使者、湖北省麻城市政协委员何光营，荣获了该盛典的最高殊荣——"推动中国公益发展十大功勋人物"荣誉称号。事实上，何光营还获得过许多令人敬佩的荣誉。

可谁能想到，何光营 20 多年前还是一个为了生计而从大别山走出来的农村青年，最近几年他却拿出千万元来扶贫济困、捐资助学……他常说："我是改革开放的受益者，改革开放圆了我的人生梦；现在我有这个能力了，我要尽力帮助更多人实现梦想。"

天道酬勤　　播撒大爱

——广东省政协委员、广东都市丽人实业有限公司董事长郑耀南

郑耀南，正是凭借一股敢于挑战命运，善于抓住机遇，肯于勤奋钻研的劲头，历经多年打拼，从只身闯荡社会的普通人一跃成为香港上市企业——都市丽人控股有限公司的董事长。他引领的"都市丽人"已经成长为集研发、制造、销售于一体的现代化大型贴身衣物品牌的企业集团，成为内衣行业首屈一指的领跑者。

郑耀南，不仅是一位逆袭成功的企业家，更是一位美誉远播的慈善家。截至目前，郑耀南已向社会各界累计捐款超过5000万元。为此，他先后获得了2010年东莞"扶贫帮困特殊贡献奖"、2014年东莞"十大慈善人物"、2016年深圳市"鹏城慈善捐赠个人金奖"等慈善奖项。

李兆基

香港恒基兆业地产集团创办人李兆基博士，被人们称为"亚洲股神""地产大王"，有着1000元变逾1000亿元的创富传奇，但他饮水思源，对故乡顺德，对打拼之地香港，对祖国忠心忠诚、钟情钟爱。

近50年来，李兆基对香港的经济繁荣与稳定作出了巨大贡献。内地改革开放后，更是致力于投资内地经济建设，亲自推动了内地20多个省、自治区和直辖市数以百亿元人民币的合作项目。

与此同时，李兆基也是一位广受尊崇的大慈善家。他多年来对中国内地的教育和人才培训给予无限支持，出钱出力出计划，捐赠以数十亿元计；他对赈灾扶贫更是不遗余力，使数以千百万的人民受惠。2007年，李兆基获香港特别行政区政府颁授最高荣誉的"大紫荆勋章"。

胸怀大爱　　儒商典范

—— 香港特别行政区政府大紫荆勋章获得者、香港恒基兆业地产集团主席李兆基

李兆基曾高居福布斯世界富豪榜第四，并多年占据福布斯香港富豪榜的前列位置。从十八、九岁身揣 1000 块来到香港打拼到成为身家千亿的富翁，在多年的商场拼搏中，他自有独特的眼光和过人的胆识，成就了自己的财富王国。然而在他眼中，他的慈善事业更是卓尔不群、精彩非凡。

李兆基一直认为，"聚财"和"散财"同样重要，世人应仿效春秋时代的陶朱公，做到"聚财"之后，亦要懂得"散财"回报社会，才算不枉此生。正是这样的理念，构筑了他慈善公益事业的根基。

李兆基在从商和慈善方面，成就超卓，深受各界敬重。多年来，他获得了世界各地权威机构和大学，包括牛津大学、清华大学、北京大学、复旦大学、香港大学、香港中文大学、香港浸会大学等，颁授的多个荣衔，正是社会对他所取得的成就和所作贡献的肯定。李兆基的各项社会载誉和从多个方面以"聚财、散财之道"回报社会的善举，体现了他从儒商巨贾到慈善大家的睿智和高尚的思想境界。

培华工程　薪火相传

美国股神巴菲特把自己财产的大部分捐赠予世界首富盖茨和夫人成立的盖茨慈善基金，表现出巴菲特异乎常人的慷慨胸襟。然而区别于欧美富豪的观念，李兆基坦言："巴菲特的无私奉献不是很多东方富豪能够比得上的。东西方文化中一项最大的差异在于对血缘关系的珍惜与照顾。"李兆基的意思是西方民族的"个人主义"相当明显，这与东方民族着重"家庭观念"大相径庭。故此，李兆基坦承，一般东方人都会把穷一生奋斗的积蓄留给下一代，一方面完成自己身为族长家长的责任，另一方面表现出如何重视骨肉亲情。在不同的文化背景之下，人们会以相异的行为配合，故而他一方面计划把生意基业交由第二代继承，进一步发扬光大、光宗耀祖，而另一方面他成立了"李兆基基金"，由他本人亲自策划和掌管，按着他的意愿和计划运用在祖国和香港的公益专案上。

在诸多慈善项目中，他最关心的是教育和培训。他直言："我是生意人，故而做慈善也要发挥杠杆原理、四两拨千斤的作用，才算得上最有成效。在社会上各种值得支持支援的善事中，我首选教育与培训。因为通过教育与培训让一个人成才，不但令他

2007 年，李兆基获香港特别行政区政府颁授最高荣誉的"大紫荆勋章"

员长提及：目前百废待举，要国家富强，培训人才是当前急务。李兆基等听了，深感当前报国爱国的实际行动莫过于为国栽培人才，因为人才是国家最宝贵的资产。于是回港后，李兆基立即筹备。当时正值撒切尔夫人在北京摔了一跤之后，香港地产狂泻，不少地产商宣布破产。然而，在经济极度衰退的困难环境中，李兆基仍慷慨捐出 500 万港元作为培华教育基金会之启动费。当时的 500 万港元的购买力与现在的 5 亿港元相若，可见李兆基之慷慨。李兆基被推举为培华教育基金会信托理事会主席，从此，他通过培华设计、赞助、推广内地各项教育及培训活动，至今已为国内现代化建设，特别是为边远贫困地区培训了大批高级管理人才。

香港培华教育基金会 1982 年成立以来，一直以"一传十、十传百"的理念，为国家培训人才。过去 30 多年，培华共资助、主办或协办了超过 650 个教育项目，受益人士逾 73000 人，学员遍布全国各地。李兆基表示，培华的培训项目一向讲求实用性，并配合国家发展的需要。展望未来，培华将努力为国家培训更多人才。

一生受用，而且可以由他帮助家人和朋友过上幸福生活后，再帮助社会成长，受惠之广之多，莫可明言。"

这些年来，李兆基捐助的教育项目众多，其中最令他引以为傲的是为培育祖国人才而建立的培华教育基金会。1981 年 10 月，李兆基率领一个由香港工商界组成的访问团前往北京，获得了时任全国人大常委会副委员长廖承志的接见。会见中廖副委

培华教育基金会也赢得了中共中央统战部副部长林智敏的赞誉。她在 2012 年"庆祝培华成立 30 周年酒会"上说，培华成立 30 年来为国家培训各方面紧缺人才，为有志者的成长和进步发挥了重要作用，尤其是在培训少数民族干部和西部地区干部

1996 年，李兆基荣登美国"福布斯"财经杂志"世界富豪排名榜"第四名，跃居亚洲首富

方面，效果显著，硕果累累，赢得各方赞誉。她寄语培华未来要为国家培训更多各类人才，为国家改革开放事业再立新功。

不忘农民　受惠无穷

香港培华教育基金会所取得的成绩有目共睹。然而，李兆基并不满足于只着重于为国家培训管理人才，他在与时任中央统战部部长的刘延东交流商议中得到她的指导与鼓励之后，于 2006 年宣布成立"温暖工程李兆基基金百县百万农民及万名乡村医生培训"项目，旨在为中国贫困农民提供培训与就业机会。

李兆基希望能够通过这个项目，积极帮助农民脱贫，缩小贫富差距，彻底解决贫困农民的工作和生活问题，为他们的家庭提供永久脱贫的基本条件，做到"一人受助，全家受惠"。而培训农民获得谋生技能，并教导使之成为有一技之长傍身的技工，引介他们获得工作岗位，这样可以为国家培养人才，既能产生经济效应，又能提供自力更生的劳动力量。同时，项目为国家增添人力资源，减低成本，对工商界有利。

这个扶农项目，由李兆基主力捐助，捐赠 3.3 亿元人民币，另再由政府补贴 3 亿元人民币。李兆基同意将广西靖西县、龙州县、云南省孟连县、河口县作为温暖工程项目首阶段的四个试点。四个试点成功后再拓展扶农育农范围。就该四个试点的实施情况看来，培训课程均能因地制宜，例如：

第一个试点：广西靖西县开办的培训课程包括家电维修、电工电焊和服装加工班等，有 90% 的学员分别到深圳、中山、梧州、东莞等地就业。

2006 年，李兆基为"温暖工程李兆基基金百县百万农民及万名乡村医生培训"项目捐赠

第二个试点：广西龙州县开办电焊、服装加工工艺、餐饮培训班，合格学员获广东及当地企业聘用。

第三个试点：云南河口县则加强了农业技术培训，教学员培植香蕉等农业技能。

第四个试点：云南孟连县的培训内容有旅游、酒店、餐饮、机电维修。至 2007 年初，90% 的毕业学员获当地茶厂、橡胶园、深圳精工研制品企业及当地餐饮业、宾馆聘用。

李兆基非常热衷于这个温暖工程，他认为培训一名农民，使他有一技之长及独立工作能力，就可以由他一人养活全家，让一家三口能温饱度日。按此比例计，成功培训 100 万名农民，就有 300 万人安居乐业，并能成为国家的生产劳动力，非但经济实惠，而且意义深远。直至 2009 年，在全国政协副主席杜青林的指导下，李兆基又增加 20 万名农

民所需的培训捐款，此外，亦同时额外捐赠了 1400 万元人民币辅助水利工程，兴建"上善水窖"。

李兆基在 2006 年底决定扩阔"温暖工程李兆基基金项目"的覆盖范围，引申至全面展开"百万农民培训计划"第二阶段、"万名乡村医生培训计划"等，项目于 2006 年 12 月 29 日在北京正式成立。当日出席仪式的有时任中共中央政治局委员、国务院回良玉副总理，全国政协副主席、中央统战部刘延东部长，全国人大常委会成思危副委员长、蒋正华副委员长，以及中央统战部、农业部、教育部、卫生部、劳动和社会保障部、建设部等部领导。

当日，回良玉副总理在致辞中对李兆基的善举给予高度评价，他提到："长期以来，许多港澳同胞心向祖国、情系手足、热心公益、乐善好施，捐赠了大量资金和物资，并通过多种方式和途径，为促进内地经济社会发展和公共事业作出了重要贡

献。今天，李兆基先生又捐资支持农民和乡村医生培训，这是促进农村劳动力教育培训、培养造就新型农民的一件善事，也是推动农村卫生事业发展、提高农民医疗服务水平的一个义举。这充分表达了港澳同胞的浓浓桑梓情、拳拳报国心，体现了同胞之间血浓于水的深情厚谊，展现了中华民族患难与共、同舟共济和扶贫济困的传统美德。"

李兆基的"温暖工程百万农民培训"项目在中央统战部统筹及监督下，以及五大中央政府部门包括教育部、劳动部、农业部、建设部及中华职业教育社联手合作推行下，最终取得巨大成功，至今共培训了超过 123 万农民，就业率超过 93%。

此外，李兆基的温暖工程与卫生部合作培训一万名农村医生。万名乡村医生培训项目已在实施，

已培训 1.1 万人，使农民得到及时和就近的医疗。

2008 年，杜青林动议于广西及宁夏两地各培训10 万名农民。基于温暖工程培训成效显著，李兆基再度捐款 6000 万元人民币，为自治区的农民再谋福利。

2009 年至 2013 年，李兆基基金向中华海外联谊会农村卫生室项目捐款人民币 5050 万元，建造910 所海联卫生室及一所儿童福利院。另于 2014 年起五年内，每年捐赠人民币 1000 万元，修建 1000所海联卫生室，进一步改善农村落后地区的卫生条件，解决农民群众看病难问题。

此外，中华同心温暖工程项目自 2010 年起，五年内总捐款约人民币 1 亿元，分别用在新疆、西藏实施通用语言培训项目，对当地的农村富余劳

李兆基主要慈善项目分布图

动力进行双语培训，再配以职业技能培训，帮助少数民族青年掌握国家通用语言和一技之长，从而达到转移就业、脱贫致富的目的。在短短一年半的时间，项目已在新疆举办了103期培训班，共有10840名少数民族青年参加，当中近9000人初步掌握了使用国家通用语言的能力，并陆续就业。该项目为巩固民族团结、维护社会稳定、推动新疆和西藏经济社会发展做出了积极的贡献。项目另外每年在贵州毕节为3000名学生提供职业培训。

而继成功推动"温暖工程李兆基基金——百县百万农民及万名乡村医生培训"计划后，李兆基博士于2009年捐资人民币1400万元，与中国水利部及清华大学的专家合作，在宁夏建造6000个集雨水窖及675个集水场，帮助西部农牧民解决用水困难的问题，使贫困农民自然变成富裕农民，国家更受益无穷。

育己树人　仁爱为怀

血浓于水，李兆基悉心尽力回报祖国，势在必行。他自少年时即到港定居发展，与香港当然有着亲密感情。故而香港是他的家，也是他的第二故乡，栽培祖国人才重要，栽培香港人才对李兆基而言，也属责无旁贷。

早在1979年，李兆基已经为培育香港学生而成立"牛津大学李兆基奖学金"。在成立牛津奖学金时，有很多顶尖的香港学生缺乏经济能力赴外国深造，李兆基奖学金使他们能够直接入读牛津，同时得到所需资助，令他们能尽量发挥潜能，学成后为香港作出贡献。在28年的时间里，李兆基奖学金资助了100名香港尖子生，到牛津大学念书，各奖学金得主毕业后，在商界、法律界和工程界成为业界翘楚，贡献社会。

2015年，100名牛津"李兆基奖学金"毕业生联合刊登报纸，更铸造记录金牌，感谢李兆基博士的助学之恩

李兆基每年不但出钱，而且出心出力，他除了会同社会上的知名资深专业人士亲自面试选拔人才之外，还会组织晚宴聚会，与将赴牛津深造，以及学成回来的学生聚会，亲自鼓励他们，与他们交流从商及做事做人的心得。每一次的聚会，他们除了严肃地探讨生活、工作前途问题外，还会轻松地手牵手唱歌、说笑、畅谈等。李兆基愿意花在未来香港社会栋梁身上的不只是金钱，而且是他的真心诚意。正如他说："直至今天，虽然没有一位领取我奖学金到牛津进修的学生，回到香港后为恒地效力，但只要他们能取诸社会、还诸社会，把他们所学

让香港企业受惠，我就心满意足了。"李兆基历年栽培的人才无数，就在 2015 年，100 名牛津"李兆基奖学金"毕业生，联合刊登报纸，铭谢李博士的恩德，上面写着："多蒙栽培之恩，一生受用"，感激之情，溢于言表。众位旧生更特别铸造了纪念金牌，写上"桃李满门，恩德永铭"，送给李博士做留念。李兆基喜见学生们如此念旧情，齐心感谢他的助学之恩，他感到非常感动和欣慰。

此外，香港 9 所大学包括香港大学、香港科技大学、香港中文大学、香港理工大学、香港城市大学、香港浸会大学、香港公开大学、香港岭南大学及香港树仁大学，都曾受惠于李兆基的捐献，获助资金用作扩建大学校园、兴建学生宿舍和教学大楼等，又设立奖学金，大力推动教育发展，所涉金额总数已逾 10 亿港元，受惠学生不计其数。

这些教育捐献，包括李兆基于 2003 年捐款 2400 万港元，支持香港大学增建宿舍设施。而以他的名字命名的"李兆基堂"也于 2005 年底落成启用。

国际化是李兆基堂的一大特色。舍堂有超过三分之一的宿生为非本地学生，分别来自 12 个不同国家，同学修读的科目亦五花八门，分属十多个院系，是大学内最多元化的舍堂之一。李兆基堂每层均有起居室，方便宿生聚会。此外，也设有多用途礼堂、学生会办事处及会议室等，供同学作学术交流及联谊活动之用。

2008 年，李兆基获颁上海复旦大学荣誉博士、北京大学名誉校董、清华大学名誉校董及战略发展顾问，成为全球首位同时获三所国际知名学府颁授荣衔之人士

李兆基于 2007 年捐款 5 亿港元予香港大学，其中 2.5 亿元用作校园发展用途，另外 2.5 亿元用作成立"李兆基奖学基金"，让港大每年运用奖学基金所衍生的利息回报，向成绩优异的海外及本地学生发奖学金，及向在家中首代入读大学、经济有困难的学生派发助学金，让他们获得平等的学习

机会，开阔视野，发挥所长。每年受惠的学生总数达 80 位至 100 位。香港大学为答谢李兆基的慷慨解囊，其百周年校园内的会议中心命名为"李兆基会议中心"。"香港大学李兆基会议中心"是"香港大学百周年校园"的瞩目建筑物之一，其核心部分是近千座位的大会堂，适合举办各种学术及文化活

动，设有专业标准音响系统及优质隔音设施，能灵活地支持课堂、演奏会及电影首映礼等活动。此外，会议中心还包括 26 间演讲厅、课室以及黑盒剧场。

此外，李兆基于 2007 年捐款 4 亿港元支持香港科技大学，兴建"李兆基校园"和"李兆基商学大楼"，李兆基校园占地是整个校园面积的 15%，设有演讲厅、会议室和研讨室，方便学术讨论和交流。而在 2016 年，李兆基的儿子李家诚透过李兆基基金捐赠 1.5 亿港元支持该校兴建一幢全新创科大楼。为答谢李家诚先生，科大把新大楼命名为"李家诚创科大楼"。

李兆基还资助科大建立高等研究院，推动科学突破与技术创新、孕育知识领袖，使之成为亚洲以至全世界首屈一指的知识中心，并作为香港及大中华创新科技及经济发展的平台，积极参与建设一个高度文明、生气蓬勃、富裕和谐的社会。高研院的国际顾问委员会成员都是殿堂级的学者，除了主席杨振宁教授是诺贝尔物理学奖得主之外，另有 11 位委员也同为诺贝尔奖得主，其余的成员也都得过同级同类的奖项，其中一位元老是诺贝尔物理学奖评审委员会的主席。

香港科技大学校园内的李兆基图书馆，同样以李兆基的名字命名，具备最先进的自动化系统，经由宽带的校园网连接互联网，为师生提供无疆界、无时限的网上图书馆服务。

另外，李兆基在 2005 年及 2006 年，共捐款 5000 万港元予香港中文大学，以支持其发展卓越的学科，

2015 年，李兆基捐建的清华大学李兆基科技大楼落成典礼

2008 年，复旦大学"李兆基图书馆"命名揭牌仪式

以及成立"李兆基教育基金"奖学金。香港中文大学为答谢他的善举，于 2010 年将新建的教学大楼命名为"李兆基楼"。大楼高 8 层，提供 7 个大型演讲厅、14 间课室及讲堂，供 2700 名同学上课，主要为法律学院及语言教学之用。

李兆基又向香港理工大学捐款 4500 万港元发展教育，大学为表谢意，于 2006 年将新落成的大楼命名为"李兆基楼"。

2006 年，李兆基向香港城市大学捐款 1000 万港元，城市大学遂将新近落成的学生宿舍命名为"李兆基堂"，以表扬其对大学的捐献和支持。同年，李兆基捐款 5000 万港元予香港公开大学，是该校当时最大的一笔捐献，大学于 2007 年将商业管理学院命名为"李兆基商业管理学院"。

香港浸会大学从 1983 年起获李兆基慷慨捐助大学建校基金。1993 年，李博士出资支持建造思齐楼。2005 年，他透过"李兆基基金"捐助 500 万港元以支持浸大的发展，促成本地首个视觉艺术院问世。2008 年，他再次以"李兆基基金"名义向大学捐出 2000 万港元，其中半数用作设立当代中国研究所，借此促进学术交流，并进行各项有关中国的高水平学科研究，另一半则用来推动大学活动国际化的工作。

除捐赠予香港 9 所大学之外，香港兆基创意书院、香港青年协会李兆基书院、香港青年协会李兆基小学及顺德联谊总会李兆基中学等都受惠于李兆基的巨额捐款，让他们在教育工作上多了一份不可多得的助力。

除了教育捐献，李兆基另外一项惠及社会的项目，就是仁安医院的建立与拓展。1995 年仁安医院建立时，只有 80 个床位，建后十年间一直严重亏损，后经发展，已逐渐转亏为盈，成为一家有超过300个床位、国际知名的全科医院，照顾本地、内地，以至亚太区市民，为他们提供优质的医疗服务，更为内地培训医疗人才，提升当地的医疗服务水平，推动香港和内地医疗服务素质，更上一层楼。李兆基当初开办仁安医院，是本着造福社会，为大众提供优质医疗服务为宗旨，并非为盈利，可谓只求服务，不求回报。作为一间完全自资营运、自负盈亏的私家医院，仁安多年来推出不少创新服务，又赢得多项奖誉，例如"微创中心""总统套房"，同时，也是香港首家私家医院开设"急症门诊"，有助纾缓香港公立医院急症室的轮候问题。

为国育才　惠泽万民

李兆基除了扶助香港大专院校的发展之外，无忘祖国莘莘学子的前景，就是国家的前景，对内地年青一代的教育不断关心，不断捐资。他的企业所取得的成就以及其对教育的贡献，获得了非常有意义的回报。2008年，经过中华人民共和国国务院学位委员会的批准，李兆基成为上海复旦大学第十位名誉博士。

李兆基获此殊荣的确为香港人争光，十位荣誉博士全是国际顶尖人物，包括新加坡的李光耀，而李兆基是十位荣誉博士中唯一的一位中国籍香港人。

为了支持复旦大学完善校园设施，让学生有更佳的学习环境，李兆基于2008年慨然捐赠1亿元人民币给复旦大学的新建图书馆。

在李兆基支持下，复旦大学校园内，一幢中欧堡垒式的图书馆昂然挺立于湖畔，它的宏伟外观以及它内藏的知识宝藏都深具震撼力量，令学生们望

2011年，李兆基与北京大学学生在一起交流

2012年，李兆基基金及香港培华教育基金会，各捐款人民币4000万元推行"千名中西部大学校长海外研修计划"

之而感叹、感动和感激。

李兆基在上海复旦大学举行的"李兆基图书馆"命名揭牌仪式上表示，大学是孕育学问的地方，书本更是人类智慧的泉源，新图书馆拥有62万本藏书，足供复旦同学发挥智慧之用。新图书馆的设备既齐全先进，环境上乘，更有优美的湖相伴，可以交流学习，激发新思维，有益身心，既能让身体得到舒展，又能使心智得到开通，二者兼得。李兆基表示，他是一介商人，故此事事都要讲求"投资回报"，例如捐献给学校，受益的不独是学生本人，更可相传至下一代，以至整个社会，是懂得投资，是很好的回报。

李兆基除了是上海复旦大学的荣誉博士之外，又获北京大学委任为名誉校董，清华大学颁授首位名誉校董及战略发展顾问，成为全球首位同时获该

三所国际知名学府颁授荣衔之人士。

2008年3月4日，李兆基在北京大学接受颁授名誉校董时，他诚恳地向学生授予致富之道的四个基本法则：刻苦耐劳，勤奋努力；经济未定，不宜早婚；要有第一桶金，以钱搵钱；男怕入错行，女怕嫁错郎。

此外，李兆基谈及营商处事有六字真言：止、定、静、安、虑、得。知止而后能定，定而后能静，静而后能安，安而后能虑，虑而后能得。

李兆基认为中国兴盛的大时势已至，他勉励同学把握良机，努力求学，成为杰出的中国新一代。

在2009年，正值金融大海啸席卷全球，各国际超级富豪都无可避免地资产锐缩之际，李兆基仍

人民慈善家

李兆基

然心怀祖国，悉力扶助教育，于2009年6月捐赠共4亿元人民币给北京大学及清华大学，另于2011年再增加捐款1亿元人民币给清华大学。

北京大学与清华大学获李兆基巨额捐款用作学校的长远发展，同时以命名方式答谢李兆基的美意。北京大学以1亿元人民币兴建"李兆基人文学苑"，占地近24000多平方米，是全国以至亚洲最大的人文学建筑群之一；8000万元人民币用于设立"李兆基讲座教授基金"，而获资助之教授将命名为"李兆基讲座教授"，吸引世界一流人才到北京大学任教；另外2000万元人民币则用于设立公共教室楼的维修营运基金，并将公共教室楼命名为"李兆基楼"。清华大学则运用3亿元人民币捐款兴建"李兆基科技大楼"，总建筑面积逾11万平方米，其中地上建筑面积为6.5万平方米，为清华大学单体建筑面积最大的建筑物。大楼涵盖热能、机械、汽车等学科，设有多间实验室及研讨室，为清华大学校园提供优良的学习环境和交流空间。

除了重视新一代人才的培养，李兆基还与时俱进培育高端人才。李兆基基金及香港培华教育基金会，于2012年各捐款人民币4000万元，共人民币8000万元，与国家教育部合作推行"千名中西部大学校长海外研修计划"，资助约1000名中西部大学的书记、校长等领导，到欧美著名大学实地考察及进行培训，拓展其国际视野，并借此提升中西部高校管理和教学水平，为国家培训更多高端人才。该计划为期四年，逾1000名高校领导干部分批前往著名顶尖学府如英国牛津大学、帝国理工大学、美国俄亥俄州立大学等，进行为期21天的海外研修，部分校长回国后，更实时学以致用，取得了立竿见影的成效。

2014年，国家教育部于北京人民大会堂举办"千名中西部大学校长研修计划"中期成果汇报会，

邀请了中共中央政治局委员、国务院副总理刘延东出席。她表示办好中西部高等教育，关系全面建成小康社会和民族复兴，又赞扬"千名中西部大学校长研修计划"提高了中西部高校的办学治校能力，对激发高校改革与发展活动产生了积极的作用。数名参与了该计划的校长于汇报中表示，吸收了外国的先进教学及管理经验后，再结合本地的实际情况，有助提升教学素质，强化学校特色发展。

李兆基对教育的支持不单单在金钱上，他明白下一代是社会的未来主人翁，故他喜爱与年轻人接触，乐于与学生分享他的处世之道、成功心得。李兆基就是希望下一代在拥有良好学习环境的同时，都不忘学习如何学问与才德兼备，做一个在社会上有用的人。

李兆基经常说："我不是捐钱救济穷人，我是诚意地扶助他们自力更生。我之所以特别重视教

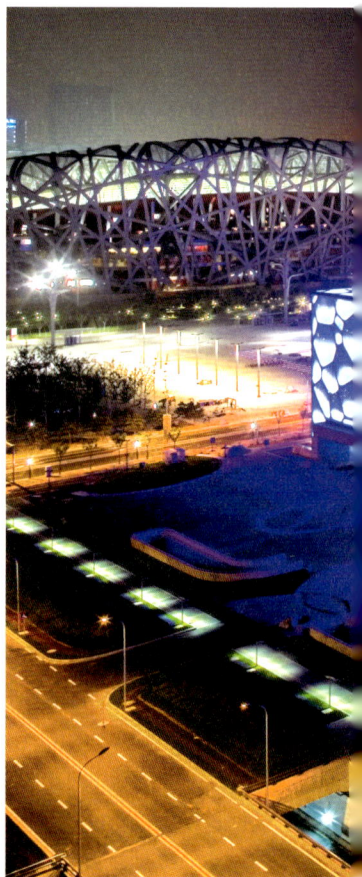

2008年，李兆基旗下恒基兆业地产集团和其附属及联营公司，共同捐出1亿元港币，以资助兴建北京奥运场馆 —— 国家游泳中心"水立方"

30

育，是因为作育英才，万亿人民受惠，千万年得益。"李兆基在教育公益事业上所表现的深度和智慧于此可见一斑。

立足香港　心系祖国

今日的中国正以大国之风范，显示强国之优势，李兆基对祖国感到骄傲与自豪。香港回归祖国，经历十多年，证实了一国两制的成功实施，为香港的繁荣稳定打下了基础，故此在 2007 年香港回归十周年时，李兆基慨然捐款 4000 万港元赞助香港足球总会主办的"回归杯"国际赛事，表现他对回归祖国十年之喜悦与对香港之爱护。

当年北京获得 2008 年奥林匹克运动会举办权，实现"百年梦想"，李兆基异常高兴，他立即与公司共捐赠 1 亿元港元予北京市，作为建设奥运游泳比赛专用场馆水立方之用。李兆基和很多普通的中国老百姓一样，怀着兴奋的心情赴北京参加奥运开幕典礼，在奥运主场馆鸟巢的包厢内，他和同事、好友以及儿孙等百余人，济济一堂，为中国这傲视全球、熠熠生辉的一页作历史见证。

由于香港是奥运马术比赛项目的协办城市，李兆基亦欣然安排恒地成为香港奥运马术比赛的主要赞助商。

奥运之后，中国人在体育精神与运动成绩上的骄人表现已获世界认同。接着，香港成为 2009 年东亚运动会之主办城市，李兆基出钱出心出力支持，由恒地出任为钻石伙伴，为赞助东亚运动会的唯一香港地产发展商。这都体现了李兆基一直无忘"取诸社会，用诸社会"的原则。

能为祖国的荣耀锦上添花，也能为受灾的老百姓雪中送炭。

2008年5月12日，四川汶川发生八级大地震，举国同哀。心系祖国同胞的李兆基，联同其家族成员及集团上下，共捐款约1.2亿港元，用作援建在地震中受损严重的广元市中心医院门诊内科综合大楼，以及购买灾民急需的物资，直接送往灾区，发挥"一方有难，八方支持"的精神。当中港币8000万元，用作重建"广元市中心医院"大楼，2013年建成后命名为"李兆基门诊内科大楼"。大楼高20层，另两层地库，属最高级别的"三级甲等"医院，病床约1000张，每年可接待门诊病人60万人次，服务四川、陕西、甘肃三省600万人口。医院为答谢他的慷慨解囊，在大楼内设立"李兆基贡献纪念馆"，以表扬其多年来的慈善贡献。

李兆基不遗余力为香港社会作出积极贡献，务求达致"发展经济、改善民生、减少贫富悬殊、促进社会和谐"。近年来，李兆基积极提出多个崭新构思，包括捐出土地，满足社会上不同人士的需求，令市民安居乐业，从而促进社会和谐，维持香港繁荣安定。

2013年底，李兆基宣布捐出屯门蓝地近1万平方米土地，给对提供长者服务非常有经验的博爱医院，用作兴建香港最大的长者护养及护理中心，可提供约1400个长者宿位，为长者提供优质安老院舍，有助大大缩短长者轮候宿位的时间。该安老院舍，预计于2018年至2019年启动。

2015年，他向香港慈善机构保良局捐出家族拥有的位于新界元朗区的土地，用于兴建香港最大的

2013年，李兆基捐资重建的"广元市中心医院"大楼命名为"李兆基门诊内科大楼"

2015 年，博爱医院屯门蓝地安老院舍启动礼

青年宿舍，以市场价约一半的租金租给约 1600 名有需要和符合资格的青年人居住。李兆基说，青年宿舍的租金将低于市场价格的近一半，希望通过这样的低价能够让香港年轻人可以多一点储蓄，留作日后置业或其他发展所用。

曾经有这样一个真实的故事：多年前，香港一位名人前往中国西部贫穷地区访问，他看见一大群活泼可爱，却骨瘦如柴的孩子，顿时心生怜悯，立即从背囊中取出一些带备的糖果和饼干，送给孩子们分享。此时，有位老者怒容满面地冲到这位香港名人面前，喝道："不准你送吃的给小孩们。"香港名人闻言惊问："为什么？"老者回答："他们一辈子没有尝过糖果饼干的滋味，不会提出要求。你今天救济了他们，那么明天又怎么样？你走了之后，我如何面对他们的索求？"香港名人闻言，眼泪忍不住立即簌簌而下。

尽管故事的主人公并非李兆基，但是他同样懂得济贫不如扶贫，扶贫最好是通过育贫，以能帮助他们脱贫。捐款用于帮助人们最终能有机会以自己的劳力和脑力去创建明天并且拥有明天，才是最高的慈善境界。

虽然坐拥千万财富，但是李兆基慈善公益的脚步依然没有停止，反而越走越宽广，越走越顺畅。他依然会告诉你，他还有梦想，他还有追求，那就是继续创造财富，积极推动公益。李兆基曾表示，他的心愿是当香港恒生指数升至 3 万点时，他每年会捐 10 亿元做慈善工作，用作救急扶危，让万民受惠。他仁爱为怀的精神、倾囊行善的胸襟、高瞻远瞩的视野，堪作一代楷模。■

吕志和

吕志和常被媒体称为"石矿大王""酒店巨头""香港商界新领袖"，甚至天空中还有一颗以他名字命名的行星——吕志和星。对此，头顶众多桂冠的他只是谦逊地说："谢谢大家抬举，不过我觉得做人还是要平常心。"

87岁的亚洲富豪吕志和在香港从一座小城发展为世界大都市过程中，始终是重要的拓荒者、建设者和贡献者，也是对香港的经济腾飞贡献重大的华人企业家。

为褒奖先进典型，弘扬正能量，提升社会文明和道德水准，贡献人类的持续发展与社会和谐进步，吕志和斥资20亿港元于2015年9月24日正式成立了"吕志和奖—世界文明奖"。500多位政商界领袖、学者、宗教领袖、超过20个国家的领事以及香港本地与国际媒体，甚至连美国前国务卿赖斯也出席了奖项成立仪式，一起见证这一国际跨界别创新奖项的诞生。

一颗平凡心　　一路幸福歌

——香港特别行政区政府大紫荆勋章获得者、嘉华集团主席吕志和

从 13 岁沿街提篮卖小食到年轻的百万富翁，再到千亿级富豪，吕志和纵横商界迄今 70 余年。目前，嘉华集团的产业横跨建筑材料、房地产、酒店及娱乐博彩等领域，并拥有两家在港上市的公司：嘉华国际集团有限公司和银河娱乐集团有限公司。由吕志和掌舵的这个商业帝国，旗下附属公司超过 200 多家，全球员工逾 33000 人，投资的业务遍布香港、中国内地、澳门、北美洲及东南亚。

吕志和眼光独到，精准把握时局，有着常人难以想象的精彩奋斗史，而他回望这些起落风雨，却只淡淡地说："没有故事就是我的故事。"

在吕志和看来，当今社会很大的一个挑战是，奋力追求物质与科技，但忽视精神道德的修养。从物质经济和科技而言，人类正处于有史以来最美好的时光，他呼吁世人在努力发展的同时，丰盈自己的内心世界，知足而乐，既要追求成功，也要懂得享受幸福。

商海沉浮　创白手起家神话

有人说，吕志和是个真正的"白手起家神话"。

1929 年生于广东江门的吕志和，四岁时为了避战祸随家人移居香港，从小就被寄予厚望。初到香港正是晚上，"看到很多灯光，像星星一样亮在海面，岸上则是乡下的夜里从来没有见过的光亮。"那时吕志和从船里向外眺望，惊喜地打量着这片新天地。没料到在十多岁时，日军铁蹄踏到香港，战火烧毁了吕家原本为他计划好的一切。吕志和亲见日军开枪杀人，饿殍遍地，连街边的柴火堆都不敢看，怕里面掩着死人；市场运送猪肉的冷藏车也被征用来运送死尸。年幼的吕志和没有怨天尤人，而是辍学默默地承担起养家糊口的重任，并从此开始他传奇的创业历程。而当时这个只有十三四岁的小商人，甚至成为香港油麻地地区的食品制造批发商。

吕志和眼光独到，对时局的把握有过人之处。

20 世纪 50 年代朝鲜战争后期，吕志和通过日本朋友了解到美军在冲绳岛军事基地留下大批军事剩余物资，根据之前在越南与美国军队做生意的经验，他知道很多质量上佳的重型机械都会贱卖，而这些正是战后香港重建所急需的。

"当时全香港所有的土木工程、建筑公司购入的大型机械，几乎都是我卖给他们的。"吕志和说。

吕志和于 2012 年获香港特别行政区政府颁授大紫荆勋章，表彰其多年来对香港作出的巨大贡献

1955 年，吕志和创立了首家嘉华公司，参与观塘区大型填海筑路工程，为该区日后成为香港轻工业发源地孕育良好先决条件。此后近 60 年，嘉华被冠以"石矿大王"的桂冠。今天，香港的每四幢楼中，就有一幢是嘉华提供的建材。

此后，吕志和又将商业触角伸向内地、海外和澳门，20 世纪 70 年代开始开拓旅游和酒店业，他率先在当时不被看好的尖东购买地块建设五星级酒店，成为香港酒店旅游业大亨。如今声名大噪的"澳门银河"便是吕志和的产业。

他的商业之旅里，都是凭借稳健踏实的营商作风、创新求进的拓展精神，其中，2002 年的那场博彩牌照竞标最为人所津津乐道。那是 2002 年，澳门政府决定开放博彩业专营权，通过重新招标，博彩牌照将拆分。20 个竞争对手中，包括龚如心、刘銮雄等人联手的超级联盟，以及 4 位全球闻名的赌王，而牌照只有 3 张。看起来，轮盘不大可能转到吕志和押注的位置，当时的他，没有任何经营赌场的经验。

逆转在最后时刻发生，在澳门政府公布赌牌归属前两天，美国"金沙赌王"谢尔顿·安德森从竞争对手亚美娱乐股份有限公司退股，加盟吕志和的银河娱乐。业界普遍认为，这个变局正是银河娱乐获发赌牌的重要原因。

而同样具有戏剧性的是，夺得赌牌的同年，吕志和家族即与"金沙赌王"将公司拆分独立经营。这场分道扬镳据说是缘于双方经营理念的分歧。

这笔得益于时局的生意让吕志和积累了财富，并结识了众多好友，其中便有已故全国政协副主席、香港著名企业家霍英东。

20 世纪 50 年代通过机械设备进口赚到第一桶金后，吕志和把目光转向一座座山峦，别人认为只是石头，他却认为一个国际化的大都市，就是由这些平平凡凡的石头建成的。

在与金沙集团由合作伙伴变为竞争对手之后，

2011 年 5 月，银河娱乐集团旗下大型综合度假城"澳门银河"隆重开幕，以"傲视世界 情系亚洲"之服务理念，为旅客带来崭新的娱乐休闲度假体验。银娱主席吕志和（右）与副主席吕耀东（左）在开幕仪式上

在毫无赌场运营经验的情况下，吕志和旗下的银河娱乐集团仍旧获得了空前的成功。最大的手笔是在 2011 年，涵盖电影院、多家酒店的澳门银河度假城开业。2014 年福布斯香港富豪榜中，他以 210 亿美元的身家登上了第二位。但不可否认的是，吕志和也赢在经营上的特殊性，"我们主要是中西合璧的理念，度假城里的设施可供家庭聚会。我们这里有饮食、聚会、娱乐、冲浪，这些都可以带全家去。"

谈到这一点时，他流露出自豪的神情，"在这方面讲得直白一点，（我们）将澳门过去的作风改变了很多，甚至将世界的都改变了。"

务实进取 中庸平凡的人生哲学

实事求是，稳中求进的务实进取精神，是吕志和征战商场 70 年的基本法则。他曾经说，我给年轻人的建议是"实事求是"，先积累经验、学习经验，等到机会来的时候，才能一次抓住。他又说，"不要只想着别人能发达，你可知道别人吃了多少苦、碰了多少钉子……你不能只想，但什么都不做。"而对向他请教成功学的人，他也总是忠告，多问耕耘，少问收获，多做好自己，少比较他人，不要终日追求什么成功的秘诀和捷径，而忽略勤奋、踏实和把心思用在工作上创新创意的重要性。

在接受新华社记者专访时，吕志和提到一个小故事："我儿子当年从美国名校读完硕士回来，我直接让他去从最底层做起，吃饭时饭碗里有蟑螂都要吃，就这样一点点挨过来，不然怎么能学到东西？"

吕志和身上有"实业出身"的老一辈香港商人的质朴精神——勤勉、踏实、一步一个脚印。他多次提到实事求是，"你看香港一共有几个富豪呢，

吕志和近照

为奠定其成功的基石。"对于正在为自己的事业打拼的年轻人来讲，淡泊名利可能是有点虚无，但对于我这个活了四分之三个世纪的人而言，这却是做人的真正道理，做人做事，当然必须竭力而为，但结果如何，不是最重要的事，人生的得失与成败并不单单从我们的富与贫来衡量，而是我们内心有多少满足感，同时以自己的成就跟所得和经验去帮助他人，才是你做人的真正成就。所谓知足者贫亦乐，不知足者富亦忧，只要自己心境满足，豁达自得，便是人生最得意的理想，也就是中庸处世之道。"

吕志和说，以有名有利的富商为例，出入常以名车代步，受到很多人的羡慕，却不知虽然人坐在名车上，却每天都要为公事而困扰和烦恼，晚上难以入睡。相反一些普通劳工阶层，尽管靠体力吃饭，但思想上简简单单，无牵无挂，生活得比富有的人更快乐，晚上更容易入睡。"那么，你说谁比谁更幸福呢？大家不要太过注重物欲上的追求，这个往往是新时代发展的通病。"

其实他们个个都是挨出来的，"他语重心长地说，"只要做事情实事求是，社会一定会帮你的。"

"每个人对于什么是儒家所谓中庸处世之道，都有不同的体验和领悟。对我来讲，作为一个领导者，最高层次是能够做到淡泊名利，无所为而为，顺应天意，不作强求，达到以其不争，故天下莫能与之争的最高境界。"

这一为人理念贯穿在吕志和的商业生涯中，成

"有人曾经问我，你的生意做了这么大，你是否从小立志成为一个企业家？说起来大家都会感到意外，我虽然一向热爱工作，但实际上我做事一向没有期待得到特别的回报，或者梦想发大财。"吕志和说，"我始终锁定终极目标，等机会到来的时候，我会尽量做好。这样无论结果怎么样，我也无怨无悔，人生也没有什么遗憾的事。我喜欢过平平凡凡、轻松的生活。回想起来，年轻的时候生

嘉华石业集团有限公司（即现今嘉华国际集团有限公司）于 1987 年在香港上市

活是最愉快的。那时候每天的工作很忙碌，但是在周末的时候我便开开心心的，带着妻子和孩子去玩。我并没有正式念过什么西方著名管理学的理论，我的管理心得大部分是一点一滴从实践中领略积累而成。我认为一个顶级领导人才，并非让他多念点书便能训练出来。因为作为一个领导者，除了有广泛而优厚的知识背景、紧跟时代步伐及每个机遇，还需要有坚强的斗志、优秀的沟通技巧，再加上自身的奋斗和努力，慢慢在实际生活中接受磨炼。我教育自己的子女，甚至每一个员工都是一样的道理。"

吕志和认为，一个人在工作或成长的过程中，唯有尽力尝试，追求完美，才可以提升自我价值，给生命带来一个有意义的目标。同时，他也告诫大家，目标再大，也要懂得循序渐进，量力而行，不能好胜心过强。这些都是吕志和的经验之谈，也是他几十年商海生涯的写照。很多人只看到他在澳门

的成绩，事实上，在澳门之前他已是香港最大的石矿建材商，是美国最大的华人酒店业主。澳门这 10 多年的成绩，不过是他从 13 岁战斗到 73 岁一个甲子扎实积累之后的水到渠成和厚积薄发。

毋庸置疑，在吕志和商海打拼的路上，也不乏挫折。

历经种种，吕志和也变得豁达，"他是敌人，你想着他是敌人，你便不开心。有人为难你，你应付了你便开心，他是敌人也当他是亲人。"

2008 年，吕志和在应对金融海啸开出的"药方"里，强调依然是：量力而为，勿做过分超越个人能力的事；取平常心，以智慧平衡内心与外在的困境；以勇气面对现实，以信心跨越障碍；团结的力量好比坚固的围墙。他曾寄语："谨希望还在抱怨财富蒸发的人能早日黄金梦醒，再次脚踏实地，为

未来创造一个健康的经济环境而努力。"

吕志和奉行"中庸是道,平凡是福"为人生哲学,无论获得怎样的成就,遭遇怎样的打击,都努力保持着平常心和平实的作风。1986年,他被授予"太平绅士"荣誉称号。获封当晚,在经过相熟的老字号时,他走进店里,仅以一碗牛腩面当作庆祝。之后,事业越做越大,有人建议他不要到街边吃饭了,但直到今天,贵为千亿级富豪,他依然去大排档、茶餐厅,而且是一家大排档的常客。老板不好让他排队,但他并不想让自己变成有特权的人,于是每次都会叫员工先去排队。

在龙争虎斗的澳门舞台上,吕志和与同行的作风也显著不同。他专注于业务,保持言行谨慎,避免在生意上与同行短兵相接,针锋相对。被传媒追问彼此的竞争关系时,他总是强调:大家都是朋友,携手发展有助澳门的城市繁荣。

随着吕氏家族在澳门博彩业的异军突起,吕志和的个人财富也陡增。这两年他回答记者最多的就是:富豪排名只是"数字游戏","还是要平常心",不想与任何人相比较。

有一次他与香港记者见面,记者说他是新赌王……吕志和连忙摆手:"哎呀,别这样说,我请你喝茶。"他也曾在不同场合表示,赌王始终都是"燊哥"。

其实在赌牌放开伊始,在人力相当有限的弹丸之地,新涌入的公司会从别的公司挖墙脚。而吕志和从海外高薪聘请专才。市场竞争打得火热时,赌业巨头都加入口水战行列,这时候见诸报章的人中从来不见吕氏父子的身影。

吕志和做人做事都留有余地,在经商上亦是如此。顺风时略显保守,逆风时就显得周全了。

2008年金融危机发生时,澳门正像一个大工地,各家赌场兴建得如火如荼,瞬间陷入财务危机

2016年6月吕志和应邀到访北京大学,与学子们分享自己70余年的奋斗历程,以及推动世界文明的宏愿

2015 年 9 月 24 日，吕志和在香港创立"吕志和奖—世界文明奖"，借此一年一度的国际奖项，表彰以无私大爱为推动世界文明发展作出贡献的人士或团体，改善世人福祉

的各方大佬都倍感压力。银河与金沙合作拿下赌牌时，曾就开发进度产生分歧，前者主张逐步开发，适时纠错，而后者则力主一下子全部投入。这也是后来两家公司拆分赌牌的原因之一。

面对金融危机的惨状，外商的处理方式是立刻终止所有项目，一天内与承建商解约，遣散劳工，向对方赔付违约金。"但我们有建筑经验，加上中国人的特性，决定共同磋商，放慢进度，继续发放工资。以往一星期工作 7 天，暂时改成 4 至 5 天，共度时艰。虽然进度慢了，但当市场一回暖，我们不需要重新招标，也不用进行赔偿，只是一通电话，所有承建商都愿意重新以全职身份上班，让我们在市场复苏中获得先机。"银河娱乐集团副主席吕耀东说。

吕志和说，"我做老板数十年了，眼见很多起起落落。几十年来风风雨雨，都是依靠平时留有余地所以从容地走过，包括这次金融海啸，对我而言就如同没事一样。"

设"吕志和奖"让文明历代传承

吕志和对现实有着清醒的认识。他说，今日科技发展一日千里，创新层出不穷，为人类生活带来极大的改善，同时亦为世界解决了不同的问题。可惜，物质的丰裕，并没有为人类带来真正心灵的富足和安乐，亦没有为世界带来长久的和平。相反，我们仍然见到世界各地矛盾不止、纷争不断、战争连年。科技进步导致生态环境遭到严重破坏，人类在几十年间已消耗了几千年以来不曾消耗的天然资源，地球已敲响警钟。此外，贫穷、饥饿和疾病等仍然是全球面对的严峻挑战。

吕志和认为，当今社会很大的一个挑战是，奋力追求物质与科技，但忽视精神道德的修养。"衣

2016 年 10 月 3 日，首届"吕志和奖—世界文明奖"颁奖典礼于香港举行，嘉许三个奖项的获奖者对促进世界文明的杰出贡献

食住行的基本需求是容易满足的，贪婪则不然。今天的社会，一般大众的物质生活都不成问题，但精神的空虚、过度追求物质和名利对心灵的扭曲，以及不当攀比却在加剧，导致群体的不安感，增加社会的矛盾与冲突。而要解决这些问题，必须从心做起，重视德育的培养、建立良好的价值观。"他说。

多年来，吕志和一直将促进社会精神文明和个体思想品德提升作为自己服务社会的一个重点。在社会愈来愈以经济指标和物质财富论成败之时，他一直在大声呼唤，要更加重视精神文明和思想道德的提升。担任全国政协委员期间，他提得最多的提案，是如何提高人民的道德素质及推动人民自觉遵守法律。到自己捐赠的学校考察，他谈得最多的是，知识教育很重要，品德教育更重要。

对德育和道德的重视，促使吕志和成立"吕志和奖"，这是华人社会至今为止最全球化的、高层次的公益奖项。捐款不是全部，甚至只是第一步。提名、选拔与最终确认是一个庞大、漫长而复杂的工程。"吕志和奖"打破种族、国籍、地域、文化和宗教局限，以全人类福祉为目标，意在世界持续发展等终极命题上寻找答案，通过该奖的推广与对获奖者的选择，也注定将输出价值观。从这个意义来看，进入耄耋之年的吕志和，不仅希望以个人的慈善之举与公共表现立世，也希望能够用某种价值观来树立文明的标准。

"吕志和奖"的三个奖项，指向三个领域，重点表彰在探索可持续发展模式方面，在通过正面人生观和正能量推动社会精神文明进步方面，以及改善人类福祉、促进社会和谐善美方面取得重大成就的人士或团体。其最大的特点是，注重对高尚道德和社会正能量的褒奖，尤其是对中国传统价值观——"推己及人、坚毅不屈、和而不同"的全球化推行和弘扬。

吕志和认为，中国传统价值观无论对个人、家庭还是国家社会都有非常可贵的价值，不仅适合中华民族，也适合全世界，能为整个人类造福。他相信"礼之用，和为贵"的精神，和谐是解决世上纷争冲突的最好方法。和谐，不论是人与人之间的和谐，抑或是社会和谐，甚至是人类与大自然的和谐，均是世界可持续发展的重要元素。他感恩自己的父母，为自己取名"志和"，时刻提醒自己要有坚毅的意志，去应付不同挑战或逆境，而且要保持内心的平和。他衷心希望更多人能够认同这些价值观，并予以实践，减少怨气和消极情绪，乐观正面地迎接新挑战，懂得珍惜和感恩，从而获得真正的满足。吕志和盼望，让仁爱、和谐与中庸的精神滋润更广阔世界，促进人与人的关系、减少国与国的矛盾和纷争。

2013 年 6 月吕志和应邀到访清华大学，与学生交流营商哲学及修己善群之道

同时，吕志和也希望通过此奖，将西方的先进文明更好地介绍到中国，继而以文化和价值观促进中西方的交流融合。他认为，东西方的矛盾，根源是价值观。因而希望在中国传统价值观和西方价值观的基础上，寻找和建立适应东西方的中西合璧的新观念、新文明，来服务已经同在一个村落的紧密联系的地球人。

"世界每个国家、每个种族都有正能量，但是这个正能量怎样能够将它普遍化，让人心安，这是一个焦点。正能量是非常简单的，大家可以共处、心安，不要有纷争，不要去残杀，这是一个真正的目标。"当被问及何为"正能量"，吕志和如是说。

这样的初衷和立意，让"吕志和奖"得到许多在世界上极具声望的仁人志士的支持，建立起华人社会史无前例的公益团队。其理事会成员包含全国政协副主席董建华、美国第 66 任国务卿康多莉扎·赖斯、前世界银行行长詹姆斯·沃尔芬森、剑桥大学莫德林学院院长、前坎特伯雷大主教罗云·道格拉斯·威廉斯等。而香港中文大学前校长刘遵义、牛津大学前校长科林·卢卡斯、诺贝尔文学奖得主莫言、加拿大麦吉尔大学校长海瑟尔·门罗·布鲁姆、全球唯一华人图灵奖得主姚期智及美国加州大学东亚研究所所长叶文心等世界精英人士，则成为其奖项推荐委员会成员。

2016 年 10 月 3 日，首届"吕志和—世界文明

2016 年 "吕志和奖—世界文明奖" 持续发展奖获奖者：袁隆平教授

2016 年 "吕志和奖—世界文明奖" 人类福祉奖获奖者：无国界医生

2016 年 "吕志和奖—世界文明奖" 正能量奖获奖者：吉米·卡特
（ James Earl "Jimmy" Carter, Jr ）

奖"在香港会展中心举行颁奖典礼，嘉许3 个奖项的获奖者对促进世界文明发展所作出的杰出贡献。"杂交水稻之父"袁隆平获颁"吕志和奖—持续发展奖"，无国界医生获颁"吕志和奖—人类福祉奖"，美国前总统吉米·卡特获颁"吕志和奖—正能量奖"。获奖者各获现金奖 2000 万港元。全国政协副主席董建华、香港特区行政长官梁振英、中央政府驻港联络办主任张晓明担任主礼嘉宾，近 800 名政府官员、学者、宗教领袖、商界精英，以及逾 30 个国家领事出席了颁奖典礼。

吕志和在致辞中表示，成立该奖项，就是希望促进世界文明，激励世人建构一个更和谐的世界，目标是打破国界、民族、信仰等界限，推动全球携手，共同寻找人类道德文明与可持续发展的榜样，宣扬和谐共融的价值观，倡导积极正面的人生观，以及振奋人心的正能量，期待未来的获奖者，同样是来自不同领域的卓越模范，让他们的贡献、成就启发和激励世界各地的人。

"人生是一个喜怒哀乐交织成的旅程，有人类的地方就定有烦恼，此乃自然定律。要提高幸福感，保持良好的心态，知足常乐，从自我内心寻找答案才是关键。我小时候，人们家里的米缸上，都贴着'常满'二字，寄托着对温饱的渴望。然而当时条件所限，现在看来很低的渴望也无法实现。现在，物质条件不再成为人们享受幸福生活的障碍，因此，我们实在不应该欲壑难填，贪得无厌，变成是物质的奴隶和竞争的机器。"吕志和在接受采访时说，从物质经济和科技而言，人类正处于有史以来最美好的时光，希望世人在努力发展的同时，丰盈自己的内心世界，知足而乐，既要追求成功，也要懂得享受幸福。

家国情怀　投身慈善事业

吕志和是慈善公益领域的践行者，社会给予他的正向评价足以证明他的付出。在今年胡润发布的"全球华人慈善榜"上，吕志和成为港澳台及海外华人首善。他拥有一枚大紫荆勋章——那是香港特区政府授予的最高荣誉，是 3 座城市的荣誉市民（南京、广州与江门），至少 10 所大学有冠以他名字的基金或者机构（比如复旦大学的吕志和楼、澳门大学的吕志和书院、香港大学的吕志和法律图书馆、香港中文大学吕志和创新医学研究所及吕志和临床医学大楼、斯坦福大学的吕志和研究实验室）。不是每个人都

20 世纪 80 年代，吕志和支持中国天文事业发展，南京紫金山天文台以其名字命名了一颗行星

能在太空里有以自己名字命名的小行星，而他有一颗。

谈到那颗国际编号为 5538 号的"吕志和星"，他笑了。他介绍说，那是快 30 年前的事情了，他

30 多年前吕志和在家乡广东省江门市捐建五邑大学，1992 年成立"香港五邑大学教育基金会"支持大学教学科研、学术交流、人才引进、校园建设、改善办学设施、助学奖学金等各方面建设。图为 2016 年 6 月基金会捐建三座学生宿舍大楼落成剪彩

吕志和

吕志和坚信教育对国家长远富强发展非常重要，他曾与中国教育部合作，于5年间在8个省共兴建、改建122所中小学校

吕志和曾捐资3000万港币，用于复旦大学百年老楼子彬院修缮和改造，从而进一步提升和发展复旦具有百年历史的校园文化风貌，进一步改善学校的学习、科研环境，该楼后更名为"吕志和楼"

对于吕志和来说，一家慈善并不足够，更重要的是建立鼓励机制，让更多人愿意投身传递文明、散播正能量，让如今已经在投身教育、慈善事业的人得到激励，更坚定地走下去。

在诸多慈善项目中，吕志和最为关注的是教育。这或许缘起于吕志和动荡的童年经历，在战火下，他和同时代的多数人一样，没有机会受到良好的教育。吕志和曾坦言："为何我们中国这么弱、被人欺负？我听过当时日本人说中国人是文盲，这个字在我的脑海萦绕很久。一个国家有教育，才会是一个较强的国家。"

多年来，他向香港、澳门及内地多个教育机构慷慨捐资，协助年轻人建立正确的德育和价值观、培养国家和民族感，并注资支持多个大学相关学院。

拜访南京的紫金山天文台时，看到基建落后，就捐款修补大楼并添置仪器支持中国天文事业发展。"又过了大概8年，他们认为我对他们有帮助，所以就以我的名字命名了一颗行星，当时是一件大事，我都觉得很惊讶。"

宇宙因为群星璀璨才得以孕育文明，吕志和深谙此道。

"教育对国家兴起，乃至长远富强有着举足轻重的作用，同时有助促进社会与民族之间的和谐。"吕志和说，教育是推动人类进步的必经之路。他曾与教育部合作，5年间在8个省共兴建、改建122所中、小学校。1995年起，他与复旦大学结缘，担任复旦大学第一届校董至今超过20年，多年来，由他捐资装备、建造的"吕志和资讯实验室"、光华楼志和堂等已经成为复旦师生教学、科研、读书的热门场所。2008年，吕志和出资帮助复旦大学修缮了"子彬院"。为感谢吕志和的捐资，复旦大学将修缮后的"子彬院"更名为"吕志和楼"。2014年，吕志和宣布出资13亿港元成立银河娱乐集团基金会，致力协助年轻人建立正确的德育及价值观，并培养他们的国家和民族自豪感。

谈及现今社会的人才特质，吕志和认为，人才不仅要有在专业领域"硬知识"层面的钻研精神，还要具备为国家与社会服务的健全品格的"软实力"。"年轻人在追求学术理想、寻找发展方向的同时，绝不能忘记个人道德品行、文化认知、社会意识及公民责任等内在修养，以克俭勤奋的态度，时刻积极完备自己，做好回馈社会的准备，推动国家发展。"

吕志和最大的心愿和使命，是将多年累积的经验薪火相传。"'传'是将你所知所得的经验传给其他人，'承'是当你交出去时，是否有人能够承接。'传承'要兼顾获得传承的人能否根据你的意思做下去，是否可以相辅相成，达到这个目标才是真正的意义。"

吕志和稳中求进、孜孜不倦的努力经历，令人起敬。他陪伴着香港成长，见证着内地的改革开放与升级转型，脚踏实地地为生于斯、长于斯的家园作出开拓性的可贵贡献，源于一颗火热的中国心。

2010年，吕志和捐助香港大学，在该校百年校园法律学院大楼内兴建全新的法律图书馆

2013年吕志和基金捐资1亿港元予香港中文大学，成立吕志和创新医学研究所，致力透过跨学科合作，结合基础与临床科研，推动崭新的医学诊断和治疗，为病者带来新希望。大学将临床医学大楼命名为"吕志和临床医学大楼"

他用人生的丰富经历积淀出无穷的智慧，不仅攀上了事业的高峰，更拓展了一个人的气度和胸襟。

志存高远，心怀家国。吕志和的平常心牵引出的是一段不平凡的人生乐章。■

董
纪
勋

　　"积善之家，必有余庆。"积德行善之家，恩泽及于子孙。早在20世纪90年代，著名实业家董纪勋就投身慈善，受其影响，儿子董瑞蓴做起了公益，之后孙子董凤池在他们的带动下也参与公益，祖孙三代人共同撑起一份慈善事业。董氏儿孙深知上代人的艰辛，没有悠然自得地止步于父辈用血汗铺成的道路上；更理解上代人心中涌动的大爱乡情，心甘情愿远赴西非接班，不遗余力投身慈善，将家国大爱代代传承。董纪勋、董瑞蓴、董凤池三代传承，坚持慈善的事迹和精神令人感动。

　　董纪勋在创业初期，就开始积极投身慈善。这是他多年来形成的"董氏家风"，如同无声的教诲，助人立德立言、成人成才，让后人铭刻在心、代代受益。董氏家族的家风不仅打破了"富不过三代"的魔咒，更为推动企业发展和国家慈善事业进步注入了原动力。

积善传家　明德卓行

—董氏集团创始人董纪勋

　　"在任何地方投资，首先不要考虑怎样去索取，应该先考虑能够给当地带去怎样的好处。"这是尼日利亚四大华侨企业家之一的董纪勋对儿孙们的教诲之一，这条信念融化在子孙血液中为气质，沉淀在子孙骨髓里为品格，是董氏家族立世做人的风范。

　　凭借勤劳勇敢和聪明才智，董纪勋在异国他乡艰苦创业。在他的带领下，儿孙在发展家族企业的同时，融入西非尼日利亚，为非洲创造财富，为祖国作贡献，与祖国人民共同建设和谐美丽家园。

慧眼识商机　远见谋发展

　　尼日利亚董氏集团，由董纪勋于 1968 年在尼日利亚国家最大的城市——拉格斯创建。至今，经过三代人近 50 年的不懈努力奋斗，现已具备了相当的规模和实力，在尼日利亚 100 强企业中排名第 39 位，成为尼日利亚和西非最大的华人企业之一。旗下有员工 15000 余名，其中有来自香港、台湾、上海、重庆、江苏、浙江等地的员工 500 余名，并且还聘请了德籍、法籍员工。目前公司属下有几十家工厂，大部分集中在西非最大的工业园区中。主要涉及的行业有木材工业、纤维板工业、彩色瓦楞铁工业、搪瓷工业、瓷砖陶瓷行业、建筑行业、星级酒店、钢铁制品工业、钢管厂等，多项国家产品质量标准是根据董氏集团标准制定的，产品覆盖整个西非市场，远销欧洲。董氏集团在尼日利亚享有良好的声誉，并得到尼日利亚政府的大力支持和赞扬。

　　尼日利亚是西非大国，人口 1.5 亿，非洲第一石油和天然气生产国。20 世纪 50 年代以前，尼日利亚是英国的殖民地，当时除了殖民者外其他人想在尼日利亚投资经商非常困难。因此，尼国工业完全依赖进口，生活用品匮乏，搪瓷、纺织品等很受欢迎。

　　20 世纪 60 年代，香港实业家董纪勋发现非洲人口大国尼日利亚资源丰富，有着巨大的商机，毅然远涉重洋，从香港来到尼日利亚。当时正赶上尼日利亚的内战，创业时遇到了物资匮乏等诸多困难。但是，越是在困难的环境里，越能激发人的斗志和智慧，困难也被逐一克服。现在水电都是自给，集团多年来形成一套自己供给自己的制度。

　　他从民众最需要的搪瓷产品着手，开办工厂，生产、销售产品。那时在尼日利亚的华人只有几百个，搪瓷使尼国民众认识了中国。经过艰苦创业，集团以良好的信誉得到了尼国政府和社会的认同和

董纪勋在尼日利亚成功创业

支持，为集团发展奠定了坚实的基础。

董氏集团不断引进和使用先进的科学技术，使产品在质和量上有飞跃性突破。尼日利亚90%以上屋顶是铺镀锌瓦楞铁，半自动化镀锌生产效率很低。80年代末，董纪勋在尼日利亚就引进了德国全自动连续镀锌的生产线。在接下来三五年的时间里，改进制造了7条生产线，使市场占有率提高到了70%，并又在镀锌基础上自动镀上彩色油漆，成为尼日利亚市场上唯一的彩钢瓦楞板，产品深受当地好评，并铺及整个西非。

非洲天气炎热，树木生长快，一般种植7年就可使用。董纪勋充分利用当地资源，通过种植林生产木板和纤维板，发展木材工业。木厂自20世纪90年代初建成后，就往自种、自用目标发展，现在

基本上产品都是用集团的种植木。

近年来，集团响应尼日利亚政府要在本地发展钢铁工业的政策，在尼投资建设大型冷轧钢板生产线，填补了尼日利亚轧钢领域的空白。董氏集团与中国第一重型特殊机器厂合作，从国内引进尼日利亚第一条冷轧钢机械设备生产线，开创了董氏集团与国内大型企业合作的先例，成为非洲实业企业中的佼佼者，也为中国钢铁工业走出国门，走进西非开辟了通道。

随着中尼两国友好往来的发展，两国经济、文化交流合作正在进一步加强，更多的中国企业会走出去到尼日利亚发展，董氏集团不遗余力为这些企业在尼发展牵线搭桥，为尼日利亚繁荣、为中尼友谊作出贡献。

董氏集团在尼日利亚发展的同时，董纪勋不忘回报社会。多年来，董氏集团不但为尼日利亚当地筑路、建桥，还建设了十几个中小学校，让贫穷的孩子有上学的机会，为尼日利亚普及教育，提高新一代的文化素质贡献自己的一份力量。

拳拳赤子心　悠悠华夏情

中国的改革开放政策也向全世界华人发出召唤。董纪勋在 20 世纪 70 年代末就开始进入国内，先与重庆搪瓷厂合作，生产釉料出口尼日利亚。后又在重庆进入水泥、地产行业，为祖国建设添砖加瓦。同时，他也不忘回报社会，先后在上海、宁波等地资助多所学校，特别是资助的董李凤美弱智学校和纪勋初级职业学校为残疾弱智学生提供帮助和培养工作技能。联合国和许多国家专业机构纷纷来参观访问。

1991 年至 1993 年，鄞县云龙镇南端宁横公路边，悄然崛起了一座占地 20 亩的王笙龄小学建筑群。整个建筑群由两幢教学大楼、一幢教寓楼及师生餐厅、操场、妙觉公园、妙觉桥和喷水池、水泥路等组成。3 米多高银灰色的罗保公司徽标 LP 耸立在建筑群入口处的草坪喷水池上，象征着"一帆风顺，兴旺发达"。

规模如此宏大的建筑群是由董纪勋、王婷娟夫妇捐资 245 万人民币建造的。这项公益事业凝聚着他们爱国爱乡的一片赤子之情。

董纪勋深深懂得，祖国的兴旺发达离不开科学技术，发展科技就要兴办学校培养人才。为此，他

1991 年，宁波王笙龄小学举办的董纪勋捐建仪式

董纪勋、王婷娟伉俪情深、乐善好施

决心为故乡发展教育事业办些实事。1990年，他委托在上海的亲属王恭衡先生办理捐资事宜。是年10月，王恭衡先生从上海回故乡石桥探亲访友，打电话给王夹咺村党支部书记王惠兆，转达了董氏夫妇捐资办学的意向。

王夹咺村原有一所复式班村校，由于学生人数不多，为了提高教学质量，村校早已并入镇校。并校以后，给该村的小学生上学带来诸多不便。面对这个情况，董纪勋捐资50万人民币重建王夹咺小学。经过一年多时间的施工，一座工字型教学楼及附属设施胜利竣工。经云龙镇党委、镇政府研究，并征得董氏夫妇的同意，该校以王婷娟女士之父王笙龄的名字命名，以示纪念。

1992年6月8日，一个不同寻常的日子，董纪勋应镇政府邀请，率子女及亲友兴致勃勃地参加了王笙龄小学落成典礼。这次他们又向学校赠送了10台电脑和一架钢琴，希望学生刻苦学习，奋发向上。之后，董纪勋又捐资48万元建造教师公寓楼一幢，39.77万元人民币建造桥梁，89万元人民币建造校内公园，并在王笙龄小学入口处建造一座罗保公司徽标和喷水池。月朗星稀的夜晚，晶莹透亮的喷泉衬着五彩缤纷的灯光，徽标熠熠发光，引人驻足观赏，流连忘返。

董纪勋祖籍上海，他一直对故乡上海学校的成长发展予以极大的关注，并作出了突出的贡献。上海徐汇区董恒甫职校创办于1992年，是董纪勋捐资助学并以父亲的名字命名的一所公办中等职业技术学校。其先后捐赠资金和实物共计人民币 500 多万元。1993 年学校开办之初，董纪勋就以董氏基金会的名义慨然捐赠 240 万港币和丰田客车等物品，表达了老先生一颗拳拳的爱国爱民之心。

1999 年上海市徐汇区教育局布局调整，将原长桥二中并入董恒甫职校。2002 年在董恒甫职校、光启职校、徐汇区职工中专三校合并的基础上又新增东安校区，担负起对徐汇区轻度智障学生进行职业培训的特殊任务，董纪勋每次听到消息都予以大力支持，分别捐款人民币 91 万元和 50 万元投入到校园基本建设和添置硬件设备中。

除了历年的捐赠外，董纪勋还经常回大陆来学校出席各类仪式活动，关心学校发展情况和师生学习工作状况，并提供学校毕业生赴董氏家族在境外的企业实习和工作的机会。近年来，董纪勋年事已高，就算不能亲自来校，也经常致电询问。

2002 年 12 月 28 日是董恒甫职校十周年校庆的日子。董纪勋不仅赠送给学校校庆礼物，还很周到地准备给嘉宾的纪念品、

给教师的小工艺品和给全校学生的纪念笔。虽然他本人身体欠安不能成行，他还是委派了女儿和亲友前来出席，还送去他诚挚的祝贺。

学校与董纪勋常年保持紧密的联系：校领导出

1993 年，董纪勋捐建的宁波王笙舲小学第三期工程破土动工

1994 年董纪勋捐建以其母亲董李凤美名字命名的"上海董李凤美康健学校"

董纪勋捐建的以父亲董恒甫名字命名的上海董恒甫高级中学

董恒甫职校在董纪勋的慷慨捐赠下，抓住教育发展的大好时机，不断推进教育创新，努力以昂扬的精神面貌再创辉煌，不辜负老人的爱国热情。董恒甫职业技术学校已成为上海100所知名学校之一，荣获"2000—2006年度上海市华侨捐赠管理先进单位"荣誉称号。世博会期间，该校成为徐汇区唯一对外开放的学校。由他和夫人捐助的"董李凤美康健学校"被授予全国智残儿童康复工作先进单位和上海市特殊教育示范性学校。

董纪勋和夫人王婷娟不仅热心捐资助学，还乐于助老扶老。1995年，他们向王夹乔村捐款140万元，用于建造村老年乐园。在内地宁波、上海等多地都留下他们慈善的脚印，多年来，董纪勋捐资为家乡举办公益事业的资金，累计达到6000多万元。

秉承庭训 传承慈善精神

20世纪70年代中期，董纪勋长子董瑞葶从美国夏威夷大学毕业后，协助董纪勋开始继承管理集团公司。董瑞葶1949年出生于上海，在香港成长，现任集团董事长。父辈创下的基业为董氏集团的发展打下了坚实的基础，也为董氏集团的第二代接班人董瑞葶插上了一双飞翔的翅膀。承传着父辈的智慧，董瑞葶洞察商机，开始了第二代人的拼搏与奋斗。

访途经香港时都会前往拜访，带去学校发展的图册和全校教工的问候。董纪勋80大寿，学校派专人赴香港祝寿，赠送吉祥礼物。此外，校长每月都会和董纪勋通一次电话，问候老人家身体情况，告诉他学校发展的好消息。学校严格甄选，选派优秀学生到董氏家族境外企业实习、工作。

董纪勋捐建的上海纪勋初等职业技术学校

当时的尼日利亚已经经历了数次政变，由于社会环境动荡、基础设施落后等原因，很多来尼日利亚创业的华人都选择中线投资，而不愿冒更大的风险。然而，董瑞萼却发现，虽然尼日利亚政局不稳定，但是历任政府却对外来投资均加以保护，这坚定了他在尼日利亚长期发展的决心。

20世纪80年代初，随着非洲社会的不断进步和发展，建筑行业的商机日益显现，董瑞萼看到了这一更加广阔的发展前景，抓住机遇，发展除搪瓷之外的行业，瓦楞铁行业便是其中之一。镀锌瓦楞铁厂的成功让董瑞萼看到了建材行业的无限商机，并决定向建材行业发起全方位的进军。在此后20多年的发展道路上，董氏集团的大部分产品都是围绕建材展开的，所涉及的行业也都与建材有着千丝万缕的联系，先后投资了瓷砖厂、木材厂、水管

厂、铁钉厂等多个与建材有关的工厂。

在父亲董纪勋的鼎力支持下，董瑞萼以敏锐的市场眼光，确定了以建筑材料为董氏集团以后发展目标，先后开办了瓦楞板厂、卫生洁具、木材加工厂等，使尼日利亚从依赖进口到能逐步达到国内自给。

"一个企业，一定要争取行业的领先地位，在新的形势下，制定企业整体的发展方向，并且针对发展方向专门设计相对应的发展战略。"正是在这一理念的指引下，凭借着敏锐的洞察商机的能力和对市场走势超乎寻常的先见之明，董瑞萼为董氏集团建构了一幅华美而庞大的商业蓝图。

经过两代人的共同努力，董氏集团凭借准确的

董纪勋

董氏集团第二代接班人、董纪勋先生的儿子、现任董氏集团董事长董瑞莪

1959年投资建立的第一家搪瓷厂至今仍在生产。它30年前上市发行的股票，在近几年一路上涨，翻了200多倍。董瑞莪在评述企业成功时说道，他今天的成就是上一代父辈的成功，而他的成功，就要下一代的成就来证实。

在董氏集团的发展过程中，董瑞莪十分注重与政府、与当地百姓甚至与大自然创造一种和谐的关系，同时也受惠于这样一种和谐关系。例如，在发展木材生意的过程中，当地政府拨给了董氏集团100平方公里的种植林用来种植柚木林，这对于董氏集团发展木材生意无疑是极为有力的支持。在获得这100平方公里的树林之后，董氏集团没有辜负政府的支持和信任，一方面通过木材加工生意为当地的村民创造了就业机会，另一方面采取边伐边种的方式栽种树木，保证了当地生态免遭损害。几年下来，共栽树木400多万株，成为当地资源

市场定位和刻苦耐劳的精神，已从当初单一的搪瓷工业企业发展成包括木材工业、纤维板工业、彩色瓦楞铁工业、搪瓷工业、瓷砖陶瓷行业、酒店服务业等十几类行业在内的综合性大型企业，成为屈指可数的在西非最大企业之一。

可持续利用的典范，受到了政府的赞扬。他说："做生意不能简单看怎样去赢利，还要尊重本地人，当他们明白你确实是他们的朋友而不是来掠夺资源时，事业才能得到可持续的发展。"无论政治风云如何变换，董氏集团始终与政府保持着良好的关系，这也是董氏集团这么多年来屹立不倒的重要原因。

董瑞蓴与尼日利亚前总统雅库布·戈翁合影

董瑞蓴兢兢业业地继承着老一辈的事业，带领董氏集团创造了一个个令人瞩目的成就，不仅拓展了尼日利亚与中国的沟通合作之路，更促进了尼中两国经济、文化的双赢与互利。董氏集团也因为诚实守信、低调朴实的处事作风，在华人中树立了良好的口碑，董瑞蓴作为集团的掌门人也成为尼日利亚著名的侨领，当选尼日利亚中国和平统一促进会的会长。能力越大，责任越大，他觉得，身为海外华人应该为祖国做点事情。在异乡打拼多年，董瑞蓴心中始终牵挂着故土，那份情怀随着岁月的沉淀慢慢发酵，成为挥之不去的心之所向。他经常回祖国内地，看到祖国的发展，他感到无比的骄傲。特别是看到他的家乡上海日新月异的变化，他更是由衷地自豪。

祖国的强盛，提高了海外华人华侨在国际社会中的地位，扩大了事业发展的机遇。华人华侨企业牵线搭桥，引进中国企业和品牌进入尼日利亚。在国侨办、中国侨联以及使领馆的支持帮助下，华人企业也和国内企业接触联络。无论是国家央企还是地方省企，或是自己祖籍家乡企业，纷纷来尼国考察、洽谈，合作前景看好，最终达到使国内企业扩大市场，华人企业扩大规模，给尼国带来商机和就业机会，形成三赢局面。董氏集团从当初办厂发展到集团公司，再到今天开发建立工业园区，企业不断发展壮大。在发展中，华人企业家融入当地主流社会，和上层建立了紧密联系。长期以来，董瑞蓴一直为推动中非的经济合作、技术交流和双边贸易而竭尽全力。一方面，他积极帮助中国国内企业、团体来尼日利亚发展，介绍尼日利亚政府官员、商人去中国访问，采购中国机械商品，为中国企业走出国门和中尼友好交往穿针引线、牵线搭桥；另一方面，不断加大加强与中国企业的合作与交流的力度。原来从德国等欧洲国家进口的汽车、机械、电器、配件等产品，逐步转向向中国大陆企业进口。在促进中非、中尼之间互动和交流的过程中，董氏集团也得到了许多内地企业和团体的鼎力相助，实现了双方的共赢。

董瑞莩积极投身慈善事业，在上海、宁波等地捐款建立了多所学校。2008年"5·12"四川汶川大地震发生后，董瑞莩及夫人吕舜英女士心系灾区同胞，捐赠2000万奈拉，同时也号召企业员工捐款，还发动他在尼国上层和银行界的朋友，不断地引领他们到中国使领馆给灾区捐助，受到我驻外使领馆高度赞扬。

在尼国，一旦有重大事件发生，董瑞莩第一时间与使领馆联系，并迅速与华人华侨、驻尼新闻机构、中资机构通报沟通，商议妥善处理，做到了团结一致，让每个华人华侨有事可询，有人可依，提高华人华侨的凝聚力。董瑞莩和国内各层有着密切的关系，和国内一些大、中、小企业建立了良好的合作关系。不论对方职位高低，只要是对中尼两国有益，他都以诚相待；只要对企业发展有益，他都倾听。对于国内中央及一些部委、省区市和企业界的有关人士，董瑞莩不是只把他们当领导、企业合作伙伴，而是把上上下下各层人士当作朋友对待。他既有祖国朋友，尼国朋友，还有欧洲、美洲、澳洲朋友。平和谦逊的为人，艰苦创业的精神，是董瑞莩成为侨领的基础。他虽资产雄厚，身兼数职，仍然为华人华侨与尼国各阶层之间，华人华侨与祖国之间默默地奉献。

尼日利亚商务部长（中）参观董氏集团所属工厂

尼日利亚总统古德勒克·乔纳森（右）、奥贡州前任州长（左）与董瑞蓂（中）共同为董氏集团工业区开工剪彩

董瑞蓂光大了父辈的荣耀，带领董氏集团创造了一个个令人瞩目的成就。也是他拓展了尼日利亚与中国的沟通合作之路，促进了尼中两国经济、文化的双赢与互利。

发扬光大　继往开来

作为尼日利亚第二代华侨，董瑞蓂已开始培养后代，第三代已开始接班。儿子董凤池不但接企业的班，也已进入华人社团担任职务。董凤池是一直保留香港身份在西非土地上的第三代华侨，在父亲董瑞蓂的影响下，董凤池 2008 年 3 月加入尼日利亚董氏集团公司管理层工作，担任董事局执行董事。这位在香港、美国成长，毕业于美国宾夕法尼亚大学的第三代，放弃西方物质丰富、科技发达的优越条件，来到西非参与祖辈创下的产业工作，同

时积极参加国内各项经济文化交流活动，为中国的发展奉献心力。

肩负着父辈的嘱托和希望，董凤池格外珍视这一责任。他奔波于世界各地，先后到美国、德国、意大利、日本以及东南亚等地参观新型的技术工厂，拓展自己的国际视野。

作为具有国际化、知识化、年轻化的华裔新生代力量，董凤池以极大的热情参与了董氏集团新一轮大规模的发展建设，在新工业园区投建中，他直接参与指挥、领导、决策，引进黑龙江省中国第一重型机械集团公司生产的冷轧钢板机械设备，董氏集团建立了西非第一条最先进的冷轧钢板机械设备生产线，从而填补了西非钢铁工业的空白。生产线于 2013 年 4 月 18 日由尼日利亚总统古德勒克·乔

董纪勋

董凤池多次回国参加侨界的活动，并于2013年12月当选为中国侨联委员。董凤池担任了西非华侨华人联合总会暨尼日利亚华侨华人联合会常务理事。他还参加西非暨尼日利亚中国和平统一促进会的各项活动，并代表西非中国和平统一促进会出席了中国和平统一促进会第八届海外会长会议，现在是西非暨尼日利亚中国和平统一促进会常务理事。他拥护国家的统一方针政策，反对"藏独""台独"等一切分裂国家的活动。董凤池作为当地主流社会的一分子，担任尼日利亚工商会常务理事，推介中国改革开放30年来为世界和平所作的贡献。他的奋斗历程也展示了年青一代企业家努力进取、继往开来的魄力。

董氏集团第三代接班人、董纪勋先生的孙子董凤池作为海外杰出新生代华侨代表，受邀列席全国政协十二届二次会议

纳森开幕剪彩，为西非钢铁工业的发展和两国重工业的交流作出了贡献。

除了孜孜不倦地在事业上寻求突破，董凤池还不忘延续父辈的梦想，作为年青一代华侨华人的代表，为中尼两国人民的发展和友谊作出不懈的努力和贡献。他和父母一起积极参与西非及尼日利亚华联会的活动，传播中国文化，促进中尼人民友谊。

作为海外杰出新生代华侨代表，董凤池接受特邀列席了全国政协十二届二次会议。他在全国"两会"上积极讨论，踊跃发言，热烈期盼着中华民族的伟大复兴。像尼日利亚这样的发展中国家，对中国许多方面的认识还几乎是一张白纸。他在"两会"上建议：今后在向发展中国家宣传中国方面，要用他们听得懂、看得明白、便于了解的语言、方式和途径。比如通过多种语言的图书、展览会，以及借助当地华人、其他国家的媒体宣传中国的政治制度、发展道路、改革成就，以及中华文化、

人民生活状况，从而更好地改善和提高中国的对外形象。

出生在美国三藩市，童年在中国香港、新加坡、尼日利亚等地居住，后又在美国上大学，董凤池管理企业颇具全球视野。他结合自己家族企业经营中的经验，提出不仅要出口设备，同时也要把良好的服务带到国外，要让中国装备和中国制造享誉全球。在发展中国家，很多人不懂操作、不懂保养，设备很容易受损，但是却埋怨是中国生产的产品质量问题。针对这种情况，董凤池提出，不管是出口设备，还是成品，都要有良好的服务跟进才算是负责任的。因此，中国可以像美国的商业改进局（BBB）那样鼓励和支持好的品牌和服务出口，有助于中国更好地实施"走出去"战略。

此前，董凤池因推动尼日利亚与黑龙江省的商贸往来，曾被特邀列席 2012 年黑龙江省政协会议。在这期间，董凤池参观、走访了黑龙江省哈尔滨、齐齐哈尔、伊春、大庆等多个城市。通过走访，他深入了解了当地的状况，得知黑龙江省是中国的农业粮仓，而尼日利亚又是农业国家，因此他积极推动两方的合作。同时，他还积极推动哈药集团和尼日利亚当地医药集团的合作，不断拓展双方的合作领域和贸易，目前尼日利亚董氏集团每年和黑龙江省的贸易额均超 1 亿元。由于董凤池代表董氏集团对黑龙江省作出的突出贡献，2013 年他作为在海外的香港人士荣任第十一届黑龙江省政协委员。

在走访内地的过程中，董凤池深感要进一步拉近两国的距离，需要一颗真诚仁爱的心。为此，他带领董氏集团每年代表中国参加尼日利亚一年一度的慈善活动，帮助当地建小学、打水井，为中国在尼日利亚乃至整个西非树立了良好形象。多年来董氏集团与黑龙江省的高校建立了密切的合作关心，通过招聘人才在尼日利亚进行培训，提高他们的专业技能和工作经验，为他们回国后作出更大的贡献奠定基础。

根据最新统计，目前海外华侨华人有 6000 多万人，分布在世界 191 个国家和地区。海外华侨华人积极参与中国的现代化建设，外资中的 60% 以上是华侨华人在华投资。在推动中华文化在海外传播方面，华侨华人也发挥着重要作用。国兴则侨兴，国强则侨强。围绕中华民族的伟大复兴，团结凝聚侨界的智慧和力量，来共圆共享中国梦，是广大侨胞共同的心愿。

海外华侨凭借自己的勤劳勇敢和聪明才智，在异国他乡艰苦创业，而董凤池并没有悠然自得地止步于父辈用血汗铺成的道路上，他深知上代人的艰辛，更理解他们心中涌动的大爱乡情，也因此更愿意接过他们班，将这份家国大爱传承，将梦想延续。他懂得，在发展家族企业的同时，融入西非尼日利亚，为非洲创造财富，也要为祖国作贡献，与祖国人民共同建设和谐美丽中国。

"家之兴替，在于礼义，不在于富贵贫贱。"慈善精神的传承，是家族传承的最高境界。董氏家族的传承，为世人树立了家族财富代代相传的榜样。其对慈善事业的使命感和责任感，对祖国、对人民的家国之爱，流传于世间，更成为一股感染人心的善的力量，在中非的热土上熠熠生辉。■

卢志强

作为中国泛海控股集团的创立者和领航人，在卢志强的人生理念里，"得益于社会，奉献于社会"是一条体现民营企业家价值观的主线，把企业经营好无疑是企业家的责任和使命。在卢志强看来，企业要做到优秀、卓越，就必须站在社会和国家的角度，去承担更多的责任、担负更多的使命，而慈善是通往优秀的必经之路。

30多年来，卢志强领导的中国泛海控股集团及其所属企业，不仅实现了企业的可持续发展，而且能够自觉履行企业社会责任，积极参与公益慈善事业。截至2016年10月，中国泛海累计向国家上缴税收100多亿元，向社会公益慈善事业捐赠近50亿元。卢志强先后荣获"中华慈善奖"特别贡献奖、"中国光彩事业奖章""人民不会忘记"奖牌、"优秀中国特色社会主义建设者""全国抗震救灾模范""全国社会扶贫先进个人""中国光彩事业20周年突出贡献奖""十大慈善家"和"全国脱贫攻坚奖"等多项荣誉。

得益于社会　　奉献于社会
—— 全国政协常委、中国泛海控股集团董事长卢志强

在很多慈善榜单中，我们总会看到"卢志强"这个名字。慈善榜单中曝光率高的成功人士比比皆是，相比之下，卢志强就显得格外低调。作为中国泛海的创立者和领航人，卢志强将慈善与企业发展实践同步推进，一次次的公益行动让公众记住了一个充满爱心和社会责任感的民营企业——中国泛海控股集团。

投身公益事业是一个企业履行社会责任的应有之义。正是秉持这样的责任观念，企业快速发展的同时，卢志强和中国泛海始终没有忘记回报社会，而且能够自觉履行企业社会责任，积极参与公益慈善事业，逐步形成了"社会目标、企业目标、个人目标相统一；社会责任、企业责任、个人责任相统一；社会利益、企业利益、个人利益相统一"的"三个统一"的经营理念。

在卢志强的倡导和坚持下，中国泛海脚踏实地做公益已历时 20 多年，在慈善领域有颇多可圈可点之处。

慷慨解囊　积极参与救灾扶贫

卢志强说："民营企业履行社会责任，一是要本着科学、创新的理念不断将企业经营好、发展好；二是依法纳税，尽企业的纳税责任；三是向社会提供更多就业机会；四是积极参与公益慈善事业；五是在国家和社会需要的关键时刻能够挺身而出。"

2008 年 5 月 12 日，四川省汶川县发生了 8 级特大地震，造成了严重的人员伤亡和财产损失。在紧要关头，多一份援助力量也就意味着为灾区民众减少一份痛苦。在震后当天下午，中国泛海迅速成立了由卢志强为组长的抗震救灾援助领导小组，并立即决定通过中国光彩事业基金会，火速向四川省人民政府捐款人民币 1000 万元，用于当地抢险救灾和灾后重建工作。

当中组部作出关于尊重和鼓励党员交纳特殊党费、用于抗震救灾决定后，卢志强立即响应，主动向中共潍坊市委员会交纳特殊党费 1000 万元。

为进一步支持灾区重建，根据卢志强的提议，中国泛海控股集团董事会决定：通过中国光彩事业基金会向四川、甘肃、陕西、重庆等四省市捐赠人民币 1 亿元，加上中国泛海员工的第二次捐款人民币 378 万元，共 1 亿零 378 万元，支援上述四省市

2016 年 10 月 16 日，卢志强荣获"全国脱贫攻坚奖奉献奖"

政府对"三孤"人员的安置。其中，向四川省人民政府再次捐款 4120 万元，向甘肃、陕西、重庆人民政府分别捐款 2086 万元。同时捐资人民币 1 亿元，作为"中国泛海抗震救灾英雄奖"（后根据实际，转为用于灾区重建），至此，在本次抗震救灾中中国泛海及卢志强和企业员工捐款累计已达 2.2378 亿元人民币。

2010 年，得知玉树重大地震灾害后，卢志强和中国泛海高度关注灾区的救灾工作和生活，在刚刚向西南旱灾捐赠 4000 万元的情况下，迅速决定向青海玉树地震灾区捐款 1 亿元，同时号召集团系统员工积极向灾区捐款捐物，支持抗震救灾。

2014 年 8 月 3 日，云南省昭通市鲁甸县发生了 6.5 级地震。中国泛海通过泛海公益基金会向云南省接收救灾捐赠办公室捐款 1000 万元，全力支持灾区抗震救灾工作。

关注寒门学子　助力贫困地区教育

遵照党中央"治贫先治愚、扶贫先扶智"，"发展教育脱贫一批"的扶贫攻坚措施，和"万企帮万村"精准扶贫行动要求，卢志强认真学习领会中央精神，多次深入调查研究，总结回顾多年教育扶贫的实践，将帮教助学作为公益精准扶贫的重点，针对家庭贫困大学生入学、在校学习、毕业创业的三个阶段，在有关部门的大力支持合作下开展"泛海助学行动""同心·光彩助学行动""泛海扬帆大学生创业行动"和资助培养高端人才，制定并实施成龙配套、系统帮扶的教育精准扶贫长期规划。

治贫先治愚，扶贫先扶智。中国泛海持续关注扶贫和教育领域。对于很多寒门学子来说，考大学也许是唯一改变命运的机会。金榜题名时他们又不得不面临着囊中羞涩、无力支付学费的困境。

卢志强密切关注贫困学子的上学难问题。2015年8月，在新一届大学生入学之际，中国泛海确定在革命老区、国家扶贫开发工作重点县、革命圣地西柏坡所在地河北省平山县及之前深入开展大学生创业公益活动的重庆市城口县、巫溪县、酉阳县、彭水县共5个县，每个县资助200名，共1000名新入学家庭贫困大学生。每名贫困学生资助5000元，共资助500万元。2016年春节刚过，卢志强带队赴全国扶贫工作重点县云南寻甸县实地调研考察。通过调研考察决定自2016年8月至2020年8月，每年捐资1000万元，资助寻甸县2000名家庭困难大学生每人5000元人民币，帮助他们完成学业。五年共资助5000万元人民币，共资助1万名家庭困难大学生。

在实地考察、初步试点后，中国泛海决定在更大范围内实施"泛海助学行动"，帮助莘莘学子在漫漫求学路上安心前行，为落实中央扶贫工作会议精神、大力助推脱贫攻坚贡献力量。

此外，从2016年至2020年，中国泛海将在广西、重庆、湖北、贵州、山东、陕西6省（区、市），每省每年捐赠5000万元，5年共捐赠15亿元。每省每年无偿资助1万名建档立卡贫困家庭应届高考大学新生，每人5000元，5年共资助30万名大学生。泛海助学行动启动以来给众多贫困大学生带去帮助，对很多贫困地区的大学生而言，"泛海助学行动"就是他们的福音。

"能拿到助学金我真的很开心，不仅能帮父母减轻部分经济负担，而且给了我一种自信，上大学以后我会努力学习，将来回报关心和资助过我的

2008年5月28日，中国泛海控股集团抗震救灾捐赠仪式在北京人民大会堂举行

2015 年 7 月 9 日，卢志强出席 2015 年山东省"同心光彩助学"捐助仪式，中共山东省委常委、统战部部长吴翠云向卢志强颁发捐赠纪念证书

人。"来自晓关侗族乡小高罗村的受资助贫困大学生杨青，在县资助中心领取"泛海爱心联名卡"时高兴地说道。

"同心·光彩助学行动"2012 年由中国泛海控股集团和山东省委统战部共同发起，由泛海公益基金会、山东省委统战部和山东省光彩事业促进会共同组织实施，旨在资助家庭困难优秀学子、助教帮学，支持教育事业和人才培养。

该活动自 2012 年起，每年举办一期。2012、2013 年度，对山东省 10 所本科高校，每校 50 名优秀寒门学子，每人资助 5000 元；2014 年扩大了项目规模，受助高校扩展到山东 17 地市的 32 所高校，受助学生每年增加到 1600 人，每年助学资金达 800 万元。五年来，已资助 5800 名优秀寒门学子，发放助学金总计 2901 万元。

据统计，受助学生中获得省级以上各类奖项、单项竞赛奖励学生有 1353 人，获得"三好学生""优秀干部""优秀团员"等荣誉称号的学生有 1318 人。

"同心·光彩助学行动"的开展，使受助高校和师生充满了感激，由衷感到这是一件利在当前、功在长远的善事善举，对卢志强及中国泛海的高尚情怀和爱心奉献无不敬佩赞叹。各受助高校通过严明资助条件和程序、严格资助推荐和审核、严行资助金专款专用、及时足额发放等切实有效措施，把工作做足做细做实，以此实际行动表达和反馈对社会爱心的敬重；广大受助学生表示，正是"同心·光彩助学行动"的资助，为他们的成长成才帮扶助力，让他们切实感受到了党和政府的关怀以及社会的温暖，使得他们能够在困难中振奋精神、自强不息，通过不断加强修养、发奋学习、成才深造、积极实践、热心公益活动、传递爱心等实际行动，回馈、感恩社会的关爱。

开展"泛海扬帆"行动　资助大学生创业

自西部大开发战略实施以来，国家强力推进西部发展，但是西部地区在人才储备方面与东部地区尚有不小差距，难以适应战略需要。另一方面，大学生"就业难"的问题近年来日益凸显，自主创业作为一种大学生就业新方向，引发了广泛的社会关注。

党的十八大提出了"促进就业和鼓励创业"的新方针。习近平总书记致 2013 年全球创业周中国站活动组委会的贺信中指出："全社会都要重视和支持青年创新创业，提供更有利的条件，搭建更广阔的舞台，让广大青年在创新创业中焕发出更加夺目的青春光彩。"李克强总理在 2014 年 9 月夏季达沃斯经济论坛开幕式上致辞时说道："要让每个有创业意愿的人都拥有自主创业的空间，让创新创造的血液在全社会自由流动，让自我发展的精神在群众中蔚然成风。借改革创新的'东风'，在中国 960 万平方公里土地上掀起一个'大众创业''草根创业'的新浪潮。"

在实践中，要实现以创业带动就业，还需要提高创业能力。大学生由于缺少资金、经验、导师和市场伙伴，创业面临较大风险。为支持西部地区的人才培养，同时关注大学生创业和就业，中国泛海和泛海公益基金会重点投入这一领域，设立"泛海彩虹基金"，实施"泛海扬帆——大学生创业行动"。

自 2010 年起，泛海公益基金会与中国西部人

2014 年 10 月 17 日，国务院扶贫开发领导小组授予卢志强"全国社会扶贫先进个人"荣誉

2016 年 5 月 8 日，"泛海助学行动"启动座谈会在中共中央统战部召开，卢志强和中共中央统战部有关领导出席了会议

才开发基金会和地方政府合作，每年捐赠 1000 万元，持续资助和孵化西部地区、发展前景广阔、经济效益较好、吸纳就业容量较大的大学生创业、就业项目，帮助年轻人扬帆远航，实现梦想。

卢志强同中国西部人才开发基金会领导多次共

2016 年 6 月 6 日，卢志强同陕西省领导一起出席陕西泛海助学行动签约仪式

同谋划，决定分三个阶段（2010—2014 年、2015—2019 年、2016—2020 年追加捐赠），共捐赠 1.5 亿元，在五地（重庆、昆明、兰州、山东、武汉）深入实施"泛海扬帆——大学生创业行动"，至 2016 年 10 月已拨付 8000 万元。

第一阶段是 2010—2014 年。每年捐赠 1000 万元，共 5000 万元，在重庆、昆明、兰州实施"泛海扬帆——大学生创业行动"。经过五年的实施，累计资助大学生创业项目 761 个，带动大学生就业 8100 多人，推动实施地就业创业工作。形成了"公益组织策划、爱心企业无私捐赠、地方政府指导、创业学生参与"的"泛海模式"，得到中央领导、社会群众和创业大学生的

2015 年 9 月 23 日，卢志强、重庆市人民政府副市长刘伟等领导和重庆创业大学生代表合影

高度评价和充分肯定。

第二阶段是 2015—2019 年。2014 年 9 月 26 日，中国泛海又与中国西部人才开发基金会签署捐赠 5000 万元的协议，继续在重庆、昆明、兰州并扩大到山东，实施"泛海扬帆——大学生创业行动"，支持更多的大学生投身到创业中来。2015 年 9 月

23 日，卢志强赴重庆现场考察大学生创业成果，同创业大学生座谈，鼓励他们创新创业。并决定要发挥泛海的优势，对发展潜力大的创业项目采用市场化运作、金融性帮扶的措施。

第三阶段是为扩大支持泛海扬帆项目成果，中国泛海同中国西部人才开发基金会于 2016 年 9 月

2015 年 9 月 23 日，卢志强、重庆市人民政府副市长刘伟等领导参观指导泛海扬帆重庆大学生创业成果展

2015 年 12 月 21 日，卢志强与复旦大学校领导共同出席中国泛海向复旦大学捐赠签约仪式

26 日签订协议，约定在第二阶段捐赠 5000 万元基础上，再追加 5000 万元，重点在山东、重庆并扩大到武汉实施。通过深入扩大实施"泛海扬帆大学生创业行动"，使泛海扬帆发展到泛海远航，再发展培育一批大学生创业明星企业，为大众创业、万众创新，为精准扶贫、精准脱贫作出更大的贡献。

2015 年，第四届"泛海扬帆杯"重庆创业大赛与人社部、中国宋庆龄基金会联合举办的"中国创翼"青年创业创新大赛合并举办。"泛海扬帆行动"重庆四期资助的新型减水剂快速节能生产解决方案项目跻身大赛十强，获得总决赛企业组优胜奖，受到人力资源和社会保障部、中国宋庆龄基金会表彰。

"泛海扬帆"重庆四期项目受助创业者、重庆简节科技有限公司执行董事魏建华说："'泛海扬帆行动'给我们提供的上海深度培训，效果立竿见影。今年我能够拿到'中国创翼'青年创业创新大

赛全国十强的好成绩，跟这次培训有很大关系。红黑商战、资本增值等课程，特别是模拟企业十年运营的沙盘推演竞赛让我真正学到很多东西。"

除了重庆市，自 2010 年以来，项目还在云南省昆明市、甘肃省兰州市启动，并在 2016 年扩大到了山东省全省和湖北省武汉市，至今已连续实施六年。

"泛海扬帆——大学生创业行动"持续实施六年的过程中，当地政府及相关部门予以高度重视，制定了担保贷款及贴息、场地支持、社会保险补贴、税费减免等优惠政策，支持创业项目的成长。项目还聘请专家、学者、成功企业家组成专家团，对创业大学生进行有针对性的培训。

云南省政府比照"泛海模式"，制定出台《云南省人民政府办公厅关于进一步做好普通高等学校毕业生就业创业工作的通知》，明确从 2014 年起，每年由省财政拿出 500 万元，无偿资助优秀大学生

创业项目。

2014年10月，昆明市政府决定从2015年起，每年安排"泛海扬帆——昆明大学生创业行动"项目配套资金200万元，与泛海公益基金会捐赠的200万元资金一起专项用于无偿资助在昆明创业大学生开展自主创业。

据不完全统计，创业项目累计吸引小额担保贷款、微型企业补助、民间融资等政府和社会资金达1000多万元。

设置"非遗"奖项　资助传承文化

非物质文化遗产既是历史发展的见证，又是珍贵的、具有重要价值的文化资源。我国各族人民在长期生产生活实践中创造的丰富多彩的非物质文化遗产，是中华民族智慧与文明的结晶，是联结民族情感的纽带和维系国家统一的基础。我国文化遗产蕴含着中华民族特有的精神价值、思维方式和想象力，体现着中华民族的生命力和创造力。

中国本土非物质文化遗产的保护与传承一直是中国泛海的重点资助领域。2014年12月1日，泛海公益基金会向中国艺术研究院捐赠300万元，用于支持开展"第三届中华非物质文化遗产传承人薪传奖"项目。

2014年6月6日，"第三届中华非物质文化遗产传承人薪传奖"暨"中华非物质文化遗产保护贡献奖"向60位非遗传承人颁发了获奖证书、奖杯及奖金。该奖项是2012年6月泛海公益基金会

2012年6月6日，卢志强出席中华非物质文化遗产传承人薪传奖颁奖仪式并致辞

捐赠中国艺术研究院·中国非物质文化遗产保护中心 300 万元设立的，用于表彰为中华非物质文化遗产传承作出杰出贡献的代表性传承人。泛海公益基金会发起人——中国泛海控股集团有限公司因在非物质文化遗产保护中作出突出贡献而获得"中华非物质文化遗产保护贡献奖"。

中国泛海通过泛海彩虹基金向"东乡锦绣工程"项目捐赠 100 万元，用于对甘肃省东乡族妇女刺绣的捐助和技艺的培训。2012 年 4 月，项目捐助刺绣妇女扩大到 600 名，使濒临失传的东乡民族刺绣艺术得到传承和发展并形成产业，帮助东乡族农民脱贫致富。

2013 年 6 月 21 日，泛海公益基金会向中华文学基金会捐赠 200 万元，用于支持"中国故事"——叶小纲交响作品美国演出。这场音乐会的中方主办单位为国务院新闻办公室、国务院侨务办公室和中国文学艺术界联合会。

泛海公益基金会向北京民生中国书法公益基金会捐赠 1000 万元，用于支持北京民生中国书法馆的建设和运营，为受助艺术家和艺术机构提供展览展示、教育支持、收藏艺术品及其他公益事业活动的支持。

中国泛海旗下陕西九州映红实业发展有限公司在投资建设秦文化国际旅游度假区时注重将业务运营与"秦文化"保护结合在一起。

大力支持文化传承，只是中国泛海承担广泛社会责任的一个缩影。

2014 年，泛海公益基金会向中国光彩事业基金会捐赠 1000 万元，继续支持开展"光彩·西藏和四省藏区健康促进工程"项目，共同促进藏区人民

2016 年 9 月 2 日，卢志强出席"中国泛海向北京大学捐赠仪式"

2016 年 9 月 22 日，中国泛海及卢志强向清华大学五道口金融学院捐赠 2000 万元

的健康水平。

捐赠重点高校　支持培养高端人才

为支持复旦大学教育事业发展，培养社会需要的高端人才，2015 年 12 月 21 日，中国泛海及卢志强通过泛海公益基金会向复旦大学整体捐赠 7 亿元人民币，创下了复旦大学校友单笔及累计捐赠金额的纪录。

这笔捐赠将主要用于支持学校的学生创新创业、学生海外交流奖学金、助学金、师资队伍高端人才引进和教学科研用房基本建设等方面的发展，推动复旦大学教育事业发展。其中，5 亿元将用于"复旦泛海中心"的基本建设项目，以支持复旦大学经济学院、复旦泛海国际金融学院（筹）、复旦大学创新创业学院、社科交叉研究中心以及若干其他教学科研机构的发展；5000 万元用于设立"复

旦大学经济学院泛海发展基金"，支持经济学院高级人才引进、学术研讨、奖学、奖教以及经济学院国际咨询委员会建设等教育事业的发展；5000 万元用于设立"复旦泛海国际金融学院发展基金"，支持复旦泛海国际金融学院的筹建和发展；5000 万元用于设立"复旦大学创新创业学院泛海发展基金"，支持复旦大学创新创业学院的筹建、课程建设和人才培养；5000 万元用于设立"复旦—泛海助学金""学生海外交流奖学金"，帮助家庭困难学生顺利完成学业，学校将为家境困难学子量身定做一项海外交流计划。

2016 年 6 月 6 日，中国泛海及卢志强向清华大学苏世民书院捐赠 1000 万美元，用于支持苏世民书院的运营发展，助力其践行"培养未来世界领袖"的宗旨。

2016 年 9 月 2 日，中国泛海及卢志强向北京大

2016 年 4 月 10 日，"云南寻甸捐赠协议"签约仪式在北京举行，卢志强、昆明市及北京市朝阳区领导共同见证签约

学捐赠 3000 万元设立"张世英美学哲学学术奖励基金"，以发扬北京大学哲学系张世英先生的学术精神，奖励在哲学、美学、艺术学等领域作出突出学术贡献的著名学者和具有开创性研究的青年学者。

2016 年 9 月 22 日，中国泛海及卢志强向清华大学五道口金融学院捐赠 2000 万元用于支持成立全球并购重组研究中心。

设立专项基金　实现公益专业化

2015 年 10 月，党的十八届五中全会制定的"十三五"规划建议，提出要实施脱贫攻坚工程，精准扶贫，精准脱贫。习近平总书记在中央扶贫开发工作会议上指出：要坚决打赢脱贫攻坚战，确保到 2020 年所有贫困地区和贫困人口一道迈入全面小康社会。为贯彻落实习近平总书记重要讲话精神及《中共中央国务院关于打赢脱贫攻坚战的决定》，

卢志强决定将参与国家脱贫攻坚战纳入中国泛海"三年打基础，十年创大业"战略目标中，将"公益性扶贫"和"产业投资扶贫"作为泛海未来五年（2016—2020）战略目标的有机组成部分。

2016 年 2 月 1 日，中国泛海积极响应中央脱贫攻坚号召，精准扶贫、精准脱贫，自觉履行企业社会责任，成立"中国泛海扶贫领导小组"，卢志强任组长，全权负责扶贫相关事宜。

泛海扶贫产业资本投资管理有限公司于 2016 年 2 月 4 日在北京市注册成立，注册资本达 100 亿元。这是北京首家也是唯一一家经中华全国工商业联合会同意，在国家工商行政管理总局核准名称的专注于扶贫领域的投资类企业。公司将主要在国家脱贫攻坚重点省份实施泛海扶贫产业投资计划，助力贫困地区和贫困人员脱贫致富，增强地区经济可持续发展的基础和后劲。同时，在未来五年，中国泛海

还将拿出不少于 20 亿元人民币，依托泛海公益基金会等三个公益组织，专项开展泛海公益性扶贫工作。

2016 年 4 月 10 日，中国泛海与云南昆明寻甸县政府签订扶贫捐赠协议，决定无偿捐赠 9318 万元，专项用于资助寻甸县 1 万名家庭贫困大学生、中央红军"4·29"渡江令发布遗址保护和光伏扶贫示范工程三个扶贫项目，以实际行动支持寻甸县扶贫工作，助力贫困人口脱贫致富。

2010 年 10 月，卢志强和中国泛海共同捐资 2 亿元，设立由中央统战部主管、在国家民政部注册、在全国非公募基金会名列前茅的泛海公益基金会。基金会以"构建富强、文明、和谐社会"为宗旨，将回馈社会、造福社会、促进社会公益事业发展为主要工作目标；以专业、规范的运营管理模式

实现泛海公益事业的持续化、体系化、战略化，为中国泛海更好地参与社会公益事业、提供机制保障，打下坚实的基础。泛海公益基金会 2013 年荣获民政部"中国社会组织评估等级"4A 级，2015 年、2016 年两度进入中国非公募基金会榜单前十名，荣获"中国十大基金会"称号。

2013 年 6 月 25 日，中国泛海及卢志强捐资 1 亿元发起成立中华艺文基金会。2013 年 8 月 2 日，中国泛海及卢志强捐资 5000 万元发起成立山东泛海公益基金会。

员工广泛参与 激发公益原动力

曾几何时，企业社会责任在国内还是一个新鲜的名词，懵懂的企业只是效仿国外跨国企业，通过

2016 年 5 月 16 日，卢志强访问清华大学苏世民学院并与李稻葵院长深入交流

简单的几种手段去行使企业社会责任。随着经济全球化发展，以及金融危机和国内食品安全、环境污染等事件，让大众以及企业更加关注企业成长与社会责任之间的密切关系。

"捐钱已不是唯一"这一企业社会责任理念逐渐在国内企业中形成共识。如今，各个领域、行业都在倡导企业实施企业社会责任，除了大额的善款捐赠外，发动企业员工去奉献，成为另一个衡量企业社会责任的标准指数。

中国泛海通过鼓励举办多元的公益活动，探索企业参与公益的多种形式。2015年，中国泛海旗下公司组织的特色公益活动，不仅鼓励员工参与，还号召客户、合作伙伴、媒体等共同实践。在2015年"六一"儿童节到来之际，民生财富联合乐高小镇、行知打工子弟学校共同完成民生财富"圆梦"公益行活动。项目选择了家庭最困难的30个孩子，

组织员工和客户共同来到学校，帮助他们圆一个梦想。30个梦想在2天内被认领完毕。

为了保护环境、减少沙尘暴对北京的侵袭，2015年7月11日，民生财富携手中国青少年发展基金会、中青公益基金赴北京怀柔圣泉山风景区，共同发起了"民生财富·公益林"植树活动。来自民生财富的客户、员工共计60余人，十几家媒体共同参与其中。在2016年1月21日第五届中国公益节上，民生财富荣获"2015年度公益践行奖"。

中泛控股公司立足香港践行当地有特色的企业社会责任。2015年11月，中泛控股参与香港智乐儿童游乐协会举办的"智乐FUN纷卖旗日"活动。该活动是智乐儿童游乐协会为鼓励儿童和家长共同参与的义卖活动，旨在让孩子们体验游戏乐趣的同时为协会筹款。善款将用于为患病、残疾及资源缺乏的儿童创造游戏机会。

2010年10月15日，卢志强出席并主持泛海公益基金会第一届理事会第一次会议

2012 年 4 月 11 日，卢志强出席"同心·西藏和四省藏区幸福家庭工程——新农村新家庭计划启动仪式"

　　越来越多的大企业开始组织员工开展志愿者服务，一方面为提升企业的品牌形象，另一方面也为员工提供了参与公益的机会，有利于增强团队凝聚力，应该说这是一项多赢的举措。中国泛海充分扮演好平台的角色，放权让员工志愿者自治，让员工自己设计项目、选择项目，把志愿精神发挥到极致。

　　民营企业的成长、壮大是中国改革开放和社会主义市场经济发展的一个伟大成果，一大批优秀的民营企业和民营企业家的涌现，更是不断地给中国

社会进步增加了无数的正能量。30 余年来，正是由于秉持"得益于社会、奉献于社会"的企业价值观，自觉履行企业社会责任，积极投身扶贫攻坚社会公益慈善事业和全面建成小康社会，卢志强和中国泛海控股集团通过爱心善行的传播和行动，不断书写出当代民营企业和民营企业家"义利兼顾、以义为先"的高风亮节，塑造了新一代民营企业和民营企业家"富而思源、富而思进"的社会形象，体现了民营企业和民营企业家甘为"天下之公器"的企业价值追求。■

杨钊

　　他年少有为，只身赴港，历经商海浮沉，白手起家，创立伟大基业；他艰苦创业，敢为人先，一手打造纺织帝国，数载打拼，一朝闻名世界；他研习佛道，心怀儒理，一颗赤子善心，兼济天下，将"旭日"的光芒普撒到世界的各个角落。

　　他是一位港商投资内地的"排头兵"，满怀激情，以一腔热血投身祖国建设的大业；他是一位了不起的企业家，果敢坚定，一手打造的商业帝国也正如旭日一般生机蓬勃，绚烂耀眼；他更是一位了不起的慈善家，以赤子之心广行善举、奉献社会，至今捐赠善款累计超过25亿港元。

　　他，就是中华慈善奖获得者、全国政协委员、旭日集团董事长杨钊。

赤子报国之心　兼济天下之责

—— 全国政协委员、旭日集团董事长杨钊

　　杨钊传奇的创业经历令人惊叹：19 岁只身赴港白手创业，一份承载心血与梦想的事业以"旭日"为名开始起航；29 岁积基树本，以果敢和远见成就一代商业巨擘。如今，他的旭日集团已发展为业务包括服装零售、贸易、地产、金融投资等多个领域，从中国内地、香港扩展至亚洲、美洲等多个国家和地区的多元化大型跨国集团。

　　而杨钊身为港商，对祖国的回报及对生命的虔诚，更令人动容。改革开放初期，他最早到内地投资，倾力于社会发展；事业之外，他笃信佛教，致力于慈善事业，至今在各类公益慈善方面的捐款已超过 25 亿港元。

　　"一名企业家履行社会责任是人生莫大的快乐，正如传统所教诲，助人为快乐之本"。这样的人生信条使得杨钊在商海浮沉中始终淡定从容，也让他的事业如旭日东升，绚丽耀眼。

敢为人先　信念坚定果敢　驾驭命运业绩辉煌

　　1947 年 2 月，杨钊出生在秀山丽水的广东惠州西子湖畔。一方水土养一方人，西子湖畔的山水养育了他俊朗的外表、不俗的谈吐、儒雅的气质，给人留下一种平静谦和的印象。

　　1966 年，"文化大革命"的爆发将几乎所有中国人带入物质匮乏的境地，原本希望通过考学实现自己报国理想的杨钊和很多人一样陷入困惑。

　　杨钊做出了一个深刻改变他命运的决定，到香港去！

　　几经周折，杨钊终于来到了香港。虽然前途未卜，但这个不到 20 岁的年轻人却怀揣着对未来的美好憧憬，只身闯荡社会，以坚定不移的信念和决心在香港这个繁华都市里扎下了根，从此将命运完全握在了自己手里。

　　然而，通往梦想的道路是异常艰辛的。在最初的新鲜与兴奋之后，杨钊很快又被现实问题困住，那就是生存。为了糊口，他四处奔走寻找工作，因为没有一技之长，一个月过去却还是一无所获。

　　就在杨钊苦无头绪的时候，一位亲戚主动介绍他进一家制衣厂当杂工。"这或者可以解释为'心

杨钊荣获国家民政部颁发的中华慈善奖

从此，认定"只要勤力，不怕吃亏"的杨钊在工作上更加尽心竭力，他也经常在有条件的时候帮助他人，而这样的善举又为他带来了更多机会。一次，杨钊用身上仅有的5元钱替两个刚进厂的工人付了午餐费，不久他就被这两位工友推荐到一家更好的工厂里。

在这里，杨钊接触到更先进的设备和管理方法，掌握了制衣业的一整套技术。同时，因为工作踏实，勤奋好学，杨钊很快被老板升为领班，之后又从经理擢升至厂长。

此时的杨钊，已不再是当年那个身无长技的毛头小子，精通业务和管理的他无疑成为这个行业的行家里手。1974年，杨钊拿出自己的积蓄，与朋友资助的5万港元合在一起，以10多万港币的资本，创办了属于自己的制衣厂——"旭日"，寓"旭日东升，光芒万丈"之意。他希望这份难得的事业能够像旭日一样蓬勃发展，前途光明。

然而，任何新生事物总会遭遇这样那样的不顺，旭日也是如此。因为缺乏知名度，制衣厂当年年底即面临停产。这时，一个机会出现在初生的"旭日"面前，而杨钊也以其一贯的果敢与坚韧，抓住机会，再次改写自己和"旭日"的命运。

田先人种，福地后人耕'"。杨钊回忆说。

制衣厂的活很累，薪资每日也只有区区6港元，但杨钊却十分珍惜这份工作。别人闲聊的时候，他却在满负荷地埋头干活。因此，短短十多天后，勤奋努力的杨钊便深得老板的赏识，被调为熨衣工，工资一下子涨到每天16港元。这是很多工作了一两年的工友都没有得到的待遇。

2015 年 8 月 26 日，杨钊在香港各界纪念抗日战争胜利七十周年大型展览开幕酒会上致辞

远见卓识　绝境逢生成大业

当时，一位美国服装商来香港找寻厂家，生产正流行于美洲的方格牛仔裤。这种裤料很厚，且需要在面料上打满 4 英寸见方的格子，以香港制衣界当时的技术水平，根本无法用衣车缝制，必须手工制作，所以在这笔收益不菲的买卖面前，大多数香港厂商都选择拒绝，即便愿意接手，也开出了每打 550 港元的天价。抱着试一试的想法，服装商找到了杨钊，而杨钊竟出人意料地以每打 299 港元的价格承接了订单。

这又是一次关乎生死的博弈。机会显而易见，因为这个订单的价值相当于"旭日"当时年营业额的 33 倍。但如果无法完成，哪怕是不能将成本控制在 299 港元内，新生的"旭日"就可能遭遇末日。

但杨钊当时对胜负已有充分考虑与把握。他回忆说："我们当时计过数，即使研制新机器不成功，采用人工制作也不会亏本，顶多白做，而一旦新机器研制成功，利润便不得了。"杨钊口中的新机器，就是代替人工缝制，以机器制作牛仔裤方格的专门工具。有赖于从杂工到厂长的资深经验和专长，以及敢为人先的创新精神，在美国服装商找到的所有香港纺织企业中，只有杨钊敢想敢干，有这样的远见卓识，这成为他决胜这笔生意的关键。

在员工的共同努力下，杨钊很快将头脑中的构想变为现实。依靠这种机器，他如期完成订单，在两年内赚了 600 万港元，掘到了事业发展的第一桶金。在 20 世纪 70 年代中期，格子牛仔裤迅速风靡全球，惯于以传统工艺进行生产的制衣厂表现得措手不及，而在此领域积累丰富经验的杨钊却拥有了巨大商机。借此东风，他们因应形势，调度转型，

杨　钊

大干快上，短短几年时间，就将"旭日"由几十人的小工坊发展成为几千人规模，且成为以创新为核心理念的现代化大型制衣厂。而年纪轻轻的杨钊也摇身一变，成为闻名全港纺织界的"牛仔裤大王"和千万富翁。

然而，正当"旭日"突飞猛进时，一场危机却又悄然袭来。

1976年，港产纺织品出口配额开始紧张，市场需求让配额价格越炒越高，甚至超过利润，这使得出口成了亏本买卖。对拥有2000多名员工、设备规模达千万港元，却必须领先购买配额为生的旭日来讲，此时无疑又是一个生死存亡的关键时刻。

如何突破配额的封锁？再次被现实置于绝境的杨钊在多番思索与调研之后毅然决定，与其在香港坐以待毙，不如去那些没有配额限制的国家开辟新市场。这又是一次无论理念还是胆识都超越整个行业的变动。之后，杨钊一方面将香港的事业规模收缩至原有的三分之一，另外也深入国际市场广泛调研，在不断突围中正式拉开了"旭日"的国际化大幕。

1976年，杨钊在菲律宾建立了旭日在海外的第一家工厂，这一年，他29岁。很快，现实便证明了杨钊的眼界与判断。"这些地方不但不需要配额，而且劳动力和厂房比香港要便宜。"他回忆说。有了这样的成功经验，杨钊便在香港之外的很多国家和地区率先建立据点，并跃升为东南亚地区首屈一指的服装加工与出口商——在印度尼西亚，旭日是该国最大的裤子生产厂；在孟加拉国，旭日是该国最大制衣厂之一；在中国内地，旭日又成为第一家，也是最具规模的制衣集团。

2013年1月23日，杨钊荣获镜报第二届杰出企业社会责任奖

2012 年 11 月 20 日，杨钊在全国政协副主席董建华（中）的见证下，从蔡冠深先生（左）手中接受会印，荣任香港中华总商会会长。台上一众主礼嘉宾鼓掌恭贺

扩大生产规模之外，杨钊还全力提升旭日的生产水准和能力。20 世纪 90 年代初，旭日获得了中国制衣业的第一张 ISO9001 证书，让集团生产工艺和品质管理得到全面再提升，也由此进一步打开国际市场大门，并跻身国际一流。这样一来，旭日便在印度尼西亚、孟加拉国、柬埔寨及中国内地与香港特区成立了几十家公司，聘用员工超过 15000 名，厂房面积超过 100 万平方英尺，年生产超过 2000 万件成衣制品，营业额高达 4 亿美元以上。当然，这些国家和地区之后也陆续需要配额才可以出口美国，但此时配额对杨钊来说已不再是问题。

"做事业光靠勤奋和拼搏是不够的，还需要有智慧，需要不断学习和思考。既要敢于拼搏，也要善于拼搏。事物是不断变化的，发展到一定程度就会出现新的问题，危与机就在这变化的过程中依存着，危中可以觅机，机中也会存危。如果能充分分析事物本质，并了解其发展方向，便不难辩证看出危与机的关系，从而趋吉避凶。"杨钊如是说。他

之所以能带领"旭日"一次次转危为安，并实现鲤鱼跨龙门式的飞跃，除了一贯的果敢与决心之外，还在于对危机的敏锐把控与睿智转换，而这也是成就其远见卓识的关键。

1984 到 1986 年间，香港回归出现信心危机，不少人纷纷移民海外，地产市场极不景气。此时的杨钊，贸易生意正风生水起，但他却拿出一半资产在香港投资地产，为集团赚取高额利润的同时，也为香港回归重塑信心，一时传为佳话。

杨钊比较成功的地产运作有这样几次：1985 年投入 8000 万（港元，下同），购买星光行 10 层办公楼；1986 年投入 2000 万购买位于旺角的钟意商业中心；1987 年投入 1.6 亿元买入贸易广场，并于 1989 年完成建设。地产行情回升后，他居安思危，预见到如果人人憧憬回归后香港经济更好而不断炒高楼市会给市场带来泡沫的后果，于 1994 年将上述物业全数出卖，不但为集团赚取了丰厚利润，也

2012 年 4 月 28 日，觉光长老于浴佛大典上向杨钊颁发功德状

成功避开了其后发生的亚洲金融风暴的冲击。

现在，旭日集团仍拥有规模可观的地产业务，并已拓展成集自行策划、投地、兴建、销售、租务、管理等于一体的综合地产商，业务更从中国香港、内地，扩展至新加坡、澳洲、加拿大及美国等国家和地区。在香港，集团独立持有北京道 1 号及一号九龙等商业大厦，其中，1998 年以 12.4 亿元购买、7 亿元进行建设的北京道 1 号，是价值超过 100 亿的尖沙咀新地标，也成为香港目前获得最高荣誉和最多奖项的高科技商业大厦之一。投资 20 亿元于九龙湾建成的一号九龙（即旭日集团香港总部），现在价值超过 100 亿元；在内地，旭日集团投资发展了一系列大型住宅屋苑及工业厂厦的地产项目，其中较为著名的有：独资兴建的惠州市的"城市花园"，是该市最大的发展规划之一，并获国家住建部颁发

的全国优秀管理住宅小区奖；在海外，旭日集团也拥有写字楼、住宅、购物商场等多项优质物业，广泛分布于美国的纽约、达拉斯、洛杉矶、西雅图及加拿大、澳洲、新加坡等发达国家和地区。

可以说杨钊的商业成就绝不只局限于服装业，加上遍及内地及海外的零售销售网络，才是旭日集团商业帝国的完整模样。几十年间，旭日集团已发展成为一个集服装零售、制造、贸易、房地产、金融投资为一体的大型跨国企业。杨钊一手打造的商业帝国也正如旭日一般生机蓬勃，绚烂耀眼。

旭日集团之所以能迅速发展并取得今日之成就，除了集团上下的勤勉以及一以贯之的创新发展之外，杨钊积极回报社会，将祖国内地建设与自身发展结合起来的策略也起了关键作用。

锁定商机　企业成功转型"旭日"东升耀国际

杨钊十分注重以创新策略引领企业发展。结合多年经验，他总结出了一套"人无我有、人有我优、人优我转"的生意经，即："别人没有的东西，我具备；市场有的产品，我的质量要比别人好；当别人产品质量都好起来的时候，我就要转变，要生产一些新产品或开辟新市场、新行业。"

这套策略是旭日集团发展的真实写照，也为杨钊带领集团实现持续发展提供了有效保障——在别人无法缝制方格牛仔裤等时装样款时，杨钊率先带领集团突破技术门槛，成为 20 世纪 70 年代初香港第一批生产洗水牛仔裤的厂商，并通过技术创新生产时尚成衣的服装厂商，是为"人无我有"；当大家都开始研究并生产时款时，杨钊则领导旭日集团向 ISO9002 前进，将品质推向国际一流水准，是为"人有我优"；而当整个服装加工业不论理念还是品质都日益精进，且行业利润日渐微薄时，杨钊则在"人优我转"理念的指导下，大胆开创自主品牌，引导旭日集团向著名服装品牌零售商迈进。

1991 年，以替别人加工生产起家的旭日集团，在澳大利亚收购当地休闲服装零售品牌"真维斯（JEANSWEST）"，开始转型走 OBM（即代工厂经营自主品牌）路线。在杨钊及其胞弟杨勋的共同努力经营下，几年之后便将"真维斯"的分销点延伸至新西兰，成为当地第二大服装品牌。至今，"真维斯"在澳洲和新西兰的分销店仍有 200 多家，并在中东建立起了销售网络。

但杨钊收购"真维斯"的真正目的并不是发展澳洲市场，他的着眼点，其实是中国内地。

2015 年 2 月 8 日，香港特别行政区政务司司长林郑月娥和杨钊向长者派发新春利是

杨 钊

杨钊在办公室佛字画前

很多人评价杨钊说："从不会标榜自己怎样爱国，但用实际行动为祖国做了不少事。"他对于这片生养自己的土地一直怀有非常浓厚的情感，对这里的投资更是由来已久。

1976年，大刀阔斧拓展菲律宾和印度尼西亚市场的杨钊产生了这样的困惑："虽然事业发展了，还帮助了其他国家的经济，但自己国家还有许多待业青年，怎么办？"因此，他希望中国内地有一天也能够开放，允许外资开办工厂，这样不仅可以继续发展事业，同时也可以为祖国和乡亲尽点力。

1978年，中国大地改革春风乍起，杨钊意识到，报效祖国的机遇来了。当年6月，他便怀着对祖国

和家乡的炽热情怀，抱着对国家改革开放政策的坚定信念，投资逾百万在广东顺德容奇镇成立了全国第一家来料加工、补偿贸易的工厂——大进制衣厂。

作为港资投资内地的先遣军和中国改革开放的排头兵，在那个分配制度落后，习惯吃"大锅饭"的年代里，杨钊自然遭遇到无数困难与艰辛。但凭着对内地的了解以及对政府的信任，虽然阻隔重重，他还是在这片酝酿无限潜力的土地上，建起现代化工厂，引进先进技术和理念，并为对内地还处于观望状态的香港企业界注入信心。

有了这样的经验与信念，在发展自主品牌时，旭日集团更是直指内地，将自身兴荣与祖国发展紧密联系在一起。

1993 年 1 月 1 日，杨钊成立真维斯国际（香港）有限公司，携"真维斯"品牌大举进军内地零售市场。当年 5 月，旭日集团在内地的第一家真维斯服装零售店在上海市西门商业街开业。1994 年下半年，旭日集团根据国内各地区市场差异进行细分，成立大进投资有限公司，进一步拓宽品牌覆盖面。

结合中国市场实际，真维斯将目标群体定位于 18 到 25 岁的年轻人，紧随时尚潮流推出款式新颖、性价比高的产品，赢得了一大批消费者的认同和喜爱。因为这样的准确定位，到 1994 年年末，真维斯在进入中国短短一年之后，就在上海、北京、天津、江苏、浙江、湖北等地开设 65 家店铺，连同大进投资，真维斯在内地已拥有超过 100 家服装零售店。同时，杨钊还在惠州市注册成立了真维斯服饰（中国）有限公司，以更大力度扩大"真维斯"零售店在内地的覆盖面。

在扩展规模的同时，杨钊还积极运用资本杠杆努力为企业构筑更好发展平台。1996 年 9 月，凭着公司的优良业绩和杨钊本人的名望，旭日集团将旗下服装业务以"旭日企业有限公司"名义在香港联合交易所挂牌上市，一上市，就创造了超额认购 236 倍的空前纪录。

尤其值得一提的是，集团上市前后，杨钊还创造了这样两段佳话。一是"唱淡"自家股票；二是紧守投资者利益，再次发挥"人优我转"策略，实现投资的保值增值。

1996 和 1997 年，香港市场中资或有中资背景的股票大受热捧，在内地有大量投资的旭日集团一开盘，股价即从招股价 1.6 元升至 4 元多一股。股价上涨对杨钊而言自是财富倍增的好事情，但他在股价高涨之后却搬出投资银行分析报告，召集记者

2014 年 8 月 5 日，旭日集团捐款援助云南鲁甸地震灾民

2015 年 11 月 15 日，杨钊在北京大学演讲及与学生进行座谈，分享创新与创业经验

说公司股价已经很高，希望投资者考虑公司实际价值，不要盲目投资。杨钊的此番讲话自然在市场上引起强烈反响，第二天旭日股价便应声回落，对此，杨钊倒显得特别高兴："我希望买入旭日股票的是投资者，而不是投机者。我不觉得这样会辜负投资者的期望。"他说。

第二个故事发生在中国"入世"的背景下。旭日集团上市时，正值中国加入 WTO 的关键时期，当几乎整个纺织业都因看好中国"入世"形势纷纷扩充生产规模时，杨钊却再次以其远见卓识，推出了在内地 100 个城市开设 1000 家专营店的"百市千店"计划，坚持将精力放在内地零售市场的扩展上。

利用上市后的充足资金支持，从产品品质、店铺环境、店内布置、商品陈列、完善售后等方面全面缔造的品牌形象与口碑，再加上内地居民消费水平提升及扩大内需的政策背景，"真维斯"品牌店在内地各大城市如雨后春笋般成长，并迅速脱颖而出，为旭日集团在制造和代工之外找到了新的增长

点，成为集团继续做强做大的核心。

更令旭日庆幸的是，2005 年，欧美国家果真如杨钊料想的那样采取种种措施，加大对中国纺织品进口的限制，很多加大制造规模的纺织企业应声倒下。此时的旭日集团却早已走出依靠欧美市场吃饭的命运，以自我品牌与遍及内地的零售网络掌握命运，走上可持续发展之路。

2006 年，真维斯被评为首个中国服装休闲服领袖品牌；2007 年，真维斯销售额超过 30 亿元人民币。如今，真维斯拥有了中国最大的休闲服饰零售网络，雄踞行业龙头地位。

如今，旭日集团已成为一家以香港为中心，市场遍及中国内地与香港、澳门、印尼、伊朗、越南、新加坡、美国、加拿大、澳洲及新西兰等国家和地区，业务囊括服装零售、贸易、地产及金融投资多个领域的多元化跨国企业集团。同时，其在企业治理方面的与时俱进，也受到了业界和社会的肯

定与赞誉。1993 年中，旭日集团的上市企业——旭日企业被选为恒生 50 中型股指数成分股；1997 年中，旭日企业又被美国道琼斯指数选为香港成分股；1999 年 11 月，旭日企业被《福布斯》（Forbes）杂志评为全球 300 家优秀中小企业之一；同年，香港生产力促进局亦将旭日企业列入香港韬略榜，香港管理协会也将"1999 年优质管理大奖"颁予旭日企业。近年来，旭日集团更连连跻身华商 500 强，2006 年，杨钊还获得"中华十大财智人物"荣誉。

儒家心性　达则兼济天下　赤子情怀力行慈善

作为最早参与祖国改革开放大业的"排头兵"，杨钊始终坚守这样一个理念："投资不仅要考虑国家的短期政策变化，更要着眼于中长期的方针政策。国家的长远目标，就是实现现代化和国家统一，这是从来不会改变的。"因此，发展事业、参与内地建设过程中，他坚决摒弃投机取巧，坚持将资金投在最需要的地方，也希望通过自己的投资帮助最多的人。

投资办厂之外，杨钊还从根本上提升了整个行业的"造血"功能。他对内地制衣业发展状况、人才环境及 12 所大专院校进行调研后发现，中国纺织与服装教育比例严重失调——中国的纺织工业和制衣工业的出口额已经相等，同为中国最大出口项目，而制衣专业教育则不足 5% 至 10%。

有鉴于此，1985 年，杨钊与内地有关方面合作，捐资 300 万人民币在家乡惠州建立了以"面向社会，面向企业，为中国培养出实用型制衣企业家"为目标的全国第一家中外合资的"旭日服装职业学校"。为保证教育品质，学校聘请香港理工学院纺织制衣系教授、讲师及国内外著名服装师授课，并引进国外先进教学仪器和设备。在首届 60 名学生的 3 年学习中，旭日集团就为学校支付了 500 多万港元的经费。同时，杨钊还挑选品学兼优的学生送往香港理工学院及国外大学进行深造，每年数十万元的留学费用，也全都由旭日支付。办学期间，旭日集团先后为此投入约 1600 万港元。

2015 年 6 月 30 日，杨钊参与广东扶贫济困日，代表旭日集团捐赠

除提供相应资金支持之外，杨钊还凭借自己在行业内几十年所积累的经验与人脉，引进国际先进服装教育标准以及国际先进教育模式填补国家空白。"学院办学之初，我们就办学内容与有关单位产生了争论。内地大专院校的课程是理论占七成，实践占三成，而我要求各占一半。另外，针对专业需要，应加强统计学课程，减少微积分教育。争论的结果是让我试试看。结果证明，毕业生在全国各地大受欢迎。"杨钊回忆说。

在杨钊及旭日集团的多方努力下，旭日服装职业学校取得了长足发展。1988 年，学校升格为西北纺织学院惠州分院，成为中南地区唯一一所采用国际服装教学标准，以应用教育为模式的高等学府。之后，学院并入惠州大学。为帮助学院在新平台上继续发展，杨钊又为其捐助了 1000 万元。

作为企业参与教育事业的实践者和倡导者，杨钊和旭日集团为中国纺织服装业发展作出的卓越贡献得到了业界和社会的普遍肯定。他先后被中国纺织大学聘为名誉博士，被香港工业专业评审局评为荣誉院士，被中国纺织大学和天津纺织工业学院聘为顾问教授，并被中国西北纺织学院聘为客座教授。

"经济条件好了，这时候就要兼济天下，这也是一种安身立命之道。"将回报社会当作自身使命的杨钊不仅以实业回馈社会，历年，他带领旭日集团捐款捐物，普济大众，为香港、台湾及内地公益、教育、医疗、扶贫济困、抗震救灾等不断贡献力量——为内地华东水灾捐款 300 万港元、为华南水灾捐款 300 万港元、为广东阳山县扶贫捐款 200 万港元、为中国职工发展基金会捐资 300 万港元协助解决东北三省失业人员问题、向广东惠州市教育基金捐款 300 万港元、捐资 2000 万港元协助卫生部及佛教界应对"非典"、捐建近 40 所希望小学、每年通过真维斯大学生助学基金帮助 1000 名贫困大学生。积极响应省委、省政府号召，于 2010 年为广东省扶贫济困日捐款 8000 万人民币，至 2016 年累计

2015 年 1 月 11 日，杨钊率领香港中华总商会进行公益百万行

向广东省扶贫济困日捐助 1.67 亿元……截至 2016 年年末，杨钊及旭日集团在公益慈善方面的捐款已累计超过 25 亿港元。

杨钊曾说："中华民族的天性中存着'穷则独善其身，达则兼济天下'，以及'老吾老以及人之老，幼吾幼以及人之幼'的思想。这种美德让中华民族传承 5000 多年，企业履行社会责任正是中华民族这种优秀文化传承和传播的一种体现。"在集团事业蒸蒸日上之时，一颗公益慈善之心也让杨钊实现了财富与道德的统一。

关注社会公益及慈善的同时，杨钊还将大量时间与精力投入在社会公益活动上。从 20 世纪 80 年代开始，他就广泛担任社会公职，至今，杨钊已先后被推举或邀请担任第九届、十届、十一届全国政协委员、中国外商投资企业协会副会长、广东外商公会会长、广东政协常委、广东海外联谊会副会长、广东扶贫基金会名誉会长、广东公共关系协会副会长、中国纺织大学旭日工商管理学院董事局主席等多项职务。而对于这些社会公职，杨钊也并非只是挂名，这些年来，他将 30% 的时间与精力都用在履行这些职务的职责上。比如，作为港区全国政协委员，他宏观审视香港和内地在经贸合作方面的巨大空间，积极建言推动内地与香港建立更紧密经贸关系，得到国家高度认可，并已付诸实施；另外，他与数位政协委员连续 3 年建议把清明节、中秋节作为公众假日，这一提案已于 2008 年被国家接纳。

因为在服务公众、促进社会发展方面的不断努力，杨钊和旭日集团这些年来获得的肯定与荣誉不胜枚举。杨钊是香港特区政府金紫荆星章获得者；2006 年，他被海外华人中国和平统一促进会授予"南粤慈善家"荣誉称号；2010 年被亚太华商领袖联合会授予"亚太最具社会责任感华商领袖大奖"；2011 年获中国经济贸易促进会授予"中国和谐社会

杰出华人企业领袖"荣誉称号；2011 年，杨钊获得由民政部颁发的第六届"中华慈善奖"；2013 年获第八届"中华慈善奖"；2015 年获第九届"中华慈善奖"之"最具爱心捐献个人"称号，这也是我国慈善领域的最高政府奖项。

"我希望通过慈善创新和更多的爱心行为，让社会知道我们不仅是商业机构，而且也是'爱心组织'"，杨钊如是说。

研习佛道　发扬旭日精神　践行企业社会责任

从 20 世纪 70 年代的小作坊，到如今的多元化跨国企业集团及慈善大家，在 40 年的时间里，杨钊领导下的旭日集团就如同其名字所蕴含的寓意一样，冉冉东升，光芒万丈。

总结自己在实业和社会事务上的发展，杨钊将成功如此归因："一个企业家要成功，今天成功以及明天成功，我估计都有三个因素可以考虑。一是理想，他的动力是什么呢？就是说要出人头地。二是责任，家庭的责任、企业的责任以及社会的责任。因此今天成功了，有了十个亿、一百个亿，有什么样的动力令他继续去经营这个企业、继续去学习，这个动力，就是我们今天提出的一个企业的社会责任。自己成功了，不只自己成功，也期望社会其他人成功。三是信仰，有文化的信仰、宗教的信仰，如佛教提倡普度众生。"多年以来，杨钊也将自己的丰富经历及在文化上的深厚造诣充分结合，在集团内部培育出了扎实且蕴含中华文化之光的一系列文化精神，一种以不屈不挠，以勤奋、肯吃亏、乐于助人、有责任心、依靠集体力量发挥团结协作、实现不断进步等为核心的精神体系。

旭日精神的基本内涵可以归纳为"六字真言"，即"勤、信、智、诚、戒、恕"。杨钊认为"勤"是

所有成功者的第一法宝，正如他当年到香港从零起步，没有技能和专长，就是靠勤才赢得了机会；对于"信"，杨钊将其看成自己的第二生命，甚至比生命更宝贵；对于"智"，杨钊的见解是，"智能从善于学习，勇于实践中产生，从不断总结，不断改善中提升。实践出真知，指导实践"；诚，则是要以真诚之心，忠于自己，忠于员工，忠于顾客，忠于社会，忠于国家，这才能让我们更有前进的信心和攀登的动力；"戒"是五戒十善，杨钊说持戒能令人多信心，多助力；"恕"是包容万物，恕己恕人，有了恕，才能安心、坦然，才能面对现实，实事求是。这样的"六字真言"道尽了得失成败的规律，也为旭日的成功提供了思想保障。特别是"智能、守信、勤劳"三项，更是撑起了"旭日人"精神的脊梁。

2014 年 6 月 1 日，杨钊率领中华总商会向基层家庭赠送端午粽及福袋

为促进理念的继续深化并形成集团上下前进的共同动力，从 1985 年 3 月起，杨钊就创办集团内部刊物——《旭日之声》，每月一期，检讨工作的同时进行思想交流。从第一期开始，他就亲自撰文与员工就经验和思想进行分享与探讨，坚持 31 年，至今从未间断。他称赞旭日创业者们大都具备一种勤奋

进取、乐于助人、敢为人先的精神。

追溯杨钊能够对人、对事有如此豁达的态度，将社会发展作为己任，并由此建立文化体系来推动企业发展的原因，除了他本身的性格与阅历之外，很大程度上也得益于他在佛学方面的钻研。

白手起家的杨钊在不到 30 岁的时候就成为身价千万的大型集团的管理者。财富的骤然增长也让他在很长一段时间内对财富、名利和继续奋斗的意义充满迷茫。一个偶然机会，他接触到佛学，为蕴藏在其中的哲学思想所吸引，也由此为自己的疑惑找到了答案。"人生于世，最重要的是安顿自己的身心，建立自己的人生使命。简单来说，人生活在世界上要使世界越来越美丽。继续赚取更多的财富或许对自己并无太大意义，但还有许多人有需要，我可以更好地利用金钱去帮助有需要的人。"1981年，杨钊正式皈依佛门，将助人为善作为人生的奋斗方向。

生活中的杨钊淡泊名利，鄙夷奢侈，不尚虚名，读书是他工作之外最大的爱好。他几十年如一日地研究宗教、佛学和历史等方面的书籍，近 30 年来一直坚持礼佛持斋，每天抽出一两个小时打坐，全然不是人们想象当中企业家的模样，杨钊也因此常常被人称作是"傻富豪"。

对此杨钊并不在乎，因为他有着自己的坚守和关注。他说企业家首先要做的是把自己管好，把员工管好，把企业管好，令顾客、员工、投资人三方满意，这才是企业的宗旨，并从脚下开始每天都能这样地做。

同时，他也将目光投向目前社会上广泛存在的几个明显差距，比如东西部之间的差距、贫富差距、物质文明与精神文明的差距等。现在，杨钊带领企业从这些角度投入精力，投身扶贫工作，为这些方面的发展贡献自己的力量。

作为最早投资中国内地，且为社会发展作出突出贡献的企业家，杨钊最希望的，还是通过自己几十年如一日的坚守与责任精神为全社会树立标杆，带动更多有能力的人为促进社会发展与进步而努力。

2014 年 9 月 7 日，杨钊先生与寄养家庭儿童共度中秋

2012 年 11 月 30 日，杨钊出任作为香港四大商会之一的香港中华总商会第 48 届会长。"未来两年里将全力以赴，秉承中华总商会爱国爱港的优良传统，协助会员应对复杂多变的形式，参与香港建设、促进与内地和区域经济的全方位合作，培养年轻一代，推动香港工商界发挥企业责任，共同构建和谐社会。"在就任致辞中，杨钊没有太多慷慨激昂，只是如此质朴地表达自己的希冀与愿望。

除了担任香港中华总商会的会长，杨钊还肩负着全国政协委员的职责。他带领的旭日集团所恪守企业文化精神和履行的各项企业责任，以及他在慈善公益事业方面所作出的突出贡献，为他在全国政协委员中，赢得了"感动政协"的美誉。

2009 年，杨钊出任香港各界文化促进会会长，推动香港各界文化发展也是他时刻牵挂的大事。杨钊多年以来积极推动香港年轻人认识国情，培养年轻人的道德素养。为此，他曾领导文促会先后成功

主办了《闪亮的青春——纪念五四运动 90 周年大型展览》、《香港与共和国同行——建国 60 周年大型展览》、《纪念辛亥革命 100 周年大型展览》、《2013 年中国情·中国梦大型展览》、《香港各界纪念抗日战争胜利七十周年大型展览》等大型爱国、爱港活动，赢得了社会各界好评。特别值得一提的是，作为《中国情·中国梦》大型展览暨庆祝香港回归祖国十六周年活动的筹委会主席团执行主席，杨钊曾动情地说："回望历史，港人家国情怀血浓于水，未来香港应继续参与国家现代化建设，担当两地桥梁的特别角色，发挥'走出去'和'引进来'的作用，使中国走向世界，同时让世界进入中国。"他亦寄语香港的年轻人，延续"中国情"，实现"中国梦"。

时光荏苒，风格变迁，从当初天真懵懂的青涩少年到如今叱咤商海的杰出企业家，杨钊巧妙地将东方智慧与现代经营理念完美结合，始终恪守"取于社会，用于社会"的信念，追寻着中华民族先贤的仁德之心，以"穷则独善其身，达则兼济天下"的人生理想投身事业，奉献社会。他为我们书写了时代的传奇，为社会贡献了大爱善心，展现了一代杰出企业家奋勇拼搏的气魄和决心！■

许荣茂

作为香港政经界有着重要影响力的人士，长期以来，许荣茂热心投身于社会服务，表现卓越，尤其鼎力支持公益事业，频频用出人意料的大手笔，刷新着世人对慈善的理解，同时，亦将民间力量的社会关怀推向全新高度。以爱心回馈社会，以慈善帮扶弱者，一直是许荣茂坚持不懈的社会事业。截至目前，许荣茂带领世茂集团累计捐赠逾 11.8 亿元，公益覆盖人口超过 2000 万。

许荣茂先后荣获了中国政府慈善领域最高奖——中华慈善奖特别贡献奖、香港特别行政区政府授予的至高荣誉——金紫荆星章，以及"2014 年度中国首善""2015 中国年度慈善领袖""中国慈善榜 2016 年度终身成就奖"等荣誉称号。

身担大任　　心怀大爱

—— 全国政协经济委员会副主任、世茂集团董事局主席许荣茂

许荣茂太平绅士，现任全国政协经济委员会副主任、中国侨联副主席、中国侨商联合会会长、世界华商联合促进会会长、香港新家园协会会长、中华红丝带基金执行理事长、世茂集团董事局主席等职务。

从慈善捐赠逾 11.8 亿元、努力使"居者有其屋"变现的城市关怀者，到怀揣"幼吾幼以及人之幼"的信念，关爱艾滋病致孤儿童、临终重症孤儿的社会实践家；从让"新赴港"人士尽快融入香港社会的地方贤达，到"让更多人享受基本医疗服务"的国之善长……慈善路上，许荣茂公益事业的成长迅速而深刻。当单纯而执着的善者情怀，与家国天下的达者壮志相交，梦想便照进了更多民众的现实。

心系红丝带　防艾抗艾身先士卒

早在上世纪 90 年代，就在世茂振翅高飞之时，许荣茂的公益蓝图也徐徐展开。出身于中医世家的许荣茂，一直有"医者仁心"的情怀。他很快将目光聚焦到祖国的医疗事业。

2005 年，在全国工商联的领导下，许荣茂捐款 5000 万元，联合 20 多家民营企业发起成立了中华红丝带基金，致力于推动艾滋病防治事业发展，重点支持和促进偏远、贫困地区的艾滋病防治工作。

十多年来，中华红丝带基金先后发起了一系列公益项目和公益活动，将温暖和希望带给了越来越多的人。基金在河南省上蔡县建造了专门救助艾滋

孤儿的"中华红丝带家园"，为艾滋病致孤儿童提供了一个良好的生活和学习环境，受到了广大群众和社会各方面的赞誉。作为四川省凉山州防治艾滋病支持的重要项目，昭觉县红丝带抗病毒治疗关爱中心于 2012 年投入使用，已成为艾滋病感染者和患者在抗病毒治疗、生活和精神关怀方面的平台，用以改善当地医疗条件差、服务能力低的现状，实实在在地为当地群众谋福祉。凉山州"红丝带栋梁班""红丝带卫生室"和"母婴阻断项目"，围绕儿童生活资助、村级卫生室建设及母婴阻断新生婴儿人工喂养方面开展工作，以配合当地政府落实各项防治艾滋病政策。"红丝带健康包项目"惠及外来务工人员数十万人，项目通过"百校进千企"的形式，动员高校志愿者带着健康包走进企业、工厂、工地、社区，为外来务工人员讲解知识，共同筑起

2012 年 8 月，许荣茂考察中华红丝带基金凉山州项目，慰问红丝带艺术班的孩子们

一道艾滋病防线。

在防艾抗艾的事业中，许荣茂号召了一批具有社会责任感的企业携手同行，共同创造"零艾滋"的未来。与此同时，世茂集团还举办"2010 中华红丝带基金夏令营"，带领四川凉山、河南上蔡 100 名艾滋病致孤儿童、赴北京游览、赴上海参观世博会，帮助大山里的孩子开阔视野，健康成长。世茂集团更时时发动员工为艾滋病防治捐款捐物，还在企业内部、企业上下游开展防治艾滋病宣传教育，鼓励员工积极投身艾滋病防治的公益行动中。

作为中华红丝带基金执行理事长，许荣茂亲自带队深入防艾、抗艾第一线，足迹踏遍四川、新疆、河南等地的艾滋病重灾区。在大凉山腹地四川昭觉县艾滋病患重灾区，许荣茂不仅与艾滋病患者亲切

交谈，鼓励"红丝带栋梁班"的孤儿们，还参观由世茂集团捐赠的多所艾滋病卫生室，看望艾滋病母婴阻断家庭，将温暖和希望带给越来越多的人。

十多年来，中华红丝带基金公益事业投入已超过 1 亿元，累计资助 4000 余名艾滋病感染者，13700 名受艾滋病影响儿童在学习和生活上得到支持，16000 名特殊困难怀孕妇女、37 万贫困地区村民和 57 万多名外来务工者直接受益。

如今，中华红丝带基金使中国的防艾抗艾事业步入一个范围更广、规模更大、层次更高的阶段，而许荣茂也于 2015 年获颁中华红丝带基金最高荣誉"十年功勋奖"，并于 2011 年荣获感动红丝带最重量级的奖项——"贡献奖"，众多奖项可谓实至名归。

2016 年 4 月，国务院侨办主任裘援平、世茂集团董事局主席许荣茂（左）共同为四川省雅安市宝兴县"世茂侨爱钟灵社区医院"揭牌

情建爱心医院　福泽百姓千万家

2008 年"5·12"大地震，许荣茂在震后第二天就捐出了 1000 万港币。为帮助灾区人民重拾信心、重建家园，几天后他再次捐赠 1 亿元人民币，向地震中受灾最为严重的地区以及其他西部偏远乡镇捐建百家"世茂爱心医院"，并无偿捐赠给当地政府，为乡镇群众提供安全、有效、方便、价廉的基本医疗卫生服务。计划实施过程中，许荣茂带领世茂集团充分与当地政府合作，从医院硬件，如医院建筑、医疗设备等到医护人员配置等环节，全方位为受助乡镇提供力所能及的援助。许荣茂希望通过此举能带动更多的企业和个人，投入灾区恢

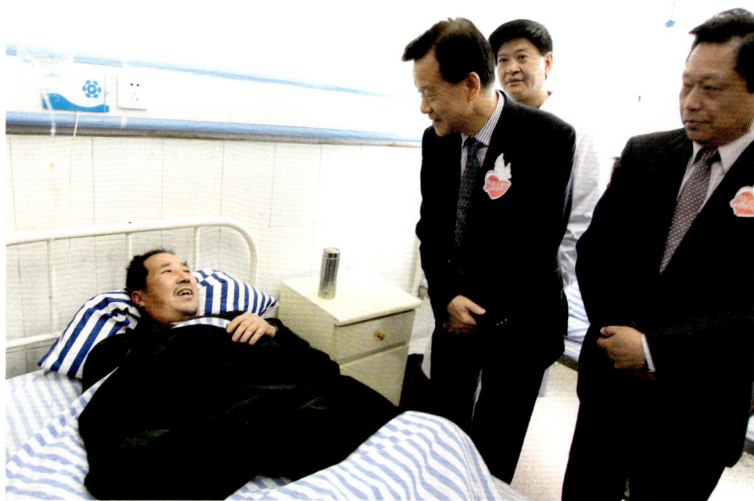

2011 年 4 月，许荣茂走访四川省眉山市东坡区柳圣世茂爱心医院，探望病人

2011 年 9 月，许荣茂发起"新家园世茂助学金计划"，为有经济困难但成绩优异的新来港中学生提供助学金

2015 年 8 月，在"四海一家·香港青年创新创业交流团"活动中，许荣茂与香港团员们亲切玩自拍

上海、四川的专家医生、医学院大学生、企业志愿者、媒体志愿者等为四川多所世茂爱心医院开展义诊咨询活动；组织世茂志愿者赴全国各地世茂爱心医院考察慰问，探望住院病人，为他们进行心理疏导；帮助医生发放药品，为村民宣传生活中的卫生知识等等。

近年来，世茂集团一直持续关注并投身于西部乡镇基础医疗设施建设。2015 年 5 月，世茂集团联合芒果 V 基金、TCL 医疗、上汽大通共同开展 2016 "梦的千里行"系列化公益行动。该行动由世茂牵头进行医疗设备捐助、设立"世茂爱心医院"城市培训基地、设立移动医疗学院等，切实服务乡镇百姓。公益行动启动当天，世茂向四川、云南的16 家世茂爱心医院捐赠市场价值近 700万元的医疗设备。此次公益行动，也是世茂集团与多家慈善企业、公益机构强强联手，有效地形成了"公益合力"，不仅更好地服务于乡村医疗建设，更放大了"公益声量"，引发了社会公众对于公益慈善事业以及乡村医疗建设的关注，发挥出了"1+1 远大于 2"的社会影响力。

复生产、重建家园的工作中去，共同为受灾地区尽绵薄之力。目前，"世茂爱心医院"已超过 100 所，遍布四川、云南、甘肃、陕西等多个省的 7 个县市地区，覆盖服务人口达 2000 万。

多年来，许荣茂时刻关心灾区重建工作以及世茂爱心医院的进展情况。他多次带领世茂集团一行前往四川，考察灾区相关捐建工程，慰问灾区民众；组织策划世茂爱心医院志愿者活动，带领来自

目前，许荣茂正在研究以更好的方式继续帮助改善西部农村医疗条件，提升乡镇医院软实力。同时，他呼吁更多的企业、机构、个人，关注并一起参与改善贫困地区的基础医疗事业，提高全社会的医疗健康水平。

"不为锦上添花，甘做雪中送炭。"许荣茂说，"乡镇医疗卫生服务直面广大农民，要看到他们的根本需求，为他们做更多实事。"

爱心点亮生活　促进香港与内地交流

作为香港政经界有着重要影响力的人士，许荣茂十分关心香港的经济和社会问题，尤其是香港新移民问题。据统计，香港回归至今，约有80万人从内地移民香港，但由于受到文化背景、教育程度等因素制约，他们在融入香港新生活的过程中会遇到很多问题。

2010年，许荣茂联合几位商界朋友共同成立致力于服务新来港及少数族裔人士的慈善机构——"香港新家园协会"，提供优质、专业的生活、教育、培训、工作等一站式服务，协助他们适应和融入新的生活环境，推动他们积极投入和参与香港的建设。许荣茂担任香港新家园协会会长。

自成立以来，新家园协会通过100多项的语言培训、适应课程和大型活动等，积极深入社区，组织会员网络。目前，协会会员人数已超过10万人次，服务人次超过60万，已成为香港最大的社会团体之一，为香港的稳定繁荣贡献着力量。

许荣茂还专门设立"世茂新家园助学金计划""世茂新家园精英培养计划"，扶持更多优秀的香港青年和学生。此外，他还组织超大规模的交流访问活动，加强香港与内地青年的交流。2015年8月，许荣茂率领2000多名香港青年组成的"四海一家·香港青年创新创业交流团"，用18天时间，走遍京、沪、穗三地，一路上寻根、寻业、寻机遇，成为香港与内地青少年互动史上罕见的超大规模活动之一。活动期间，交流团一行受到国家副主席李源潮、国务委员杨洁篪的亲切接见。

2015年8月，许荣茂率领2000多名香港青年组成"四海一家·香港青年创新创业交流团"来到北京，参观抗日战争纪念馆

2016 年 7 月至 8 月，第二届"四海一家·香港青年交流团"开启，许荣茂亲任团长，全程率领逾 2000 名香港青年前往北京、深圳以及福建等地进行交流。交流团十分注重中华传统文化体验，抖空竹、学京戏、爬长城、看故宫……通过对中国民族传统文化的深入了解，感受中华传统文化魅力，增进了香港青年的中华文化自信；同时，通过对各地经济发展欣欣向荣局面和创业创新的了解，增加了他们对国家发展前途的信心和认同。

发展多年来，协会也得到了香港及中央各有关部门的大力支持和高度肯定。2011 年许荣茂率新家园协会会员一行访京，得到时任国务委员刘延东等领导人的亲切接见，中央各相关部委也就新家园协会的发展提供了行之有效的宝贵建议，新家园协会的知名度和影响力与日俱增。

长期以来许荣茂热心社会服务、表现卓越，尤其鼎力支持公益活动，促进香港的对外经贸往来和社会稳定。为表彰许荣茂对香港作出的杰出贡献，2011 年 7 月 1 日，徐荣茂被香港特别行政区政府授予至高荣誉—金紫荆星章。

"蝶爱行动"开启　温暖临终重症孤儿

在中国，有一所爱的家园，将拥有短暂生命、被遗弃的重症孩子紧紧拥抱在一起，用温暖和爱为他们带去希望，这是中国首个儿童临终关怀中心。2013 年，许荣茂关注到临终重症孤儿这个特殊的儿童群体，并开始扶持重症儿童救助项目在中国内地的发展。2015 年，他带领世茂集团全面启动"蝶爱行动"重症儿童养护项目，并捐建"南京世茂彩虹重症儿童安护中心"，承诺在未来 5 年内全面资助南京"彩虹中心"的运作发展，希望点亮一个个脆弱无助小生命的希望。

2015 年，许荣茂尝试用"互联网＋公益"的创新模式投入到爱心行动中，号召全社会的力量关

2015 年 5 月，世茂集团与百度、上海慈善基金会携手，聚焦"重症孤儿"，开启"公益 1 小时"行动

2016 年 7 月，许荣茂带领世茂集团捐资 8000 万元，用于故宫博物院"养心殿研究性保护项目"

注重症孤儿。5 月，世茂集团与百度、上海市慈善基金会共同聚焦"重症孤儿"，开启"公益一小时"活动。最终一小时内，累计 4978267 位网友点击爱心，近 500 万的点击数也作为善款捐赠给"南京世茂彩虹重症儿童安护中心"。这些数据标志着互联网公益项目参与人数新纪录的诞生，创造了"互联网＋公益"的新传奇。

2016 年，世茂集团将一点一滴的公益爱心汇聚成为可持续的公益行动，继续拓展爱心关注到大病儿童群体，与上海市慈善基金会联合发起"关爱大病儿童健康爱心行动"，致力于救助 0 至 14 岁、身患重大疾病的困境患儿，为其家庭提供医疗治疗费用。与此同时，号召社会力量共同参与，将公益机构和更多社会资源整合在一起，对大病儿童提供紧急医疗资助，并将同步发起网络众筹，发动社会力量，鼓励更多社会公众参与爱心接力。

捐资故宫"养心殿"项目　投入文物保护领域

2016 年，许荣茂将公益事业首次投向文物保护领域。7 月，世茂集团、故宫博物院及北京故宫文物保护基金会在故宫博物院举行签约仪式。根据协议内容，世茂集团正式确认捐资 8000 万元，用于故宫博物院"养心殿研究性保护项目"。此次捐赠源于 2016 年初，许荣茂听闻故宫"养心殿研究性保护项目"需要 8000 万元资金时，毅然慷慨解囊，决定由世茂集团出资捐助。他期待通过各方面的努力，使此次修缮能最大限度地保留文物信息，尽全力保护和还原"养心殿"这一中华文明史上的重要宫殿和文化符号。

许荣茂表示，今后将把"文化"作为世茂公益的重要领域着力加强，希望通过自身行动，号召更多人参与文物的保护、文化的传承与发扬，并通过了解民族传统文化，增加对中华文化的自信，以中华文化的发展繁荣，推动中华民族的伟大复兴。

扶贫济困　一腔慈善热血回报社会

许荣茂积极参与社会公益活动，全力支持中国的慈善事业，先后设立了"世茂慈善基金""世茂教育基金""世茂安抚基金""世茂红丝带基金"等四项公益基金；还先后在北京、福建、江苏等地资助了多个高校助学项目，更在内地的许多贫困乡镇建设了几十所希望小学、侨心小学、光彩小学。此外，许荣茂还一直关注 2000 多万"城中村"的流动儿童群体。

2013 年，许荣茂带领世茂集团开创"城市梦想"计划，聚焦外来务工人员随迁子女，帮助他们树立信心，健康成长。在 2013 年举办的首届世茂"城市梦想"夏令营上，许荣茂和世茂高管带领孩子们游览上海，亲近自然，让孩子们更好地融入城市。2014 年，世茂携手国家对外文化交流研究基地聚焦艺术教育领域，招募具有艺术天赋的外来务工人员子女，打造"世茂梦想合唱团"，为拥有艺术梦想的外来务工人员孩子提供更丰富的教育资源和多元的展示舞台。最终，"世茂梦想合唱团"作为首个中国儿童合唱团成功登上澳大利亚合唱节舞台。目前，世茂发起的一系列包括"城市梦想"助学活动、"城市梦想"爱心假期活动在内的公益行动，累计帮助了近 5000 名外来务工人员随迁子女。

在践行大爱的道路上，每当得知国家遭受重大灾害时，许荣茂都会主动解囊相助：2008 年初一场特大冰雪灾害席卷中国，捐赠人民币 1000 万元；2010 年 4 月，青海玉树发生强烈地震，捐赠 500 万元人民币；2010 年 8 月，甘肃舟曲发生特大泥石流，捐

2013 年 7 月，许荣茂带领世茂集团发起"城市梦想"计划

在许荣茂的带领下，世茂"三年 III 班"员工志愿者团队不断壮大，凝结小爱，践行大善

赠 500 万元人民币；2010 年 10 月，海南省遭受 50 年同期最强降雨袭击，向海南文昌水灾地区捐款 500 万元；2013 年，四川雅安大地震，捐赠 500 万元人民币；2015 年，支持雅安市芦山地震隧道援建项目，捐款 500 万元人民币等等，不胜枚举。

截至目前，许荣茂带领世茂集团累计捐赠逾11.8 亿元，公益覆盖人口超过 2000 万。

充满仁爱之心　公益企业坚定前行

作为一直走在公益慈善事业前列的公众人物，许荣茂不但将公益慈善作为自己乃至世茂集团坚持不懈的社会事业，更将其作为企业文化建设的重要组成部分，带动大批员工、同业、社会人士等方方面面的力量共同加入到这一终身事业中来，为推动社会和谐进步作出了卓有成效的贡献。

在许荣茂的带领下，"世茂志愿者行动"的规模不断壮大。2012 年，世茂志愿者取世茂中的"世"字，将队伍更名为"三年 III 班"，凝结小爱，践行大善，最终汇集起让世界充满大爱的信念。许荣茂时常在"三年 III 班"讲堂上，与志愿者团队亲切交流公益理念，并提出殷切的希望和中肯的建议。

世茂集团的慈善公益事业现已遍及全国各地，赢得了社会各界的广泛赞誉。许荣茂先后荣获"香港金紫荆星章""太平绅士"、上海市"白玉兰荣誉奖""爱心中国—首届中华慈善人物""中华慈善奖特别贡献奖""2009 中国最具社会责任企业家""2012 年度中国十大慈善家""2013 年度中国慈善特别贡献奖""2014 年度中国首善""2014CCTV年度慈善人物""2015 中国年度慈善领袖""中国慈善榜 2016 年度终身成就奖"等荣誉称号。

许荣茂曾说："我会把慈善事业当成终生事业。"在这位仁爱长者的带领下，世茂集团在企业公益的路上坚定地前行。■

欧阳中石

欧阳中石是书坛大家，他的书法博采众家之长，形成了自己飘逸潇洒、清新多姿的独特风格，在海内外有着广泛的影响。他曾经获得“中国书法兰亭奖·终身成就奖”“中国书法兰亭奖·教育贡献奖”，也获得过“全国劳动模范”称号、“首都杰出人才奖”、北京市模范教师称号等荣誉。

然而，比起这些荣誉称号，他更愿意称呼自己为“教书匠”。用他的话说，自从上了学就没有离开过学校，毕业后站立三尺讲台，小学、初中、高中、大学、研究生、博士、博士后，一届也没落下，甚至多种科目都尝试过。人们会钦佩他的博学才华，惊叹他的丰富经历，他却轻描淡写地用“少无大志、见异思迁、不务正业、无家可归”总结自己。这就是大师虚怀若谷的气质和高尚的人格魅力。

书坛大家　德艺双馨

—— 全国政协委员、首都师范大学教授欧阳中石

　　欧阳中石为人行事秉承一个"德"字，他认为帮助那些有需要的人是应该的，就如同扶起自己跌倒的孩子、父母、亲人一样。别人都称欧阳先生是"大家"，他却说："我没有感觉自己有任何长处，我只是'大家都好'的那个大家，感谢大家对我的厚爱。"

　　欧阳中石说："我从不想做榜样，就是不想留下自私，只想做一点点小事。作为中华儿女来说，我们应当在我们的国家，推行以德为主的文化，而且也希望我们的文化得到全世界人民的热爱。我们一点也不保守，我们愿意把它贡献给世界。"

博采众长　难忘恩师

　　欧阳先生上世纪 50 年代考入北京大学哲学系。说起他的授业恩师，那名单可真算得上是"群星璀璨"。在文学、史学和哲学方面，有汤用彤、冯友兰、金岳霖、张岱年、郑昕、贺麟；诗词方面，有张伯驹；艺术方面，有齐白石、奚啸伯；书法方面，有吴玉如……跟这样一批中国学术界和艺术界的泰斗大师学习，定会终生受益。欧阳中石曾说过："我就是拼命拉着他们的衣襟往前奔，也觉得跟不上他们的脚步。"

　　欧阳先生早年师从武岩法师，后又师从当代书法大家吴玉如先生，追法二王，取意欧阳询《九成宫》、赵孟頫《胆巴碑》及魏碑诸帖，书风妍婉秀美，潇洒俊逸，刚健有力，是当今书坛最具特色和艺术魅力的书法家之一。说起自己书法的启蒙恩师，欧阳中石一直难忘武岩法师的因材施教、用心

良苦。他回忆说，当时老师要求他不要自己在家写字，让他买好宣纸，一星期来一次老师家里，一次学半个小时。可是老师的宣纸一块钱一张，当时两块钱就能买一袋面。为此欧阳中石曾想要放弃，最后还是他的母亲鼓励他继续找老师练下去。

　　欧阳中石拿着一块钱第二次去了法师家，一见面，法师先问："带钱来了吗？"少年中石赶紧拿出钱来，老师把钱往抽屉里一放，随手拿过纸来，叠成六块后递于他。面对如此昂贵的纸，欧阳中石迟迟下不了笔。他之所以不敢下笔，是因为他想到母亲赚钱不容易。

　　下课后法师又对他说："回家不许练。"欧阳中石出了老师家的门，一路上他想："回家不让练？我怎么这么听您的话呢？"拿定主意，他赶紧骑上自行车回到家，摊开纸就练，这一练发现自己刚才在法师家里学的那一小会儿确实有很大的长进，他感

欧阳中石在山东济南市福利院看望孩子们

到很开心，同时他也明白了一个道理：想要有所收获就不能被一时的挫折打击，更不能跟老师赌气。就这样为了练得更好，他又返回法师家继续学写字。

当然所谓的"纸贵"，其实当时的实际情况是法师每次收下钱后，又转回给欧阳中石家中，只是瞒着他而已，目的就是想用这个方法督促他刻苦学习。得知这一"真相"，欧阳中石不无感慨地说："我的书法蒙师，不但书法写得好，而且懂得教学法——让学生知道不容易得到的东西才知道珍惜。一个'惜'字使我终生受益。"

一般人都知道欧阳中石先生的书法之美，却不知他也有很高的京剧造诣。欧阳中石自幼就迷恋京剧，更爱模仿奚啸伯的唱段。1943年，15岁的欧阳中石在济南读高中，一天有幸遇到奚啸伯先生，深受奚先生的赏识，幸运地成为奚啸伯的弟子。欧

阳中石十分敬重奚啸伯，他曾回忆："奚啸伯先生在文学、历史、书法诸方面都有很高的修养，小楷写得极好，对四书研究很深，他是启功先生的表叔。奚先生四十多岁时，夫人不幸去世了，他就一直没有再娶。他为人正直、宽厚、谦和，和同事关系非常融洽，这些都对我影响很大。"

欧阳中石说："奚啸伯先生对我有知遇之恩，我是他不称职的弟子。旧社会，戏曲界名角的门户之见非常严重，对心爱的门徒往往也留一手，也就是说，传授技艺的时候，打几个折扣，圈里人都知道这叫'问十不答一'。奚先生却完全不是这样，他恨不得把'噗噗'跳的心都掏给学生，你问一句，他能回答几十句、上百句，甚至掰开揉碎讲解一大出戏。最令人崇敬的是，奚先生没有前辈师长的架子，他会心甘情愿地跑到学生身边，细声细气地商量，这句唱怎么甩腔、那句词

欧阳中石书法作品

如何赶辙——这才是真正的大师风范！"

在奚啸伯去世两周年后的 1979 年，欧阳中石泣不成声地写下这样的字："视徒如子，愧我无才，空负雨露。尊师若父，枉自有心，奈何风霜。"道出了师徒间深厚的情谊。在以后的日子里，欧阳中石始终注重弘扬奚派艺术。

立德 立学 立言

欧阳中石人生中有三个"立"。第一是立德。44 岁那年，有一天欧阳中石上班乘公交车，两个不排队的女孩被紧贴着马路牙子进站的公交车卷进了车身下，而司机还没有意识到危险的存在。公交车在继续滑行，千钧一发之际，欧阳中石没有多想，伸手就把女孩从车身底下拉了出来，而就是这一下，他的左脚却被车轧到，导致残疾。从此，欧阳中石身边就多了一根拐棍。这给曾经是乒乓球、篮球国家二级运动员的欧阳中石带来不小的打击。但

是他并没有深陷在不良的情绪中。欧阳中石天性乐观，对任何事情都泰然处之，认为应顺其自然。在左脚残疾了以后，曾经跳高能够跳过自己身高的他说："上天不让我跳了，那我就不跳了吧！"

欧阳中石行事秉承一个"德"字，他认为帮助那些有需要的人是应该的，就如同扶起自己跌倒的孩子、父母、亲人一样。年轻时，他曾为了帮一个中学筹善款，拿着自己的书画到街头叫卖；汶川地震发生

欧阳中石向卫生部主办的慈善活动赠送作品

欧阳中石在山东慈善晚会上接受采访

后，他连夜创作了多幅精品书画，以个人名义捐给灾区，并积极动员书法研究院的老师将个人收藏和创作的精品进行拍卖，并把所得悉数捐献给灾区。

此外，欧阳中石还特别关心孩子的成长，曾多次为济南市儿童福利院捐款，由他捐建的济南市儿童福利院"京石儿童康复之家"2012 年正式投入使用。康复之家由 5 个独立家庭单元构成，能够为 30名重度智障、重度脑瘫儿童提供康复治疗。

第二是立学。欧阳中石是一名教书匠，但却不是一名普通的教书匠。他曾教过多个学科，而且从小学直到博士后每一个年级都教过，这其中教语文的时间最长。

他率先进行过中学语文课的教学改革，自编了一套教材，从初中一年级开始学习原来三

年涵盖的语文知识，按照"六法"（"字法""词法""语法""修辞法""思维法"及"章法"）进行专题讲授，使学生在初中的两年中完成以上基本语文知识，第三年学习中外文化史，而进入高中阶段可以不再开设语文课。

曾有两届实践这套教学法的初三毕业生参加语文高考，结果与通常的高中毕业生相比，平均成绩高出了 6 分。这套教学法因此受到海内外的高度重视。有学者评价说，他的这项改革代表了中国语文教学的最高成就。

欧阳中石曾说过一句话："中国的书法教育事业不是个人的事业，我愿意和朋友们一起来推动它向前发展。"从 20 世纪 80 年代开始，欧阳中石就大力倡导并践行中国书法文化，在书法文化理论体系的构建和书法文化教育体系的创立等方面成就斐

然，世人瞩目。他在首都师范大学创办了中国书法文化研究院，建立了我国大学里第一家书法文化博物馆，建成了从本科到硕士、博士、博士后完整的高等书法教育体系，填补了中国高等书法文化教育的空白。他还亲自编写了《书学导论》《行书浅鉴》《艺术概论》等书法著述及多部中国书法教学的重要书籍。他主编的《书法与中国文化》《中国书法史鉴》《中国的书法》《名碑珍帖习赏》等书，大大丰富了中国的书法理论和中国书法史的研究成果。

欧阳中石在教学中主张"作字行文，文以载道，以书焕彩，切时如需"的思想，他希望用书法让世界焕发出光彩，用书法承载爱的大美。他一再强调，书法是载体，承载的是文化。他说："在我的有生之年，我很想致力于书学的学科建设。它涵盖多少学问，把它划出来；它有多少顺序，把它理出来，使得人们有所参照、遵循。"

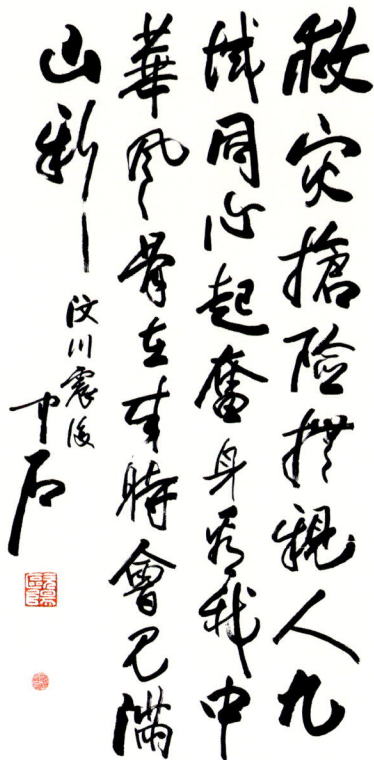

欧阳中石书法作品

欧阳中石慰问武警部队抗震救灾医疗队队员时合影

欧阳中石十分关心儿童书法教育

第三是立言。欧阳中石人生中有一个特别的誓言，他说这辈子不办展览，不做评委。他认为办展览是将自己的几件精品搭配一堆次品进行"捆绑销售"，一方面自己"才疏学浅"不愿献丑，另一方面也怕耽误参观者的宝贵时间。他曾说，如果他的学生爱护他，就不会为他办展览。

虚怀若谷　文以载道

欧阳中石曾说："别人称我是'大家'，我说，我没有感觉自己有任何长处，我只是'大家都好'的那个'大家'，感谢大家对我的厚爱。""少无大志、见异思迁、不务正业、无家可归"，这四个词是他对自己的总结。他小时候读书时，没有设想过将来要干什么大事业，没有特别宏大的志向，他想随着当时的形势，能干什么就干什么，所以说"少无大志"。他很好玩，见了打球的就喜欢上了打球，

见了唱戏的就喜欢上了唱戏，见了画画的就喜欢上了画画，所以他说自己"见异思迁"。他看见什么就喜欢什么，很自然地学了多方面东西。而"不务正业"指的是，他学的是逻辑，可是当老师后，他开始教的是数学，后来又教过体育、语文等，直到现在他也没有干自己的本行。所以他说自己"无家可归"。但他自己心里很清楚，他所教的任何课程，都没有离开他的哲学思想。

这么谦逊又幽默的解读，在欧阳中石心中却是确切至极。他曾讲过这样一个故事：他的逻辑老师金岳霖先生有一次问他什么叫学问大？他冲口而出："无所不知。"老师说："有可能吗？"他说："尽可能吧。"老师说："不可能，学问大就是要能容。"他反问："别人说得不对也要容吗？"老师说："别人错了，是个存在，你不承认，他也存在，容的意思不是战胜他，而是承认他的存在。"

各种经历形成了欧阳中石人生观里的包容，要容得越多越好。好的、坏的、正确的、错误的，都承认它的存在。甚至不管它是世界上哪一国的文化，都是我们应该包容、学习的。欧阳先生始终相信，我们中华民族数千年的文化具有无比巨大的包容性，能把一切有益的东西化成我们自己的。

在电脑普及的今天，书法艺术受到了极大的冲击，汉字书写在现代社会被弱化到让人对书法艺术的前景忧心忡忡的地步。对此，欧阳中石却持乐观的态度。他承认电脑的应用加快了速度、提高了效率，但是书写的过程反映的是文化思想和情感，追求的并非速度。电脑里的字未必能引起感情上的激荡。欧阳中石也在思考，能否将两者更好地结合，使书法的未来发展有一个更好的局面。

"书法艺术是一门学问，包罗万象，很厚重。我们中国的书法艺术具有无限的生命力。不是说现在可以不写字了，书法就可以随便终结，它的艺术生命力反而更加强大了，目前还看不到它的尽头。我是把书法放在中国文化的大背景里面来看，这样才能把它的位置看清。"

他认为，中国的汉字是我们中华儿女向世界和人类赠送的一份厚礼，是中华文化的一个"亮点"。交流思想最直接的莫过于语言，但语言受时间、空间限制，我们由象形文字经过数千年的演变而形成的中国汉字，因其独特的会意、美感和巨大价值，一定会传承下去，并绽放更大的光彩。就如他所总结的："作字行文、文以载道、以书焕彩、切时如需。"

大师之所以成为大师，一为学问造诣，二为内心境界修为。尽管欧阳中石并不自称"大家"，但是接触过他的人无不赞他平易近人、坦荡谦逊、淡

泊名利。他对物质生活几乎没有要求，他不好财，也不聚财。他这样大的名气，却没有车，房子也不大，对于吃和穿，他几乎没有什么要求。他不喝酒，不吸烟，朋友送来的东西往往又顺手送给学生。他的学生们常到家中与老师一起探讨学问。欧阳中石说："我的门对学生是敞开的，没有节假日。"

"我就是一个普普通通的教书匠，从小学教到博士后，最让我这名园丁高兴的是，看到自己亲手培植的树木茁壮成长。"这句平凡而又朴实的话语，道出了欧阳中石的心声，也让所有人对这位耄耋老人充满了敬仰之情。■

欧阳中石书法作品

叶澄海

他曾经是政坛一颗耀眼的新星，他从最基层做起，一步一个脚印，逐步走上广东省委常委、深圳市副市长的领导岗位。正值政绩显著、口碑颇佳时，他却华丽转身，毅然弃政从商。他亦是一位温文儒雅、睿智果敢的企业家，以过人的胆识、聪明的才智驰骋商海，20多年不离不弃、浪前布局、危中寻机、运筹帷幄、决胜千里，缔造了一个商业传奇王国，演绎出一幕精彩的人生大戏。

他是一位德高望重、虚怀若谷的长者，在悠适怡然的心境中，感悟精彩丰盛的人生；他，也是一位慈怀若海、力行善举的著名慈善家。他就是广东省慈善总会荣誉会长、深圳信立泰药业股份有限公司董事长叶澄海。

璀璨人生　德高品善

—— 广东省慈善总会荣誉会长、深圳信立泰药业股份有限公司
董事长叶澄海

沧海横流，方显英雄本色。作为亲身经历深圳改革开放，并在其中扮演了重要角色的叶澄海来说，他是改革开放的拓荒牛，为深圳特区的建设和发展作出了巨大的贡献。叶澄海的奋斗之路尽管艰难坎坷，但始终不变的是他的赤子之心。他怀揣着对祖国、对人民的热爱，每迈出一步都惦念着能回馈给社会一些什么。随着他事业的蒸蒸日上，他的这份家国情、这份对社会的责任感也愈加浓郁、愈加深厚。"赠人玫瑰，手留余香"。他捐资助学、赈灾济困，将慈善公益当成了一份踏踏实实的事业，播撒大爱大善，真正做到了不忘初心，方得始终。

砥砺前行　建功立业

叶澄海的故乡——梅州位于闽粤赣三省交界处，物华天宝、人杰地灵，自古就是客家人最主要的集散中心和聚居地。多元文化的哺育使梅州成为"文化之乡、华侨之乡、足球之乡"，更是英才辈出之乡，明代张慎、颜容端，近代中国走向世界第一人黄遵宪，革命家叶剑英元帅，亚洲球王李惠堂，商界传奇曾宪梓等均出自该地。

少年时期，叶澄海因家庭生活困难，曾被寄养在姑姑家，后经转折，随母迁居梅县。天性聪慧、敏而好学的他在亲友的帮助下，得以求学。生活的重负最终成为激励叶澄海奋发向上的动力。初中时叶澄海成绩优异，曾经门门功课五分满分；中考时考入莘莘学子梦寐以求的广东省知名中学——东山中学。中学期间，接受进步思想洗礼的叶澄海还喜

欢上了做社会工作，多次被推举为班长、团支部书记、学生会主席等，使叶澄海的组织管理能力得到很好的历练，也让他终生受益。

1963年，叶澄海以高分被中国人民大学国际政治系录取。大学期间，叶澄海系统研修了马列主义哲学、科学社会主义和政治经济学，从而为自己科学的世界观、人生观和价值观的确立打下了坚实的基础，也为他日后本着国家和人民的利益原则，从政实事求是、经商宵衣旰食提供了最重要的信仰支持。

叶澄海步出大学校门后的第一站，是位于河南商丘的一个部队农场。在那里，他继续发扬从小养成的不怕苦不怕累的精神，脏活、累活、重活抢着干，受到领导和战友们的一致好评。1969年底，结束部队农场锻炼生活的叶澄海被分配到河南新县

崛起的钟声

农村插队。

1970年，叶澄海经工作调动至广东省宝安县文艺宣传部门工作。因工作勤奋，屡有建树，不久就被调到县委宣传部当干事，负责《辅导员》杂志的采编和出版，并多次担任县委农村工作队队长职务。其间，耕田、耙地、插秧、施肥等农活叶澄海全都干过，并样样精通，成为农民眼中的行家里手。就这样，他用脚步丈量了宝安的山山水水，用倾听洞悉了百姓的喜怒哀乐，用汗水赢得了群众的信任与支持。

叶澄海与群众打成一片的工作作风和丰富的基层工作经验，使他得到了基层百姓的拥护，也得到了上级领导的肯定。1975年，叶澄海被提拔为宝安县委常委兼附城公社书记，后又被任命为县委副书记。

"1979年，那是一个春天，有一位老人在中国的南海边画了一个圈……"古老的中国终于迎来了改革开放、图强复兴的新时期。正是在这一年，叶澄海被任命为新成立的深圳市市委常委兼罗湖区委书记。期盼通过改革开放改变城市面貌，改善百姓生活的叶澄海，以极大的工作热情，投身到百废待兴的各项工作中。寒来暑往，他带着身边的干部，没日没夜地听汇报、做调查、搞规划、求突破。在那段时间里，叶澄海还以极大的理论勇气和实践勇气，主持制定了罗湖区下属企业的《公司管理章程》和《工业管理条例》，为灵活经营、多劳多得，鼓励搞对外来料加工正名。叶澄海还鼓励农民过境耕作，并采取切实措施，放宽过境耕作证发放政策；鼓励农村企业对外搞来料加工，开展小额贸易业务；改善投资环境，兴办合资企业。他以大无畏的精神顶住种种指责和非议，冲破重重障碍与困难，百折不挠地往前闯。终于，在他的主持下，罗湖区的企业焕发出前所未有的活力，经济效益不断上升。

改革开放风生水起、沧海桑田。由于为罗湖的改革开放作出重要贡献，叶澄海很快就升任深圳市主管工业的副市长。八卦岭工业区和上步工业区以前是多个小山头，叶澄海做公社书记时，曾以总指挥的身份，带领当地干部群众上山种植万亩甘蔗；时过境迁，叶澄海再一次任总指挥时，下达的却是将多个山头推平建成工业区的命令。

1983 年，因思想解放、敢作敢为，屡建奇功的叶澄海任广东省委常委兼省对外经济工作委员会主任、党组书记、省经济特区办公室主任，主要负责全省外经、外贸、国际经济合作、信托等部门的管理协调工作。就在叶澄海雄心勃勃地准备在更加广阔的平台上，尽情挥洒自己卓越的胆识和才情时，未曾想到的重重阻力和禁区却随之而来。空谈误国，实干兴邦。叶澄海不想继续在这种无休止的争论中浪费自己宝贵时间，他决心放弃眼前世俗的锦绣前程，将超前的思维、果敢的勇气和不稍懈怠的精神，应用到兴办实业上，用另外一种方式报答党和人民的养育之恩。

华丽转身　再攀高峰

1986 年，叶澄海决定辞职，毅然决然地将生命之舟驶入波涛汹涌，但撩人心魄的茫茫商海。开始时，他在皇岗村附近租了间不起眼的厂房，专做丝绸服装生产、出口生意。让叶澄海始料不及的是，小厂子办得并不顺利，经验不足的他不得不很快转

叶澄海近照

产验钞机。然而新项目上马后，同样遭遇到各种各样的问题，产品的销路不畅和资金短缺最终压得叶澄海喘不过气来。那时节，他常常半夜醒来问自己："借了的钱，怎样来还？"沉思良久，他会咬咬牙自言自语道，"尽你的能力去做，你能成功！"

古之立大事者，不唯有超世之才，亦必有坚忍不拔之志。叶澄海最终以顽强的毅力坚持了下来，并不断创造出良好的经济业绩，为自己日后开创更

大的基业奠定了坚实的基础。

为了开阔眼界，也为了寻找更加适合自己的具有国际竞争力的产品项目，叶澄海开始了一次次远赴南美等地的项目考察等商务活动，其间，他曾涉足焦炭、房地产、钢铁等诸多领域。

羁马念旧林，池鱼思故渊。国外经营的成就以及衣食无忧的生活，并没有使叶澄海乐不思蜀。在大陆改革开放给国家带来日新月异变化的情况下，叶澄海再一次作出令人瞠目结舌的决定，他要主动放弃美国的"绿卡"，回祖国创办企业。

1989年，叶澄海与人合资，填海兴建了深圳海滨制药厂。虽然此前从未涉足过制药行业，但他对医药这个永远的朝阳产业产生了浓厚的兴趣。尽管医药行业的生产经营风险很大，但只要经营得好，高风险与高回报将结伴而生。熟谙市场风云的叶澄海坚信，只要穷尽自己的智慧与精力，他完全可以在这个陌生的行业里创造出别样的精彩！

科学管理加产品对路，让初试锋芒的海滨制药厂很快成为医药市场上的一匹黑马，年利润很快就达到6000万元人民币。就在海滨制药厂生产经营如日中天的时候，1997年，叶澄海审时度势，做出了转让海滨制药厂股份，并将全部所得用于兴建深圳信立泰的决定。

1998年，深圳信立泰药业有限公司正式成立。经过18年拼搏，现已发展成为高端处方药、创新生物药、介入医疗器械等生物医药产品研发、生产、销售于一体的综合性医药上市集团（股票代码：002294），主营业务集中于心血管、生物医疗工程、创新生物药等高端医药医疗领域，市值位列国内医药工业企业前茅。信立泰在深圳宝安、深圳坪山、惠州大亚湾、山东德州、江苏苏州、四川成都建有产业与研发基地，在德国成立子公司，在美国设立研发机构，销售产品到欧盟12国。

"对于创新，我们允许失败，但决不允许停顿。"自创立之日起，他将研究开发创新医药产品视为企业持续发展的关键，扎实、稳步地将信立泰建设成为以心血管产品为主、拥有核心知识产权的国内自主创新龙头企业。他不惜斥巨资建设研发、生产基地，并随着企业规模的不断扩大而持续加大研发投入，企业先后荣获"国家火炬计划重点高新技术企业""国家级创新型试点企业"等称号，技术中心被评为"国家级企业技术中心"。近年来，在叶澄

信立泰坪山厂区

"美好源于诚信"，2009 年公司上市时的叶澄海

海的带领下，信立泰进一步强化创新主体地位，在心血管、抗肿瘤、抗感染、降血糖、骨科、自身免疫性疾病等多领域、多层次布局，实现高端化药、创新生物药、生物医疗工程、健康保险全方位发展，不断提高产品质量，提升国际竞争力，成了国内医药企业中具有较强自主创新能力的企业之一。

信立泰目前已拥有多个自主知识产权产品：抗高血压新药信立坦（阿利沙坦酯片）是中国第一个1.1 类全创新降压药，具有全球知识产权；抗血小板聚集一线用药—泰嘉（硫酸氢氯吡格雷片），全球首创 25mg 规格，产品达到国际品质，荣获"中国专利金奖"，被评为"首届最具临床替代价值仿制药"，销量超过跨国制药巨头同类产品，覆盖全国上万家大中型医院；国内首家上市的新一代抗凝药物泰加宁（注射用比伐芦定）为新型 3.1 类药物，由信立泰与韩雅玲院士共同完成的 BRIGHT 试验结果在 JAMA 杂志发表，引起世界抗凝领域的高度关注，为世界抗凝治疗作出了突出贡献；一线降压药

物信达怡（盐酸贝那普利片）属国内首家上市且已通过欧盟 GMP 认证。

在医疗器械领域，信立泰致力于心血管植入介入器械的研发和生产，在深圳坪山新区建立介入医疗器械高技术产业基地，拥有全套进口药物洗脱支架生产线和球囊导管输送系统生产线。最新一代生物全吸收冠脉支架研发处于国内领先地位；左心耳封堵器、延时性腔静脉过滤器与支架系统品种互成补充。上述产品配合高端处方药物，能在抗血小板凝集、抗高血压、微创介入等细分市场和治疗领域形成优势协同的产品梯队，将提升信立泰在心血管领域作为综合解决方案提供者的地位。

在创新生物药领域，叶澄海领导企业前瞻性布局，凭借位于四川成都的生物药物研发平台与江苏苏州的生物药物产业化基地，形成"双引擎驱动"，专注单克隆抗体、免疫细胞治疗、基因治疗等世界热点领域，临床适应证涵盖骨质疏松、肿瘤、糖尿

病、自身免疫性疾病等重点治疗领域，目前共有 10 个生物类似物、6 个创新生物药处于不同临床阶段。

自主创新是企业发展的灵魂，创新离不开雄厚的技术积累和优秀的研发人才。叶澄海心怀天下、广纳良才，信立泰技术中心掌握了一批核心技术与国际、国家发明专利，拥有一支由国内外博士、硕士和高级工程师领衔，近 500 名专业人才为主体的研发团队，共承担 4 个国家"十二五"科技重大专项——新药创制课题，多个研发成果被评为"国家重点新产品"和"广东省高新技术产品"，并获得"广东省科学技术奖""深圳市科技进步奖"等殊荣。

在产学研方面，信立泰积极与中科院化学所、中国医学科学院药物研究所等国内外研发机构、知名高校开展深度合作。与清华大学联合成立"清华大学—信立泰小分子药物联合研发中心"，与四川大学开展创新药物战略合作开发，共建生物医药创新研究机构，由深圳市发改委批准立项成立"深圳心血管药物与器械开发工程实验室"，不断推动医药科技的发展。

质量管理是任何企业都不敢掉以轻心的大事。在叶澄海的反复强调下，信立泰视质量为生命，极其关注患者安全，恪守最严格的国际质量标准，从研发研制、生产销售各环节努力发现并最大限度降低风险，不断精益求精，持续改进。严格按中国和欧盟 GMP 要求建立先进的生产与质量管理系统，配备高度自动化的生产和检验设备，采用优质原辅材料，实施科学的中间过程监控和严谨的质量控制，生产质量管理达到国际先进水平，确保产品安全、有效、稳定。

信立泰公司出资成立"清华大学—信立泰小分子药物联合研发中心"

信立泰捐资义诊活动

叶澄海为信立泰制定了坚持以学术推广为主的营销模式，各类产品在全中国上万家大中型医院销售，拥有一支专业化学术推广营销队伍与中国最优秀的心血管专科药物销售队伍，具有强大的产品销售能力和品牌影响力，构建起覆盖全国 13000 多家医院的学术营销和服务网络，并向县级及以下医院纵深发展。

自公司成立以来，叶澄海与全体信立泰人一道，共同塑造了"诚信、创新、严谨、专业、高效"的企业精神，带领大家砥砺奋进，在经营业绩、品牌形象、社会责任等方面取得了显著的成绩。2015 年，信立泰总资产 53.8 亿元，营业收入 34.7 亿元，净利润 12.6 亿元，上缴税收 7.3 亿元。企业先后荣获"福布斯中国潜力企业 20 强""福布斯亚洲中小上市企业 200 强""中国中小板上市公司价值 10 强""中国最具竞争力医药上市公司 20

强"等多项殊荣。

心之所念　善行天下

企业的发展离不开社会的支持，发展起来的企业更应回报社会。一个企业的成功与否，不但要看它所创造的经济效益，还应该看它对社会承担的责任。同样，评价一个企业家的成功与否，不仅仅是看他积累财富的多少，更要看他担负的社会责任和对社会作出的贡献。

出则兼济天下，归则反哺桑梓，天经地义，世代承传。历经国外的繁华，最终还是选择回到深圳扎根，究其根本，源于叶澄海的一片赤子之心，爱国之情，至善之德。叶澄海一直以来都把创造财富、回报社会、服务社会当作一项义不容辞的社会责任。他认为回报社会不仅是社会公德，也是

叶澄海为义诊活动捐赠药品

叶澄海身体力行，秉承"美好源于诚信"的治企理念，积极履行社会责任，踊跃参加公益事业，与政府部门、医疗机构、社团组织等社会各界建立起良好的沟通交流平台，在灾区赈灾、捐资助学、济困扶贫等方面投以极大的热情和付出。

叶澄海始终热心捐助家乡和母校的教育事业。1999年，正值创建信立泰之初，虽手头资金并不宽裕，叶澄海仍两次为家乡五华县华城兴中小学捐资共110万元，兴建了教学楼及教师宿舍。

社会责任，更是一种先进的企业文化。他一直以回报社会、服务社会作为企业的崇高义务，积极参与各类社会公共和公益活动。在创业取得初步成功之后，他不忘回馈社会，回报家乡，奉献爱心。

信立泰逐步发展壮大之后，叶澄海更多地反哺家乡、捐资助学。他多次重返母校，建言献策，捐

叶澄海捐建的东山中学老校区教学大楼落成

叶澄海在义诊现场慰问医生

资奖学，千方百计助推母校发展，为母校发展尽心竭力，为家乡教育事业添砖加瓦。即便当时企业仍处于发展上升时期，仍需大量资金投入，但是其报效社会、回报母校的愿望，总是挂在心间。

2000年，叶澄海为初中就读的梅县丙村中学捐资148万元，兴建了"廖安祥纪念大楼"和"梅州大侠廖安祥铜像"；2005年，为高中就读的梅县东山中学捐资360万元，在新校区兴建了颇具规模的教学大楼；2008年，捐资250万元，兴建梅县高级中学科学馆；2013年，时值母校东山中学建校一百周年，叶澄海再次捐资500万元，在老校区兴建教学大楼；2014年，捐款200万发起成立梅州东山中学发展基金会，2016年再次捐款150万于该基金会，用于母校奖教奖学、资助贫困师生、完善办学条件。

除了物质上的捐赠之外，叶澄海对家乡教育事业倾注了更多的关怀，他每年坚持返乡关注母校发展情况，及时了解母校发展存在的困难并积极建言献策，协调解决。叶澄海亲自担任母校东山中学第四届校董会董事长，对母校未来发展谋划了宏伟蓝图。他认为，再创辉煌的关键，在于校长、老师勤勉尽责，用"心"教学育人，洒落在全球各地学子用"心"支持。

叶澄海还始终不忘师恩，情系母校中国人民大学。2002年，他为中国人民大学捐资兴建了第一任校长吴玉章先生纪念铜像；2011年，捐赠1800万元，设立"中国人民大学澄海国际研究基金和国学研究基金"。他说："学生永远也忘不了自己的老师，无论走到哪里都怀着对恩师和母校的感念之情。"

除了关注家乡教育事业和母校发展外，叶澄海也多次慷慨解囊，捐资助学，特别是关注农村地区

原深圳市领导、中国人民大学在深校友参观信立泰公司

教育事业，尽力帮扶农村学校教育与发展，改善农村儿童学习环境，提高农村儿童受教育程度；积极参与各级慈善会、红十字会组织的各类"情系教育倾情捐助"活动，捐赠教育基金，扶助农村学校改善教学条件。2015年，他参与广东省慈善总会组织的"送电脑进学校"大型公益慈善活动，捐资60万元为10所农村学校购置电脑，建立教学"爱心电脑教室"。

杏林春意暖，诚德秉丹心。身为医药企业家，叶澄海始终心怀苍生，关注人类健康，特别是对于家乡的医疗卫生事业，他倾注了更多关爱和精力。自2005年以来，叶澄海通过优秀医药企业的行业优势，多次组织省内知名医院，赴革命老区、偏远山区、农村开展下乡义诊活动，邀请专家教授深入基层，不仅为困难群众带来国内顶尖的诊疗服务，还帮助当地医务人员提供宝贵的学习交流培训机会，进行专题讲座培训，提升当地医疗技术水平，扶助

医疗卫生事业发展。此外，每次义诊活动中，叶澄海还慷慨捐赠药品，供当地患病群众免费领取使用，为他们送去温暖与健康，减轻群众经济负担。这一关爱善举已成为传统，延续至今。

2005年至今，叶澄海联合广东省红十字会、广东省医学会、广东省医师协会、广东省妇幼保健协会、广东省五华商会等机构，多次组织中山大学中山医院、中山医科大学及附属医院、中山三院等省内知名医院的专家教授赴五华、大埔、兴宁、梅县、紫金、濂江、龙川、丙村等地义诊，共捐赠价值1280万元药品和现金。每次送医送药下乡，都赢得了当地群众的高度赞誉，既为群众看病、做检查、医治病患，又为大家节省了时间、路费和治疗及药物费用，是实实在在为民、便民、利民的好活动。举办义诊捐药活动以来，叶澄海坚持不懈致力于扶持基层医疗卫生事业，为改善基层群众"看病难、看病贵"问题作出积极努力和应有贡献。

2016 年 7 月，深圳信立泰药业股份有限公司与中国红十字基金会达成协议，将参与其"院士博爱基金"的全"心"关爱项目，约定三年内以实物形式分批向该基金会捐赠总计价值人民币 1 亿—1.5 亿元的急性心梗相关药物。未来，将与中国红十字会携起手来，共同致力于资助当前特别突出的人道公益服务供给问题，共同促进中国人道公益事业发展。

大爱有声，风雨同行。作为具有强烈社会责任感的企业家，叶澄海始终心系灾区人民，哪里灾情严重，哪里就有信立泰人救灾的身影。每当重大灾情发生，叶澄海都牵挂着灾区人民的安危，多次在灾情危难之际，伸出援助之手，始终与灾区人民心连心，共克时艰、共渡难关。

在台风肆虐时，当汶川大地震、青海玉树地震、四川雅安地震、云南鲁甸地震造成重大损失之际，在江苏阜宁风雹灾害、湖北洪涝灾害发生后，看着无数无家可归的灾区人们，看着不断攀升的人员伤亡数字，看着受灾现场的残垣断壁，每个人的心中都会涌起无限的哀思和捶叹，举国悲恸。

千山万水，血脉相连；灾难无情，人间有爱。每次重大灾情发生后，叶澄海都第一时间部署捐赠事宜，想灾区人民之所想，急灾区人民之所急，紧急调拨灾区急需的各类药品并以最快速度运往灾区。截至目前，叶澄海在赈济灾区方面已捐献超过 1000 万元药品及现金。

救助和帮扶社会困难群体，保障他们的基本生活权益，是有识之士的自觉行为和成功企业家的责任担当。从贫苦农家走出来的叶澄海更深知个中滋味，事业成功后的他更懂得感恩与回馈，尽力帮扶那些需要帮助的人们。叶澄海多次向广东省慈善总会、广州市慈善会、深圳市慈善会、深圳市红十字会、深圳市福田区、坪山新区慈善会等机构捐赠爱心慈善基金，协助他们在救治困难病患、助残、助学、孝老、扶贫等方面奉献爱心，为生活困难群众排忧解难，与他们共渡难关。

文化、教育、卫生等社会公益事业的发展与人民群众生活息息相关，是提升幸福指数，创建和谐社会的重要保证。叶澄海也始终如一地关注着社会事业的发展，力所能及参与公益，积极推动社会进步，提升人民生活幸福感。无论是公益环保活动，还是鼎力支持文体事业，叶澄海都不遗余力贡献力量。先后捐助爱心艺术团、宝安县文艺轻骑队成立 50 周年纪念活动及多地市文体活动及协会经费数百万元。其中，2012 年，叶澄海捐赠 100 万元用于发展广东老年人体育健康慈善事业；2013 年，为梅州千佛塔寺捐资 200 万元兴建鼓楼。叶澄海还身体力行，亲自参加和推动文化、教育、体育等社会慈善公益事业发展，为构建和谐社会贡献力量。

据统计，叶澄海个人及其创立的深圳信立泰药业股份有限公司，共为各类社会公益事业捐赠现金、物资超过 1 亿元人民币。通过点点滴滴的善举向社会传递大爱精神，增强公众慈善意识，带去健康、美满的信念和希望。

慈善是一项系统性的事业，扶危济困、捐资助学、抢险救灾等都只是其中一方面。基于对社会公益慈善事业的热爱和奉献，为进一步做好慈善公益事业，促进社会公平，倡导良好社会风尚，促进社会和谐发展，2016 年，叶澄海发起成立非公募基金会——"深圳市叶澄海慈善基金会"，与深圳信立泰一起为慈善再添新力。

设立该基金会的目的在于继续奉献爱心，弘扬美德，支持中国公益事业，促进社会和谐与发展。基金会成立后，将根据《基金会管理条例》及国家社会组织管理的相关精神，不断拓展基金会工作思

叶澄海与夫人

路，进一步推进社会公益工作步伐，加强公益性项目建设。以基金会的基础建设为目标，争取在短时间内将其打造成基础条件合格、有发展后劲的基金会。同时基金会计划在 3 至 5 年内投入资金 1 亿—2 亿元人民币，用于开展以下公益项目：

针对深圳特区教育发展的迫切需求，充分利用深圳市政府高度重视的政策优势，积极寻求与国内外高等院校开展校企合作的机会。初期计划以捐资助学或设立奖学金等方式参与其中，共同推动深圳的医学教育事业。通过协助高校建立与深圳健康事业和产业发展紧密结合的医学院，为深圳培养更具人文素养和科学精神的医学专业人才。

同时，将与广东省内贫困地区、革命老区的中小学校建立联系机制，帮助品学兼优的贫困学生完成学业，并在其学习、生活上给予资助和奖励。通过慈善资助和精神激励，积极引导学生的身心发展，帮助他们树立正确的世界观、人生观、价值观，帮助他们健康、快乐成长。

发扬人道主义精神，弘扬中华民族扶贫济困的传统美德，结合信立泰自身优势，通过开展医疗卫生项目，为困难人群就诊提供便利，减轻经济负担。计划将积极开展义务体检、医疗就诊、医药救助活动，为残疾人、鳏寡孤独、处境困难儿童等特殊弱势群体提供各种形式的帮助。

"一方有难，八方支援"是中华民族的传统美德。基金会将积极协助政府开展救灾援助工作，参与灾害救援、灾民克难救急及灾后家园重建、生产重建、生活秩序重建、生存能力重建、心理重建等方面，提供灾区社会服务，在政府的统一领导下与灾民一起重建家园，为灾区人民提供力所能及的帮助。

加强与全国各地基金会的联络和交流，如交流拜访等，了解成熟公益项目的运作模式，学习其他慈善基金会的先进经验，取长补短，提高运作基金会的能力和水平。

对于慈善，中国人有一个传统观念叫作乐善好施，或者叫助人为乐。"赠人玫瑰，手留余香"。慈善最重要之处就在于帮助别人的同时能获得自身心灵满足感。所以真正做慈善的人，在帮助别人的同时自己也能获得快乐。参与社会公益不仅仅是企业家的责任，举手之劳也能奉献爱心，身体力行参与志愿服务，同样是公益行动的体现。这是大家互相支持、互相帮助，以帮助他人为荣，以解人之危为乐的一种高尚的道德品质、情操和行为，更是时代赋予每一个公民的共同责任和义务。

扶危济困是善的最大要义。当我们每个人都用绵薄之力扶助他人的时候，当我们每个人都用举手之劳济人危困的时候，留下的是一种精神，付出的是一种关爱，汇聚的是一种力量。真正对他人同情、关心，把别人的困难当成自己的困难，满腔热情帮助解决，把对他人施以援助、解困于人化成常态。

目前，在叶澄海的带领下，信立泰正在积极筹建义工团队，希望通过员工的志愿服务，参与社区发展，推动公益理念传播，为公共事务提供配合和支援，履行企业社会责任，传递正能量。大力弘扬中华民族乐善好施、扶危济困的传统美德，救助社会困难群体，促进社会公平与人类进步。让更多人抱着这样的坚定信念，帮助孤、老、病、残、幼、贫等困难群众，大家一起共享美好人生。

作为亲身经历深圳改革开放，并在其中扮演了重要角色的叶澄海来说，他是改革开放的拓荒牛，为深圳特区的建设和发展作出了巨大的贡献。同时作为最早下海经商的高官之一，叶澄海成功实现了自己实业报国的理想。未来十年，随着多个创新药、生物药及高端医疗器械的成功上市，通过优质并购逐步扩大规模，他率领的信立泰将实现自营产品销售额超过100亿元，发展成为以高端医药产品作为公司核心销售产品，销售市场遍及国内外的创新型国际化生物医药企业。

如今，功成名就、经历传奇的叶澄海，在成为商业王者的同时，身上的慈善标签也愈发明显。未来，在慈善公益事业的道路上，我们将见证他更加绚丽精彩的人生！■

刘

汉

元

　　历经 30 多年的艰苦奋斗和不懈追求，通威集团从无到有、从小到大、由弱及强，已发展成以农业、新能源为双主业，并在化工、宠物食品、建筑与房地产等行业快速发展的大型民营科技型企业。2016 年再次入围"中国民营企业 500 强"，通威品牌价值跃升至 403.58 亿元，连续 13 年荣列这一国际公信力和认同度最高、权威性和参鉴性最强的中国品牌国家队。

　　审视通威从 500 元起家到 2015 年销售收入超 530 亿元的企业发展轨迹，集团董事局主席刘汉元坦言："财富越多，责任越大。"多年来，这位多次登上福布斯排行榜的富豪，在慈善公益事业方面的贡献同样引人关注。他先后荣获"中国慈善家""抗震救灾先进个人"、首届中国企业社会责任年"责任领袖""亚太最具社会责任感华商领袖"等荣誉称号。

追求卓越　　奉献社会

—— 十一届全国政协常委、通威集团董事局主席刘汉元

　　乘风破浪，一条小河汇聚成长江，逶迤向东流。刘汉元创立的通威集团发端于水产，成长于农牧，跨越于新能源，正发展成为农业和新能源双主业齐头并进，拥有130余家分、子公司和2万多名员工的跨国集团。30多年来，通威集团通过饲料加工、原料采购、产品运输、养殖生产等形式，直接或间接带动我国近3000万农民增收致富奔小康。

　　"追求卓越、奉献社会"，是通威集团的企业宗旨。在刘汉元的推进下，这一宗旨已经成为公司永续经营、稳健发展的信誉力量、文化品格、精神圭臬和宝贵资源。"企业既要保持自身持续发展，也要承担相应的社会责任。"刘汉元不仅为老少边穷地区捐款捐物，还以产业扶贫的方式，变输血扶贫为造血扶贫，带动贫困地区的经济发展。迄今为止，通威集团各种捐款捐物总额已超过3.5亿元人民币。

追求卓越　实现跨越发展

　　历经30多年发展的通威集团，已是一家大型民营科技型企业、农业产业化国家重点龙头企业。集团现拥有遍布全国各地及东南亚地区的130余家分、子公司，员工逾2万人，旗下通威股份上市公司（2004年上市，股票代码600438）年饲料生产能力超过1000万吨，是全球最大的水产饲料生产企业及主要的畜禽饲料生产企业，系四川首家年度销售收入过百亿的农业上市公司，也是我国农、林、牧、渔板块销售规模最大的农业上市公司之一，水产饲料全国市场占有率已超过20%，连续20余年位居全国第一。

　　目前，通威正秉承"为了生活更美好"的企业

愿景和"追求卓越，奉献社会"的企业宗旨，坚定不移发展农业和新能源两大主业，其中农业主业以饲料工业为核心，全力延伸和完善水产及畜禽产业链条，打造集品种改良、研发、养殖技术研究和推广，以及食品加工、销售、品牌打造和服务为一体的世界级健康安全食品供应商。同时，在新能源主业方面，通威业已成为国内唯一拥有从上游多晶硅生产、太阳能电池片生产、到终端光伏电站建设的垂直一体化光伏企业，已形成我国最完整的拥有自主知识产权的光伏新能源产业链条，并成为中国乃至全球光伏新能源产业发展的核心参与者和主要推动力量。

　　经过多年的跨越式发展，在新能源产业链上游，作为位居我国前三位、西南地区最大、国内唯

2009 年 6 月，刘汉元委员在十一届全国政协常委会第六次会议上发言

片最高平均转换效率超过 20%，品质达到行业最优，成本实现行业最低，各项技术指标已达世界先进水平，电池片品质与客户评价中国第一。为加速全球布局，2015 年 7 月，通威以现金增资方式投资入股台湾昱晶能源公司并成为其第一大股东。昱晶能源是台湾前三大晶硅电池企业，产能规模 1800MW，销售市场以海外市场为主，其高效晶硅电池转换效率高达 21%，并成为全球光伏产业以背钝化技术量产高效太阳能电池的领先厂商，结合昱晶能源 1800MW 电池产能，电池片生产能力一跃成为世界第一，是全国出货量最大以及全中国和全世界成本最低的电池片工厂。2015 年 11 月 18 日，值通威电池项目投产 2 周年之际，通威在成都双流县规划建设全球规模最大的 5000MW 太阳能高效晶硅电池项目。经过 7 个月的快速建设，项目已于今年 6 月 30 日成功投产，是全球自动化程度最高、单车间

一家循环经济产业链的多晶硅生产企业，通威旗下永祥股份已形成多晶硅 1.5 万吨产能，在成本控制与质量方面达到国际一流水平，为产业链中下游提供了高性价比的优质硅料，经过技改，2015 年四月份以后产量位列全国第三位，质量全国第一流，各类消耗水平全国领先，成本全国最低。

在产业链中游，通威太阳能深度切入太阳能发电核心设备和产品的研发、制造和推广，实现了 3300MW 电池片和 500MW 组件产能，已成为全球出货量最大的多晶硅电池片生产单厂，太阳能电池

产能规模最大的高效晶硅电池线项目。成都各大媒体对项目的快速建成、快速达产纷纷进行了大篇幅报道，盛赞通威创造了新的"成都速度"。项目二、三期各规划建设 2000MW，计划 2 至 3 年内投产。目前，通威太阳能（合肥、成都）公司产能规模已跃升至全球第一。未来 3—5 年，通威太阳能电池环节规划完成总计 10000MW 产能，将实现产值超过 200 亿元。届时，通威将成为全球最大、最具竞争力和影响力的世界级太阳能电池生产企业。

在产业链终端，通威拥有发展分布式光伏的独

2007 年，通威集团捐资设立思源·阳光计划

特优势，大力发展家庭屋顶光伏，并与现代渔业相结合，打造"渔光一体"模式。目前，通威已在全国各地建立起了商业或家庭式光伏发电及"渔光一体"示范电站，优质而清洁的光伏电力正源源不断地惠及千家万户。作为中国乃至全球唯一一家同时涉足农业和新能源光伏产业的龙头企业，通威真正实现农业和光伏高效协同发展，最终成为全球领先的绿色农业和绿色能源供应商。

通威集团秉承"为了生活更美好"的企业愿景和"追求卓越，奉献社会"的企业宗旨，坚定不移地发展农业主业，并以饲料工业为核心，全力延伸和完善水产及畜禽产业链条，打造集品种改良、研发、养殖技术研究和推广，以及食品加工、销售、品牌打造和服务为一体的世界级绿色食品供应商。同时，通威集团加快新能源产业布局和发展，积极拓展并完善从硅料、硅切片生产到太阳能电池片、组件生产，到终端光伏电站建设的完整产业链条，

致力于打造世界级太阳能光伏企业和世界级绿色能源供应商。

在获得自身稳健发展的同时，刘汉元始终坚持以一个成功企业家的高度社会责任感，积极参与社会公益事业。刘汉元说："如果说当年网箱养鱼让我们获得了经济上的发展，授人以渔让我们获得了共同发展带来的欣慰和自豪，那么，今后如何做好物质积累后的慈善公益事业，体现企业更加成熟的社会责任意识，则成为我们现在认真思考和实践的重要问题。"

通威集团总部的大楼外墙上有"诚、信、正、一"几个字，放眼望去十分显眼。刘汉元说，这几个字就是通威的核心文化理念，或者是一种责任感。刘汉元认为，一个企业要想长治久安，或者说是稳定发展，前提就是这个企业的根一定要"正"。这样企业才能真正凝聚到"好人"，并且让所有的人都能

2008 年 5 月 21 日，刘汉元参加四川省委统战部组织的捐赠活动

在四川亲历了"5·12"特大地震给四川同胞带来的巨大伤痛和财产损失。作为全国知名的四川企业，通威集团在这场巨大的天灾中以最快速度和最有效的方式，积极参与到抗震救灾和灾后重建相关工作当中，全力以赴为救助这场突发灾难贡献力量。

灾情发生当天，刘汉元顾不上处理在地震中受损严重的通威集团都江堰三文鱼基地，第一时间组织和部署公司投入灾区其他地方救灾抢险。在他的领导和指挥下，通威集团迅速成立了内部抗震救灾领导小组，集团旗下 90 余家分子公司近万名员工积极行动起来，向灾区募捐资金和物资，整个集团以最快的速度全面参与到抗震救灾当中。刘汉元与公司高层多次冒着余震危险，亲自深入灾区一线，实地考察各地受灾情况，积极寻求灾后重建的有效途径和方式。在经过实地考察了解灾情和召开公司内部专题会议后，迅速制订出了一套完整的支援灾区重建、恢复生产的行动计划和支持方案。方案主要落实在援建希望学校和帮助灾区养殖户恢复生产两个方面。之后，通威集团又决定，在德阳、绵阳、广元等重灾区设立 10 个以上的通威村，并从中选择受灾最重的家庭，将他们列为灾后重建骨干发展力量，在直接进行饲料等物资捐助的同时，从资金、销售、市场、技术、培训等各个方面进行扶持。据统计，通威集团在这次抗震救灾工作中捐款捐物总额已超过 1250 万元。

够按照好的行为规范来约束自己，与企业一同发展，共同进退。只有当企业的形象、企业生产的产品和企业的人，都趋向同一个方向的时候，企业才有可能得到别人的认可，得到社会的认可。

川商标杆　情系灾区建设

2008 年之于川商，是一个特殊年份。改革开放30 年，一大批意气风发的川商被推向经济建设前沿，过去的 30 年还来不及总结和梳理，下一个 30年便在地震灾害、全球金融危机的寒冬中开启。机遇和挑战，是川商不得不面对的现实。通威集团就

2010 年 10 月，海南洪涝灾害，通威捐助 100万元用于受灾客户灾后重建，恢复生产；2013 年 4

月，面对雅安芦山 7 级地震，通威集团迅速行动，捐款、捐物已超过 500 万元，灾后重建扶助还在继续……

从茶马古道走出的千年川商肩负着今朝复兴的历史使命。刘汉元和他带领的通威集团，无疑是四川乃至中国经济 30 年历史跨越的一个缩影，也为四川省民营经济下一个 30 年的发展提供了标杆和样本。从上个世纪 80 年代初 500 元人民币创业，到如今超过 530 亿元的销售额，刘汉元以其"商界常青树"的美誉和勇于担当社会责任的价值追求，被公众和媒体广泛誉为"新一代川商领袖"。

投身公益　支持教育发展

一个国家有没有发展潜力看的是教育，这个国家富不富强看的也是教育。刘汉元作为全国知名企业家，深知在贫困地区发展教育的重要性。在他的指导下，通威集团一直是一个情系教育，重视人才、尊师重教的企业。集团在许多学校设立了奖学金，鼓励莘莘学子努力学习，早日学成，报效祖国。

早在 1992 年，通威集团就出资 50 万元与四川省青少年发展基金会联合设立"通威——希望工程奖励基金"，这在当时是一笔不小的捐款数目。从 1993 年到 2003 年的 10 年内，基金每年捐款一次，用于奖励与希望工程有关的先进集体和个人。

1993 年，"通威——希望工程奖励基金"首期颁奖夏令营在简阳三岔湖畔的四川省青少年活动中心举行。刘汉元向来自北川、城口、布拖等 20 余县的 20 多名教师、共青团干部、学生代表以及 140 名首期获"通威——希望工程奖励基金"的学生颁发了 4.5 万元的奖金。

因为刘汉元的关注和投入，每一年的颁奖大会都热闹非凡。第二届的"通威——希望工程奖励

2008 年 5 月，通威集团为在地震中受灾的成都大学捐款 300 万

1999 年，通威集团资助我国首次北极科考活动

基金"颁奖大会在成都高新技术开发区通威集团总部举行，刘汉元向《四川日报》、四川电视台、四川人民广播电台等 12 家为"希望工程"活动宣传报道作出贡献的新闻单位赠送了"携手共筑希望工程"的锦旗，并出资 4.5 万元向 50 名不辞辛劳宣传"希望工程"的新闻工作者和来自各县的 50 名优秀教师颁发了奖状和奖金。第三届"通威——希望工程奖励基金"颁奖大会亦在成都通威集团总部举行，刘汉元和四川省有关部门领导向来自全川各地的 39 名优秀教师、18 名优秀团干部、43 名优秀学生颁发 4 万元奖金。随后的 1997 年至 2002 年，刘汉元和他带领的通威集团兑现承诺，每年都举行一届"通威——希望工程奖励基金"颁奖大会，对贫困学生进行资助，帮助他们重返校园，得到受教育的机会；对优秀教师予以奖励，对他们在少数民族地区的贡献表示感谢并鼓励更多的教育工作者向这

刘汉元荣获"希望工程贡献奖"

为答谢通威集团捐赠 100 万元善款，四川水产学校将主楼命名为"通威教学楼"

1996 年，通威集团捐助四川省壤塘县

些贫困地区靠拢。

从 1992 在四川省企业界第一个设立"通威——希望工程奖励基金"至 2002 年，十余年来，通威集团共资助四川省凉山州、巴中、广元、达州等贫困山区贫困学生和优秀教师近 800 名，为四川省教育事业作出了突出的贡献。为此，四川省青少年发展基金会特授予了通威"希望工程贡献奖"，对通威集团 10 年来始终支持教育事业予以充分肯定和感谢。

近年来，异地高考问题日益成为公众关注的焦点，各省异地高考方案相继出台，但仍然存在一些问题和弊端。作为全国政协委员，刘汉元充分发挥参政议政的职能，建议以此为契机，通过推进教育资源均衡化，从全国全局统筹考虑异地高考问题。在提案中，他表示不仅要解决异地高考这一个问题，更重要的是借此全面提升我国高等教育的质量、活力和竞争力，使我国发展成为世界高等教育强国。无论是 20 世纪 90 年代，还是现在，刘汉元始终关注着我国教育事业的发展，并一如既往地投身教育公益事业。

扶贫攻坚　揭开崭新篇章

对于社会责任的传承和坚守，刘汉元不仅仅限于企业和自身，还努力通过率先垂范，让广大通威员工的公益意识得以升华和强化。他运用责任的思想、责任管理的价值尺度等相关理论，去评价个体、团队、组织的社会价值，"这是一个值得探究的社会重大课题，这在当今和未来的中国尤其具有现实性、针对性。"刘汉元说到"责任"两字时总是很认真严谨。

刘汉元参与扶贫攻坚可以上溯到 1996 年。当年，在中共四川省委宣传部会议室举行的"通威集团——壤塘县观念扶贫工程"捐资仪式上，通威集团将 16 万元人民币捐献给中共壤塘县委，并支持壤塘县派出 100 余名村乡干部来到成都，看城市，看工厂，看先进农村，让许多从未走出过草原的农牧民感悟新的世界，许多人由此转变了观念，更加奋发地去改变自己的生活，促进民族地区经济发展。通威集团在帮助老区人民脱贫致富的路上揭开了崭新篇章。

作为民建中央常委、民建中央企业委员会主任和四川省委副主委的刘汉元，积极参与民建四川省委倡导并牵头的地方合作项目。从此前的"建都合作""建达合作"，到 2008 年的"建自合作"、2009 年的"建巴合作"等，通威集团根据自身经营实际，积极选择合适的扶贫援助项目参与其中。2009 和 2010 年，刘汉元两次派员前往巴中，启动、落实"建巴合作"，并向"建巴合作"扶贫项目捐赠 100 万元，援助革命老区巴中市巴州区上八庙镇

寨城村，在当地兴建了近 170 口沼气池，并完成了"思源大道"的建设，为当地群众的生产、生活条件改善作出了积极努力。2010 年，通威集团又捐资 1100 万元，在四川甘孜州理塘县高原山区修建学校，并兴建两座太阳能发电站。当地百姓无不受益，他们感动地说道："'饲料大王'的恩情，我们一辈子都无法忘怀。"2012 年 1 月 1 日，通威集团"思源·阳光计划"再次发力，为川陕革命老区达州市捐赠 20 万元用于"通威·思源大道"建设，并为眉山市永寿镇家乡集镇建设捐资 200 万元，帮助父老乡亲早日走上脱贫致富的幸福之路。

除了直接捐助之外，刘汉元还发挥企业优势帮助贫困地区。面对贵州毕节地区的发展需要，通威集团积极响应民建中央号召，投入 6000 万元在该地区新建了一座现代化饲料生产企业，为当地造血扶贫。2015 年，为响应全国工商联、国务院扶贫办、

通威集团捐建的理塘寺屋顶光伏

2012 年 7 月 17 日，民建中央主席陈昌智和民建四川省委副主委、通威董事局主席刘汉元出席"思源工程"援疆光伏电站落成典礼仪式并进行实地考察

中国光彩会在北京召开的"万企帮万村"精准扶贫行动，通威集团与四川省三台县王家堰村签订了定点帮扶合作协议，为王家堰村精准扶贫养殖户一次性免费提供总计价值人民币 20 万元的优质鱼苗和通威鱼饲料，在农户养殖过程中对养殖户提供免费的技术培训和现场指导。对贫困地区，刘汉元的慈善情怀从未停歇。

光伏扶贫　探索扶贫新路

2005 年底，民建中央启动了"中华思源工程"。两年后"思源扶贫工程基金会"成立大会在人民大会堂隆重举行。通威集团依托"思源工程"平台和契机，出资 5000 万元设立"思源工程基金会"的子项目——"阳光计划"。

通威利用 10 年的时间，平均每年拿出 500 万元，汇聚广泛社会力量和优势资源。在科学发展

观的指引下，调动一流人才，加大经费投入，产、学、研并举，着力打造光伏新能源产业链条，并将西部地区、东北老工业基地、中部地区等经济欠发达地区，尤其是少数民族较为集中的农村山区，列为重点帮扶对象，进行大规模能源改造，提供清洁的太阳能生产、生活用电，并不断扩大帮扶地区和帮扶人群，造福百姓。

2010 年 11 月，通威集团在四川省甘孜州理塘县雄坝乡若拉村规划、实施，投资 870 万元，建设装机容量为 300KWp（千瓦）太阳能光伏并网电站。2011 年 3 月 30 日项目完工，4 月 2 日电站并入当地 35KV 县域电网，于 4 月 12 日开始正常运行，目前该电站已移交给理塘县电力公司进行日常运营管理。每年所发电量中的 10 万 KWH 将提供给长青春科尔寺的法学院和佛学院，其他 34 万 KWH 提供给理塘县敬老院等福利机构及 150 户"五保

户"家庭。专家预见，理塘县整体项目将为未来大规模综合利用四川乃至中国西部极为丰富的太阳能资源，改善该区域的经济结构，并且通过智能电网、超（特）高压直流输电等先进技术实施西电东送，最终让西部丰富的太阳能资源惠及全中国，作出有益的探索和良好的示范作用。

2012 年，根据"中华思源工程扶贫基金会"和"思源·阳光计划"的总体要求，通威集团向新疆昌吉州阜康地区捐资 1500 万建设 1MWp 并网光伏发电站。项目占地面积 60 亩，年发电量 140 万度，产生的收益全部用于当地开展公益事业。

在我国西部大开发向纵深推进的关键时期，刘汉元以产业发展带动扶贫攻坚的思路，除利用光伏发电让老百姓享受免费的电能和收益之外，更重要的是和当地产业发展、升级相结合，以此带动和解决当地就业问题，实现"造血式"的扶贫效果。老百姓一旦获得长期、持续、可预期的经济收益，其积极性将大大提升，从而为西部光伏扶贫工作走出

一条产业扶贫、清洁能源扶贫和我国新能源基地建设的多赢、崭新道路。刘汉元认为，无论从我国能源安全供应、环境安全保障、中西部地区经济发展，还是从转变经济发展方式的内在要求出发，我国都应当加快推进光伏新能源产业发展，同时把西部丰富的光伏资源作为我国重要的能源供应战略选择，加速推进西部以光伏发电为核心的国家新能源基地建设，从而使太阳能这种最经济、最清洁、最环保的可持续能源真正惠及全国人民，逐步形成我国和平崛起的永续清洁能源供应基地，缓解我国资源压力，确保我国能源战略安全和生态环境长治久安，基本解决我国未来的全部能源消费问题，并成为拉动内需、支撑我国经济可持续发展的主要动力源泉之一。

作为全国政协委员，刘汉元始终认真履行职责，积极建言献策，参与国是，反映社情民意。通过四川甘孜理塘、新疆阜康、河北丰宁以及分布于全国大量的分布式光伏电站的建设与推进，积累了十分丰富的帮扶和扶贫经验，总结出了整套完整、

通威集团捐建的理塘县雄坝乡若拉村 300KWp 光伏并网电站

2008 年 12 月，刘汉元捐助"思源工程·天使计划"

系统、清晰的有关光伏扶贫的成功模式和具体经验，并根据建设过程中的宝贵实践，积极建言献策，先后提出了关于我国光伏产业发展、精准扶贫、光伏扶贫的多份全国"两会"提案、大会发言、社情民意等。2016 年，针对光伏扶贫问题，刘汉元在自己的提案《用光伏产业推动我国精准扶贫》中提出三点建议：第一，将国家扶贫资金直接补贴，并作为光伏扶贫项目初始投资；第二，协同西部大开发扶贫攻坚，打造西部成片光伏新能源基地；第三，加快贫困地区电网改造升级，为产业扶贫保驾护航。在全国围绕扶贫工作攻坚克难的关键时刻，刘汉元建议依托贫困地区丰富的自然资源及日照充足的优势，在贫困地区积极推广光伏扶贫工程，是实现产业与项目有效结合的扶贫新路子。这不仅真正让贫困户月月有收入、年年有经济来源，还可以真正解决未来 10 年、20 年甚至更长时期的经济发展问题，走出一条产业扶贫、生态发展扶贫和清洁能源建设扶贫的崭新路子，为我国光伏扶贫乃至贫困群体脱贫致富奔小康作出了重要探索和积极贡献。

即便企业获得了巨大的成功，刘汉元也依然有着一颗平常心，依然认真、务实、冷静和清醒，依然忙于工作，忙于公益。上班下班，热情地与最普通的养殖户、车间工人握手打招呼；每逢公益活动，他的身影总是出现在现场。生活中的点点滴滴愈加彰显刘汉元的平易近人、亲和与崇高的人格魅力，也愈加体现他深深的社会责任感。

通过 30 多年的躬身实践，刘汉元带领通威集团通过高度自觉、全面深刻地投身到慈善事业中，使"追求卓越，奉献社会"在潜移默化中成为通威全体员工最阳光、最正向、最积极也最自然的价值认同和行为准则，并将一直激励全体通威员工在各自的工作岗位充分发挥积极性和创造性，最终实现客户、员工、企业、社会的多赢局面，从而实现企业的长久稳健发展。■

杨 国 强

　　"我们要做有良心、有社会责任感的阳光企业""希望社会因我们的存在而变得更加美好"，这是碧桂园集团创始人杨国强亲自为企业拟定的核心理念，也是碧桂园上下一直努力践行的基本准则。碧桂园集团始终努力为更多的人创造更加美好的安居条件，每年为国家纳税100多亿元。除却创造财富的多少之别，与大多数成功人士一样，杨国强通过艰苦努力、不懈奋斗，成为这个时代的创富榜样。特别值得一提的是，在取得巨大财富和非凡成就之后，他用另一个方式诠释着财富的意义——慈善，攀登着另一个高峰——道德。

　　从1997年第一笔大额捐赠算起，20年来，杨国强及女儿杨惠妍和碧桂园集团不遗余力地参与慈善公益事业，为教育、医疗、扶贫、救灾等领域累计捐赠超26亿元。

"让每个人的人生都有出彩的机会"

—— 全国政协委员、碧桂园集团创始人杨国强

2016 年 9 月 1 日，是《中华人民共和国慈善法》正式实施首日，在第九届"中华慈善奖"颁奖典礼上，杨国强凭借在慈善领域的突出贡献，被授予第九届"中华慈善奖——最具爱心捐赠个人"奖项。"中华慈善奖"设立至今，杨国强及碧桂园集团共 7 次被授予"中华慈善奖"。

而 2015 年 10 月 16 日，对杨国强来说，也是一个普通而又不平凡的日子。这一天，他获得了"2015 中国消除贫困奖"，作为"民营企业家教育扶贫创新的典范"，杨国强受到了习近平总书记的亲切接见。

"平常事，平常心，尽公民责任。"这是杨国强获得殊荣后的感受。这一句朴实的感言背后，是他二十年如一日的付出，而这些付出不是用简单的数字便可以说明和丈量的。

不忘初心：感恩社会

说起杨国强做慈善的起点，这与他的人生经历不无关系。杨国强出身农家，小时候放牛种田，18 岁之前因为贫穷都没穿过鞋子。读中学时由于没钱交学费，学校免了他 7 块钱的学费，还给他 2 块钱的助学金。正是这 9 块钱，在杨国强的心里种下了感恩的种子。

"我出生在农村，也曾很贫困。开始工作时做了泥瓦匠，一门手艺改变了我的生活，以汗水、知识和良好的品格执着地追求自己的梦想。感谢国家改革开放和社会的佑助，让我有机会为社会建造广厦千万间，亦可以力所能及地帮助有需要的人。"杨国强这样说。自身的经历，让他深刻体会到"授之

以鱼不如授之以渔"的可贵。为此，1997 年，事业小有所成的杨国强，个人出资 100 万元匿名设立"仲明助学金"，并承诺以后每年捐赠 100 万元用于资助广东省内贫困大学生。从 2006 年起，上升到每年 200 万元。截至 2016 年底，"仲明助学金"已经资助超过 9000 名学子。

而这一助学金最与众不同的一点就在于所有受助大学生在领取"仲明助学金"时，需要签订《道义契约》，这是杨国强特别要求的。杨国强认为，他不需要金钱的回报，而是倡议"受惠不忘施惠，让爱薪火相传"。有了这样一种一帮十、十帮百的捐助理念，在受助学子心中埋下善的种子，也使更大范围的弱势群体得到切实的帮助。

2010 年 10 月，杨国强慈善事迹入选由全国政协文史和学习委员会主办的"善行天下·政协委员慈善公益事迹展"

2002 年，杨国强为纪念多年前因病去世的兄长杨国华，斥资 2.6 亿元创办了纯慈善、全免费的私立学校——顺德国华纪念中学，每一个学生入学时也签订了这样一份《道义契约》。这是全国唯一的纯慈善、全免费高中，14 年来共接受了 2588 名处于辍学边缘的学生，2013 年到 2015 年，该校的重点本科上线率超 95%，是广东省重点本科上线率最高的高中。

杨国强创办的国华纪念中学

"我不忍看天地之间仍有可塑之才因贫穷而隐失于草莽，为胸有珠玑者不因贫穷而失学，不因贫穷而失志，方有办学事教之念。"在国华中学的纪念碑上有杨国强亲自编写的这样一段话。多年后，杨国强表示，这笔出资倾注了他当时一半的财产。他

希望每一个走出"国华纪念中学"的学生，铭记学校"滴水之恩，涌泉相报"的价值观，既受助于社会，当以奉献社会为终身追求。

9 块钱的种子扎根于善念，如蒲公英一般播撒

出去，如今芬芳满园，沁人心脾。而这样的传播理念也让杨国强的慈善之路走得更为坚实，力量越来越强大，传递的链条越来越多，如水流一般延绵不绝。

教育扶贫：终身事业

在 2015 减贫与发展高层论坛上，习近平总书记在演讲中说："授人以鱼，不如授人以渔。扶贫必扶智，让贫困地区的孩子们接受良好教育，是扶贫开发的重要任务，也是阻断贫困代际传递的重要途径。我们正在采取一系列措施，让贫困地区每一个孩子都能接受良好教育，让他们同其他孩子站在同一条起跑线上，向着美好生活奋力奔跑。"

这一演讲中所蕴含的"扶贫必扶智"的理念，

杨国强一直实践至今。从 1997 年开始，杨国强共投入 26 亿元用于扶贫公益，其中教育扶贫超过 13 亿元，有效帮扶约 5 万名贫困人口。"我希望，每一位年轻人出来社会工作，都接受良好的职业教育和技术技能培训，贫困人口都得到平等和公平的教育，让他们也有人生出彩的机会！"杨国强坚信："教育扶贫，是针对贫困人口进行教育投入和资助，使其掌握脱贫致富的知识和技能，是减贫脱贫根本之举。"

杨国强有感于贫困学生无法得到良好教育，有感于中国经济社会发展过程中技术技能型人才的匮乏，有感于国家的未来离不开高水平的专业技能人才，萌发了创办职业学院的意向，并以个人名义于 2012 年 6 月 26 日向广东省教育厅提交了办校请示，当即被批准立项，并纳入《广东省高职学校设置"十二五"规划》。此举的目的，在于通过创办高

2007 年，杨国强出资 5500 万元建立了全免费、纯慈善的国良职业培训学校，系统培训贫困地区退役士兵

受杨国强的资助和影响，仲明学子刘国兴（前左一）工作后也成立了以自己母亲名字命名的"宋秀琴助学金"

2006 年仲明助学金颁发仪式在广州美术学院举行

教育典范，改变全社会对高职教育的看法。

2015 年政府工作报告中提出了"中国制造 2025"规划，为制造业画出未来 10 年的发展蓝图，这是个复杂的系统工程，几乎涉及社会方方面面。目前，离"中国制造 2025"只有十年的时间，要使我国由制造大国到制造强国，加速形成技术人才的正金字塔结构已迫在眉睫。

职院校，资助贫困家庭学生成才，帮扶贫困家庭脱贫，为众多的高中毕业生提供继续深造的机会，让更多有潜力、有智慧的学生喜欢读高职，为中国全面建成小康社会培养既立足当代、又面向未来，"对人好、对社会好"的高素质技能型人才，树立高职

制造强国关键在人才培养。效仿德国，打造中国强大的职业教育体系，这一直是杨国强的心愿。他认为，德国是职业教育成功典范，处于国际顶尖水平，为"德国制造"提供大量优秀产业工人，成为德国国家竞争力的重要源泉，因此，中国也可以通过加强职业教育来实现中华民族复兴之路。

"现在有相当部分年轻人，中学毕业便去工作，他们的知识和能力并不能满足工作所需，就算大学毕业生，没有实际技能找工作也难。而很多企业又面临技能型、实用性人才匮乏的窘况，"杨国强的言语朴实却一针见血，直指国内并存多年的求职难和用工荒难题，"设想一下，如果我们的年轻人都能接受良好的职业培训，不但能为他们打开通往成功成才的大门，社会劳动生产率也将得到大大提升。"

为此，杨国强建议，我国在职业技能教育方面要立法，应制定强制化措施，保证20岁之前的青年人都得到相应的学习，才允许出来工作；要建立足够合适的职业学院，将这些与地方政府的政绩挂钩；国家还应该加强宣传、动员全社会参与，从而全方位提高职业教育的社会地位。

除了关注和捐助高等职业技术教育之外，杨国强及碧桂园集团还从受教育者和高校建设两个方面来支持普通高等教育。

2007年为暨南大学捐款1000万元，成立"国华教育基金"，用以支持研究生阶段教育；2008年为香港大学"第一代大学生助学金计划"捐资500万元，以鼓励香港大学的家中首代大学生（即父母没有接受大学教育）积极接受高等教育的挑战，让他们享有参与课室以外而费用超乎家庭经济能力的学习机会。

在资助贫困学子完成大学学业的同时，杨国强及碧桂园集团也积极投入高校建设。2007年底，向清华大学、北京大学、中山大学各捐款3000万元设立国华奖教基金，支持各高校吸引优秀教学科研人才，加强师资队伍建设，促进学术研究，助力学校

在2013年仲明助学金颁发仪式上全体志愿者合影

杨国强捐建的广东碧桂园职业学院。图为学院行政综合楼

全面发展。自设立以来，已在各高校评出 50 余位获奖者，颁出奖金 3000 余万元。获奖学者的研究领域涉及文学、历史、医学、物理、地理学、国际关系等诸多学科，为我国高等教育学术发展和教学繁荣均作出过突出的贡献。2015 年底，向中山大学捐资 1 亿元设立惠妍人才基金，支持中山大学聘请高层次人才来校任教及团队建设，支持推进中山大学建设世界一流大学的目标，同时也是积极响应广东省和国家创新驱动发展战略计划。2016 年 4 月，向清华大学捐款 8500 万元，成立"清华大学—碧桂园教育基金"，用于开展科技创新、科研成果转化、人才培养和教育扶贫等工作。

杨国强捐建的马边彝族自治县碧桂园职业中学

此外，杨国强及碧桂园集团还捐资 3000 万元，为甘洛、马边两个贫困县各捐建一所可容纳 1000 人的职业学校；为清远职业技术学校捐资 1000 万，为顺德职业技术学院捐资 1000 万等。

约 13 亿元的捐款，占了杨国强及碧桂园集团慈善公益事业捐款的一半。由此，成就了中国教育扶贫史上浓墨重彩的一笔。

为国纾难：重建家园

"5·12"汶川大地震之后，杨国强及碧桂园集团迅速开展了紧急救灾行动。5月13日一早，杨国强召开内部高层管理人员紧急会议，迅速决定以公司名义捐资300万元给友成企业家扶贫基金会用于救助四川灾民。5月20日，碧桂园决定再捐2000万元用于灾区灾后重建工作。

2008年5月14日，杨国强的女儿杨惠妍以个人名义向广东省青少年发展基金会捐款1000万元，委托该基金会设立"汶川少年儿童援助基金"，用于救助在这次四川地震中受灾的少年儿童。而后，杨惠妍委托专员前往灾区一线映秀、北川等地开展走访调研，为该基金制订更科学、合理的实施方案收集信息，以便使救助金能够用到实处，并形成一

个稳定、持久的捐助体系。据不完全统计，汶川地震抗震救灾前期，碧桂园上下为灾区直接捐款超过5000万元。

随着灾区救援工作的持续开展，杨国强将目光放在了灾区学生身上。"汶川大地震是全国人民的事，全社会有钱出钱、有力出力；碧桂园还有学校资源，我们就出学校。"据统计，当时汶川灾区约有15000名学生因校舍坍塌需要异地复课。

当年，碧桂园旗下共有6所学校，但因教学声誉好，学位都比较紧张。第一次上报数字，各学校表示能接收大约500人，杨国强不满意；第二次，报了1000人的数字，他还是不满意。各校长是按正常招生的标准来统计，这与异地复课的标准显然不符。于是杨国强亲自召集校长会议，从师资、后勤、硬件等全

从2007年起，杨国强带队到四川省甘洛、马边彝族自治县开展扶贫活动，帮助彝族同胞盖新房、修公路、造医院、建学校，四年来共捐赠2亿元。图为杨国强在四川马边、甘洛扶贫

面考虑，在保证教学效果的前提下最大化利用资源，最终拿出了一个1500—2000人的数字。这是一个大胆的决定，因为千余名师生到千里之外复课，安置人数之多、资金之巨、困难之大可谓前所未有。

考虑成熟后，杨国强主动致信广东省委书记汪洋。汪洋书记接到信后给予高度赞誉："善举！充分显示了我省民营企业家强烈的社会责任感。"

为保证工作顺利开展，在随后的一个月时间里，杨国强又多次派专人往返于四川，与当地政府、教育局、学校沟通异地复课方案，也邀请汶川县领导、学校领导到碧桂园考察，针对方案提意见。在多方充分沟通后，最终确定了全套异地复课方案。

2008年7月1日，汶川桑坪中学首批600余名

师生抵达碧桂园，而后两周，桑坪中学共计1500余名师生均顺利抵达。在随后一年时间里，在广东省委、省政府等各级领导部门的关心下，在碧桂园及桑坪中学全体师生的共同努力下，桑坪中学异地复课工作顺利进行。2009年6月底，异地复课工作结束，该项目耗资超6000万元。

广东省委书记汪洋曾于5·12周年纪念时来到江门五邑碧桂园学校看望桑坪中学师生并送上励志书籍，他寄语广大师生："困难是动摇者和懦夫掉队回头的便桥，但也是勇敢者前进的脚踏石。"同时，汪洋书记对杨国强及碧桂园集团的义举也给予高度评价："广东以碧桂园为代表的企业，以强烈的社会责任感，面对自己的困难，坚守承诺，是我们广东的骄傲。"2009年7月，异地复课工作获得了中华慈善总会的高度嘉奖，被授予"中华慈善突出贡献

杨国强捐建的江门五邑碧桂园学校新学期开学

"爱可以传递"——得到杨国强设立的"仲明大学生助学金"资助的女大学生房秀丽，毕业后自愿选择到西藏支教。图为房秀丽在世界屋脊执教和与孩子们在一起的照片

项目"奖项。

2010年5月，数十封来自原桑坪中学学生的信件寄到了碧桂园。一位仁真初同学在信末这样写道：感谢你们，让我有这样一个学习的机会，让我更加坚强。我希望我未来的日子，可以传递、延续这个爱心，为更多人、为我们亲爱的祖国尽自己的一份责任。

脱贫攻坚：精准扶贫

早在2007年，碧桂园与四川省马边、甘洛两贫困县达成帮扶协议，在4年内捐资2.1亿元，实施高山移民、教育、医疗、同村公路、农业产业化建设等系统扶贫工程。

几年下来，碧桂园集团除向两县捐款外，更多次派专家、技术人员及项目专员前往两县驻点工作，相关人员少则几天，多则一住半年，积极投身于当地扶贫工作。在碧桂园集团帮扶资金的援助下，百余个移民新村或移民点、数百公里的硬化通村公路、2所容纳千人的职业学校，以及小学校舍、医院等各类基础设施分布于两县各个贫困村镇，极大地改变了两县贫困人口生产生活的面貌。仅高山移民一项，两县就实现6000余户贫困群众搬迁，其中绝大多数是彝族贫困同胞。

曾有一位领导到马边考察，中途遇见一位刚住进新家的老大娘，老大娘拉着领导的手说："杨总，您好，我们现在过得很好。"那位领导听后很高兴，让县里给杨国强捎句话："这件小事，说明杨总在贫苦群众心里是个大恩人，大家都把他铭记在心；也说明碧桂园的扶贫真正落到了实处，让贫困群众感觉到了实惠。"

2010年，在第一个"广东扶贫济困日"活动启动仪式上，杨国强承诺分四年捐赠2亿元参与广东扶贫济困，并亲力亲为，选定清远英德市西牛镇树山村作为碧桂园帮扶的第一个点。

杨国强在考察时，最关心的问题不是村民能否住上新房，而是住上新房后，村民的收入来源问题。经过多方考证，他确定了发展以绿色产业为龙

广东碧桂园职业学院首届校园文化艺术节国学经典朗诵大赛，教官与学生共同参赛

头，带动房、路、水、电、网的整村改造方式。经过4年的帮扶，树山村已经发生了翻天覆地的变化，从一个污水横流的小村庄，变成了干净卫生的小别墅山庄。特别是产业发展，已逐步形成了市场机制，得到社会各界的认可，产出已超过1200万元，村民实际获益480多万元，农户户均增收超3万元。

杨国强说，"我也是穷苦过来的，非常希望能帮大家生活得好一些，但这不是建房子那么简单。除了生活改善，还要确保生产条件改善，这样才能长久持续。"他投入的碧桂园绿色产业扶贫项目被预

测为在广东省乃至全国都是具有代表性的社会主义新农村建设的典型。

此外，杨国强还在肇庆市怀集县下帅乡、广州市花都区梯面镇、清远市佛冈县生水塘村、潭洞村、清新区龙颈镇鹤咀岭村等地开展整村推进改造扶贫工作。

事实上，杨国强一直积极实践如何有效阻断贫困代际传递。清远新建的14个新村，每家每户都有档案，他指派团队，为每个家庭或者个人定制独特的帮扶方式，改"漫灌式"扶贫为"滴灌式"，实现精准扶贫。

然而这并非是扶贫的终点，据了解，碧桂园计划用两个月时间，对2010年"6·30"碧桂园扶贫"双到"的14个自然村，开展一次全面回查，以有可能发生贫困代际传递的家庭为对象，锁定目标，弄清贫困延续原因，从家庭劳动力情况、健康状况、副业、资产、邻里评价等方面开展全面调查，吃透户情。在此基础上，坚持一户一策，建档立卡，采用社会契约的形式签订帮扶协议，明确双方权利义务责任，共同完成阻断贫困代际传递的任务。

筑梦人生：共享出彩

慈善是一个长期的行为，在杨国强的慈善道路上，他在不停地探索、思考。对于贫困人群到底什么才是最好的，什么才是可行的。他认为，用教育的方式帮受助者改变困境，并非简单地以捐钱了事，而是从根源下手，才能真正实现"脱贫"。

企业到碧桂园扶贫镇招聘受过技能培训的农民

除了帮扶贫困山区的村民，杨国强关注的还有保家卫国的退伍军人。杨国强的哥哥是退役军人，所以他特别了解退役军人的生存状况。杨国强说，军人对保卫国家有贡献，他们为国付出了那么多，如果因缺乏就业技能而重返农村过贫困的生活，很是令人心中不忍。所以他个人出资，兴建了退役士兵全免费职业培训学校，帮助他们掌握技能，实现就业，得到不错的收入，这就给他们的家庭带去了希望。通过培训，既提高了退役军人的收入，也有利于军队建设，更好地保卫国家，这是一个利国、利民、利军的多赢举措。

2007年，在总参军务部、国务院扶贫办的支持下，杨国强出资5500万元创办了全免费的国良职业培训学校；同时，捐资2500万元支持安徽省雨露计划项目。8年多来资助了14313名农村籍退役军人接受职业培训，授予退伍军人立身社会的技术专长，系统培训农村籍退伍军人，使之成为技能型产业工人。

孙科，是国强公益基金会的工作人员。从2010年10月到现在，孙科已经在树山村度过了6个中秋节，外人不知道的是，进入树山村之前，他是远在安徽的一名退伍军人，接受了国强公益基金"雨露计划"提供的职业技能培训，并有了一技之长，随后才加入了国强公益基金。

"我至今仍记得他（杨国强）给我们说，他18岁之前一直都是赤脚，就没有穿过鞋子，我很震撼。"孙科说，他理解了杨国强为什么愿意花这么多钱、亲力亲为地帮助贫困的人脱贫致富。

让所有人的人生都有出彩的机会，从一个接受帮助的贫穷孩子到如今成为给予别人梦想的慈善家，杨国强是先行者，更是筑梦师！他描绘的美好人生，在每个受助者心中都开出了一朵美丽的花。■

卢 中 南

卢中南研习创作正楷，从潜心临写欧阳询的各种碑帖，融会贯通，再到自己不断吸收前人之长，开拓创新，注重笔法多变，雅俗共赏，兼具虞世南的冲和、褚遂良的灵动、颜真卿的宽博、赵孟頫的潇洒，独具个人特色，成为当今书坛楷书高手。

卢中南作品中透出的潇洒清正正如他本人，始终默守着他的那片净土，勤于笔耕，行得端，立得正。他希望能够用自己的作品激励部队官兵爱军习武、扎根基层、献身国防。他说："我们可以创作书写一些既体现时代特色又符合传统文学审美的诗词书法作品，让这些作品上得了天入得了地，雅俗共赏而不是曲高和寡。这样的话，在弘扬民族文化、传播先进军事文化的过程中，才更能体现我们军旅书法家的责任担当。"

翰墨人生　　勇担责任

—— 全国政协委员、中国人民革命军事博物馆研究馆员卢中南

　　书乃心画，书法是书法家思想意识、品德修养、创作理念的直接体现。卢中南始终认为写字首先是做人，人品高者，一点一画，自有清雅刚正之气。

　　为人耿直、古道热肠的他常说："我个人的成长离不开党和军队的培养，身为共产党员、革命军人，绝不能为了一点蝇头小利而不顾社会影响，做损害军队形象的事情。"

　　作为著名军旅书法家，卢中南始终把全力以赴完成党、国家和军队赋予的重要书法创作任务，作为自己的职责使命和最大荣誉，积极服务部队、服务人民。他一直不吝惜将自己的作品捐赠出去用以帮助更多的人。无论是抗震救灾，还是扶贫帮困，在许多慈善公益场合总少不了卢中南忙碌的身影和他的作品。

醉心书坛

　　自古以来，军人便与书法有着不解之缘，《吴子·论将》有云："夫总文武者，军之将也。"从冷兵器到热核时代，军营里造就了不少书法大家，从李斯、褚遂良、虞世南、颜真卿、岳飞，到现代的毛泽东、朱德、周恩来等，他们既是军事家，又是书法家。不仅善于用兵，也深谙书法，既能运筹帷幄于千里之外，又可挥毫泼墨于方寸之间，而尽显英雄本色，故康有为有"书道犹兵也"之谓。而王羲之说得更具体："夫纸者阵也，笔者刀鞘也，墨者鍪甲也，水砚者城池也，心意者将军也，本领者副将也，结构者谋略也。"这便是书中"兵法"。书法如兵法，作书如同作战。毋庸置疑，军人这种特殊的职业性质为造就军旅书法家起了积极的作用。

　　汉字作为一种有形的载体，不仅承担着传承数千年中华文明的历史重任，其本身也成为中华文明的标志和组成。卢中南说，"世界上有很多国家，很多民族，他们也有他们的文字。但中华民族因为有了汉字，有了汉字的书写，才延续下来我们中华民族的这么一个悠久的文化传统。"

　　大凡从事艺术的人，几乎都逃不开"童子功"，他们继承了父辈于艺术方面的基因，需得从小苦练数十载，才能获得一点被人称道的艺术成就。卢中南的父亲很早就参加了革命，又读过师范学校，当过教师，在当地算是有文化的知识分子。卢中南生于 20 世纪 50 年代末，"那会儿，小孩子的学习负担不像现在这么重，放学比较早"，卢中南的父亲就让孩子们回来写毛笔字。当时卢中南还没上小学，每到这个时候，他总是羡慕地看姐姐练字，然

2010 年 8 月 20 日，卢中南参加全国政协赴宁夏考察活动时为中卫市沙坡头景区题词

后自己也吵着要学。父亲应允了，可规定他"不许半途而废"。于是，童蒙时期的卢中南每天对着 16 开的毛边字帖描红临仿，小学、中学，大字课都是他最喜欢上的。在书法老师的指导下，卢中南以临习欧体楷书为日课，毫不懈怠，兴趣渐增，从未辍笔，至今已有 50 多个春秋。

1977 年底，因擅写楷书，他被从基层部队选调到军事博物馆设计处，专门从事展览说明文字的书写工作。其间，他有幸得到了启功、欧阳中石、李铎等书法前辈的指点和勉励，更加坚定了学习楷书的决心。有人说，那时常常看到一个高大挺立的身影，左手端着墨盘，右手执笔，高悬臂腕，全神贯注，轻松自如地在墙壁或展板上直接落笔成字，日写 2000 多工整、秀丽的楷书，出色地完成上级交

给的工作。"现在有了电脑，比那时的效率高了许多"。但正是这样的工作磨砺，练就了卢中南坚忍不拔的意志和定力，娴熟的技法与在各种条件下都能提笔作书的硬功夫。

1985 年首都师范学院首度开设书法专业班，卢中南以优秀成绩考入，师从著名书法家欧阳中石先生。在欧阳先生和其他老师的指教下，对书法锤炼精雕，又进行了两年的系统学习和深入研修。一次，卢中南跟随欧阳先生在山东考察学习，在一次笔会上，卢中南用魏碑《张猛龙体》笔意创作了一幅作品，他自觉临摹得很有味道，正在沾沾自喜时，转身发现欧阳先生一直站在他身后默默观看。卢中南本以为先生会夸奖他几句，没想到老人却拄着拐杖不动声色地径自往前

走去，几步之后才远远地丢下一句，"你还是写欧体吧。"卢中南杵在原地一动不动，心里很是不服气，转过几日，他才明白恩师的点拨。原来，先生正是看准了卢中南性情淳朴，刚直宁静，恰与欧体的清平妍雅贴合相契这一点，才要卢中南从欧如终。因为只有人字相通，才能人字相生，以人衬字，借字托人，达到出神入化的境界。

从此，卢中南专一醉心于欧体，在吸收欧体的精微与神韵中，知难而进，坚韧执着，穷学苦治。都说欧体要写紧凑不容易，他偏偏认为要把它弄松快了才算入境。他说，真正熟悉了，理解了，笔画、结构、布局才会游刃有余，精到美观。他精临所有的欧阳询碑刻遗迹计14种（包括传本），并结集出版。欧阳中石先生曾序其曰："细审中南手制，字字未必是欧，但整篇气息皆从欧出……诚然已得欧体之神髓。"

卢中南近照

天道酬勤。几十年来，卢中南一门心思写楷书，咬定青山不放松，抒写军旅豪情，展示人生风采，在楷书艺术创作上收获颇丰，先后出版个人楷书专著《小楷唐诗三百首》《欧阳询楷书全集临本》《楷书教程》等各种字帖、教材等近百种，数十件作品被毛主席纪念堂、中南海、军委八一大楼、外交部、统战部、中国美术馆、广东美术馆等单位收藏。

自成一格

卢中南学习书法，总是心怀敬畏之感。他说，对经典、对读者、对历史，是不能"得罪"的，必须老老实实地学，认认真真地做。"书法就是我们的汉字书写，从书法的发展历史来看，在魏晋时期它已经从一种使用逐渐地进入了一种艺术性的追

2010 年 11 月，卢中南为河北西柏坡纪念馆创作

求。它成为中华民族独特的和其他民族不一样的一种艺术，这一直延续到现在，这是在世界上是独一无二的。"

古代优秀碑帖是中国书法艺术历史长河中的经典。每每临写，卢中南总是临深履薄，油然而生崇敬之情，不敢率性而为，生怕有违先人法度。他尊读者为上帝，说："书法一定要得到社会大众的认可，不然就脱离群众了。"学习中，卢中南深深体会到历史的伟大和自身的渺小。浩瀚历史如战鼓般，紧催他向前探寻书法艺术的步伐。敬畏加勤奋加悟性，使卢中南很早就展露了才华。1986 年，他便获得了由中国书法家协会和中央电视台联合举办的全国电视书法比赛一等奖。

在当今的书坛，人才辈出，然而擅写楷书且成

名者，可谓寥若晨星，卢中南便是其中的佼佼者。卢中南对楷书情有独钟，专注于欧体，几十年来潜心临写欧阳询的各种碑帖，从未间断。风格是一个书法家成熟的标志，是其性情学养的自然流露；而风格的形成，又是一个书法家文化修养的积累和艺术钻研的结果。卢中南学楷书，以欧体为根基，博采众长为我所用，不论是颜体赵体，还是魏碑以及晋唐小楷，他都精心研习，并将其融汇到自己的书法实践中。赏读他的作品，异于潇洒张扬，也并非沧桑遒劲，而是更具中和性、厚重性和清新感，只有在那严格符合"黄金分割律"的长方形构制中，偶尔的纵意的撇捺，往往于整饬中现活脱，肃静里见飘扬，觉稳处透灵性。

创新是艺术的灵魂。书法艺术同样需要不断创新发展，自出机杼。卢中南对书法的创新有自己的

见解："在书法艺术领域，创新就是开始，开始做与以前不一样的事情。谁都喜欢新的东西，但一定是从过去的东西中走出来的，它既有新元素又有旧元素，不过是孰多孰少罢了！"基于这样的理念，卢中南在不断吸收魏晋人小楷、南北朝碑版以及唐人楷书元素的基础上，有意识地融入了自己独创的技法，由注重结体转向注重笔法的多变，由顺锋用笔转向藏露并用，由秀美而趋向雄强，由清秀而变厚重，使自己的作品独具个性。他的作品既平易近人，雅俗共赏，又具艺术内涵和实用价值。尤其是近几年，他的作品又有了明显的渐变：少了些欧阳询的险峻，多了些虞世南的冲和、褚遂良的灵动、颜真卿的宽博、赵孟頫的潇洒。

卢中南曾经担任过中国书法家协会硬笔书法委员会副主任、中国钢笔书法大赛评委，为硬笔书法艺术的普及和推广作出了贡献。他的硬笔书法在借鉴晋代王羲之、王献之和唐代欧阳询书法的基础上，努力尝试，大胆突破，书写出了适合大众欣赏口味并具有传统书法审美标准的钢笔楷书。

目前，他已书写出版了几十种钢笔字帖，他书写的硬笔楷书，结构严谨，线条俊美，书写规范，独具特色，适宜练习，深受广大书法爱好者特别是中小学生的欢迎。曾有朋友和卢中南开玩笑说："现在市面上出售的硬笔字帖，庞中华

首推第一，你就是第二了。"卢中南自谦，不敢自比庞中华，风趣地说："我和他是'王奶奶比汪奶奶——差三点'，名列第二，更是无地自容了。"

近年来，他以精湛的欧体楷书享誉书坛，并出版有《小楷唐诗三百首》《欧阳询楷书全集临本》《楷书教程》《楷书章法举要》等各种教材、字帖、书法集60余种，发行数十万册。中南海党和国家

2010年12月，卢中南参加全国政协书画室赴广东调研时为小学生题字

2011年10月，卢中南参加政协书画室赴陕西神木红碱淖采风为当地题字

领导人的办公、会见场所有他的精心制作；中国驻美大使馆挂着他的字幅；朱德元帅纪念园的铜像碑文书法出自他的手笔；国务院册封西藏第十一世班禅汉文楷书金册，亦是他的笔迹……

勇担责任

能力越大责任就越大，卢中南深知这个道理。在书坛不断创新，有所追求，盛名之下却有一份淡

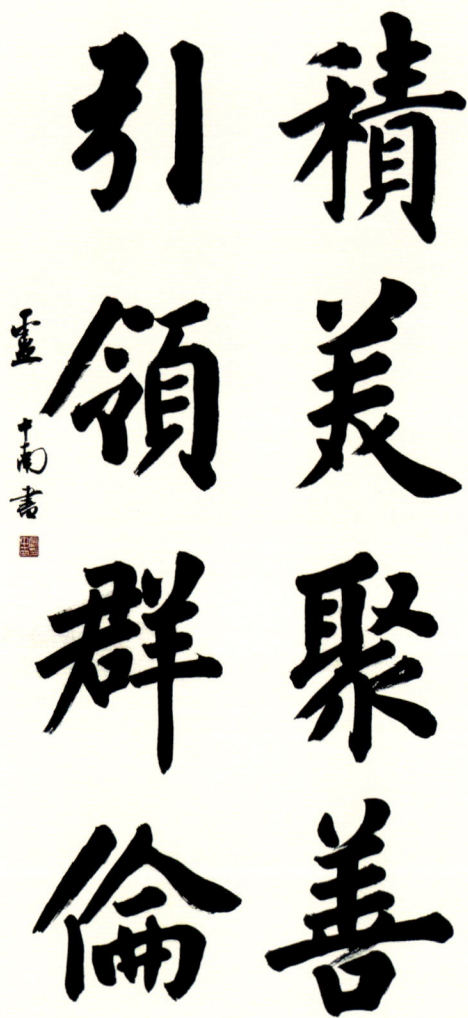

卢中南书法作品

然的平常心。他知道，艺术道路上的追求和探索永远没有尽头，努力勤奋，超越自己，并肩负起传承经典艺术的责任，这些都是他的本分。

2008年卢中南多次参加了为汶川抗震救灾举行的笔会，捐赠了不少书法作品；2010年青海玉树地震，卢中南同样积极参与各种义卖捐赠活动，献出自己的一片爱心。此外，他还多次为中国红十字基金会、中华慈善总会等公益机构组织捐赠作品，为此2010年卢中南还收到了中华慈善总会的感谢函。2013年初，他又为中华社会救助基金会主办的"美术中国行——中国爱心艺术家救助贫困地区孤寡老人捐赠作品展"捐赠作品。

卢中南除积极参加各种慈善公益活动外，还先后应邀为南京雨花台烈士陵园碑林书写《共产党宣言》部分段落，为四川仪陇县朱德纪念馆书写碑文，为四川广安市思源广场书写邓小平同志南方谈话全文并镌刻成碑，为中央军委办公大楼和中国驻美国大使馆创作楷书作品等等。2008年，他应人民日报出版社之约，及时把胡锦涛提出的"八荣八耻"创作成书法作品，用于青少年的社会主义荣辱观的教育。2005年，卢中南受首都师范大学欧阳中石老师的委托，花费了一年多的时间，在搜集、吸收、借鉴前人理论研究成果和总结个人实践经验的基础上，精心编著完成了书法专业系列教程丛书《楷书教程》一书，全书共计33万多字，是一部理论与实践完美结合的精品，并被列为北京市高等教育精品教材立项项目。

由于现在电脑的普及使用，很多人忽视了汉字书写，对此卢中南不遗余力地宣传推广中国汉字文化的传承发展。卢中南认为汉字书写在传承中华文明、凝聚民族精神中起到了重要作用，"世界上有很多国家，很多民族，他们都有他们的文字。但是就是中华民族，因为有了汉字，使得我

们的民族得到统一。"

作为全国政协委员，卢中南曾在全国"两会"上提出，要在中小学推行汉字规范化书写教育。他指出，当下中小学书法教育中存在诸多亟待解决的问题，比如：各级政府和教育部门对书法教育的重视程度不一；各地在实施过程中短期难以解决师资匮乏问题；缺乏指定教材和明确收费问题，以致很多学校没有教材或使用的写字、书法教材种类虽多但标准不统一；没有将书法教育纳入应试教育中，列入升学中高考内容，不能从根本上解决中小学书法教育问题等等。他提出，书法应成为中小学和师范院校的常设学科，列入应试教育的内容之一；抓好师资培训，做到定人、定岗、定心，"中兴以人才为本"，书法教育进课堂，师资是关键。他希望能有越来越多的有识之士认识到当前推动汉字规范化书写的重要性和紧迫性，积极投身到这场文化传承的工程中来。

"继承与弘扬优秀传统文化，是个时代大课题，要做好并不容易。习近平总书记去年10月在全国文艺工作座谈会上发表重要讲话，赋予我们坚守下去的责任和方向！"卢中南说，"我们应该有这份自信与担当，创作出更多无愧于我们这个伟大民族、伟大时代的优秀作品。"

"在当前全球化的语境及多样化的文化选择面前，我们今天需要应对很多新情况新挑战，比如在城镇化进程中，传统文化如何保护与传承。"卢中南去年5月下旬参加了由全国政协组织的赴安徽、福建有关调研活动，既看到一些令人欣慰的新举

2012年5月，卢中南参加中国文艺志愿者服务活动

措，也发现不少亟须解决的问题。

如今，卢中南更多感受的是优秀传统文化在基层的魅力。2014年，他参加全国政协考察基层公共文化建设活动并赴辽宁、黑龙江送文化下基层，欣喜地看到优秀传统文化在基层生根、开花。这也激发了他的创作灵感，为雷锋团等基层部队创作多幅书法作品。

"只要作品有筋骨、有内涵，做到思想性、艺

2012 年 8 月，卢中南参加央视数字书画频道走进临沂活动现场为书画爱好者点评作品

色又符合传统文学审美的诗词书法作品，让这些作品上得了天入得了地，雅俗共赏而不是曲高和寡。这样的话，在弘扬民族文化、传播先进军事文化的过程中，才更能体现我们军旅书法家的责任担当。"

卢中南说："我们军队文艺工作者只有真正把为人民服务的宗旨放在心上，踏踏实实地把每件小事做好，才能为继承与弘扬传统文化这个大课题作出更大贡献。"

卢中南的作品中透出的潇洒清正正如他本人，就像书法艺术在当今浮躁的社会中所固守的那份清明和气韵，他始终默守着他的那片净土，勤于笔耕，行得端，立得正！

关心教育

术性、观赏性有机统一，就能吸引更多人包括年轻人的关注与喜爱！"卢中南深感，优秀传统文化需要更好地继承与发扬，需要更贴近年轻人，需要更多送到基层。

作为军旅书法家，卢中南希望能够用自己的作品激励部队官兵爱军习武、扎根基层、献身国防。他说："我们可以创作书写一些既体现时代特

光明网曾就"在网络时代如何看待汉字的书写"做过一次调查，其中结果显示，虽然有 79.04% 的人经常用笔书写汉字，但还有 20.96% 的人则很少用笔书写汉字；92.49% 的人认为如果"提笔忘字"成为一种现象，将会影响民族文化的传承；85.29% 的人认同全民汉字书写水平在下降。有媒体说，"在中国这种情况已经发展到引起一场文化危机的地步"。卢中南说此话并非危言耸听。"如果我们一代代都不愿意用手书写汉字以至于书写能力退化而忽

视了汉字的文化传承，长此下去，会不会淡漠和弱化他们对国家的文化认同和文化自觉，会不会引起我国国家文化安全危机？仅从强化建设国家文化安全的自觉意识这一点出发，尽快从基础教育抓起，在中小学全面恢复书写教育课就不是可有可无的小事情。"

作为一名书法家，卢中南关心书法教育。在他看来，中国书法是中华传统文化的重要组成部分，是中华民族的文化瑰宝，是人类文明的宝贵财富。以汉字为载体的中国书法教育对培养学生的书写能力、审美能力和文化品质具有重要作用。更重要的是，通过这一过程，能够培养孩子们对于中华传统文化的了解和热爱，在了解和热爱的基础上，才能够更好地去传承和发扬。卢中南具有丰富教学经验，经常参加书法公益讲座。在授课中，他紧贴学员实际，从理论与实践的结合上逐一回答学员提出的疑难问题，深入浅出、娓娓道来，讲写相兼、旁征博引，传真经、教绝招。他所讲的内容具有很强的针对性、启示性和指导性。通过多次公益授课，卢中南使大批学员们进一步开阔了视野，破解了疑难，学到了技法，增强了信心。不少学员说："听了卢老师的课真解渴，大有顿开茅塞和胜读十年书之感。"

作为全国政协委员，他呼吁建设书法教育师资队伍。根据中央领导批示，教育部已于2012年秋季把中小学书法教育列入国家课程，并正式实施。至此，书法教育已经开始成为课程改革的重要内容和素质教育重要载体。但是，当前中小学书法教育仍然面临不少困难和亟待解决的问题，特别是由于中断时间比较长，本来就很严重的师资短缺，更加凸显出来。没有师资，加强书法教育是一句空话。当下，缓解中小学书法教育的当务之急，应该结合学校教育改革，推进深化中小学在教师培养机制、课程安排、教材师资、质量评估等方面的综合改革。培养和造就一支训练有素的中小学书法师资队伍，并提出和制定相关的配套政策、制度保障以及评估实践教学的可行性办法，进一步明确各级党委政府、教育部门、学校在书法教育方面的责任、权利、义务和奖励机制等。要让"只有教师的字写好了，才能教好学生写好字"成为全社会的共识和切实行动。

中小学书法教育是中国传统文化教育重要组成部分，它的主要任务包括三个方面：每周一节书法课；每周或隔周开展学生书法社团活动；把书法教育融入校园文化建设。由于历史的原因，当前很多

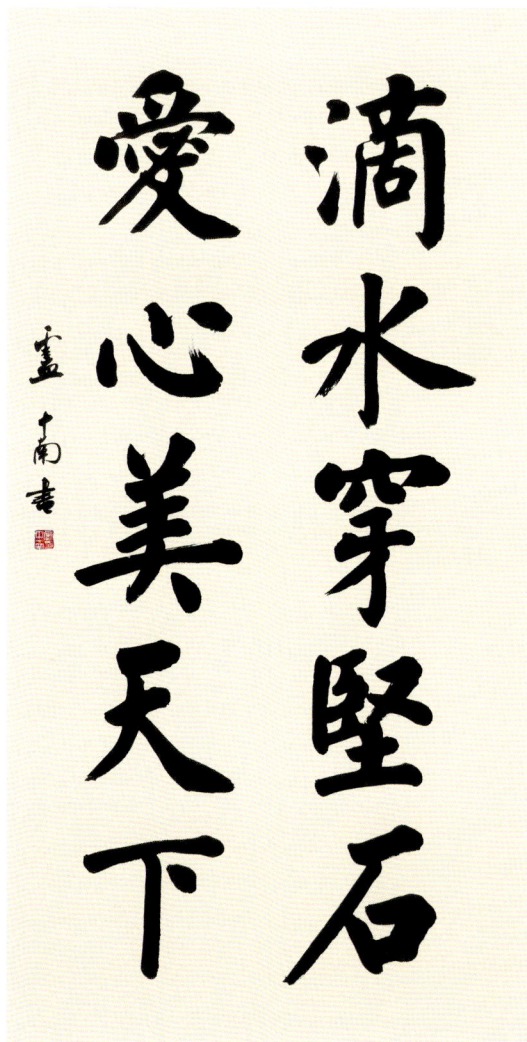

卢中南书法作品

2012 年 5 月，卢中南参加中国文艺志愿者服务活动

近年来，卢中南无偿为北京西城区实验小学、山西河曲中学等数十家学校题写校名或校训。图为卢中南为四川绵阳市安昌路小学题写的校名

学校教师总体超编。但是，有些学科（主要是非考学科，如体育、美术、音乐等）又明显缺编，无法保证课程开齐开足。这种结构性缺编现象，在农村地区尤为严重。如今，书法教育课程纳入教学方案，能够胜任书法教学的专任教师更为短缺，进一步加剧了结构性缺编的矛盾。

近年来高校扩招，已有不少院校设置了书法专业或书法教育专业，而且学生已经陆续毕业。但是，由于各地严格控制教师编制，不得超编招聘，所以尽管书法教师短缺，该专业的毕业生就业从教，仍然非常困难。

通过调研，卢中南了解到，这两年为了执行国家关于书法教育的要求，许多学校主要采取的应对措施是，由美术教师和语文教师"顶岗"任课。实践证明，不仅师资数量仍然不能满足教学需求，而且由于他们的书法教育专业能力和水平参差不齐，也很难保证书法教学的质量要求。至于指导学生书法社团、参与校园文化建设，他们的专业能力则更难支撑。自从国家建立教师资格制度和教师职称制度以来，一直也没有考虑过书法教师这一层面。近两年，虽然中小学书法教育受到了空前重视，但还是未能及时跟进相关的政策设计。所以，即便有人"顶岗"任课，或是招聘教师入职，也会因资格或职称问题，特别是职称问题，退出这个岗位。本来就"乏善可用"的窘况，这样一来更是捉襟见肘。

卢中南建议，充分调动社会积极性，建立书法教育志愿者工作机制，为学校开展书法教育提供社会支持；借助具有实力的专业公司，集中专家讲课，开办网络教育电视台，开展针对书法教师教学能力培训的远程教育。他凭借一己之力，多年来大力推动我国书法教育，让书法教育真正走进课堂。

涓流赴海，诚心屡竭；轻尘集岳，功力盖微。也许在有些人眼中，一幅书法作品的价值远不如切切实实的真金白银，然而这些作品背后凝聚的是卢中南真诚的慈爱之心，更是他对国家、民族的责任担当和对党和人民的挚爱情怀。■

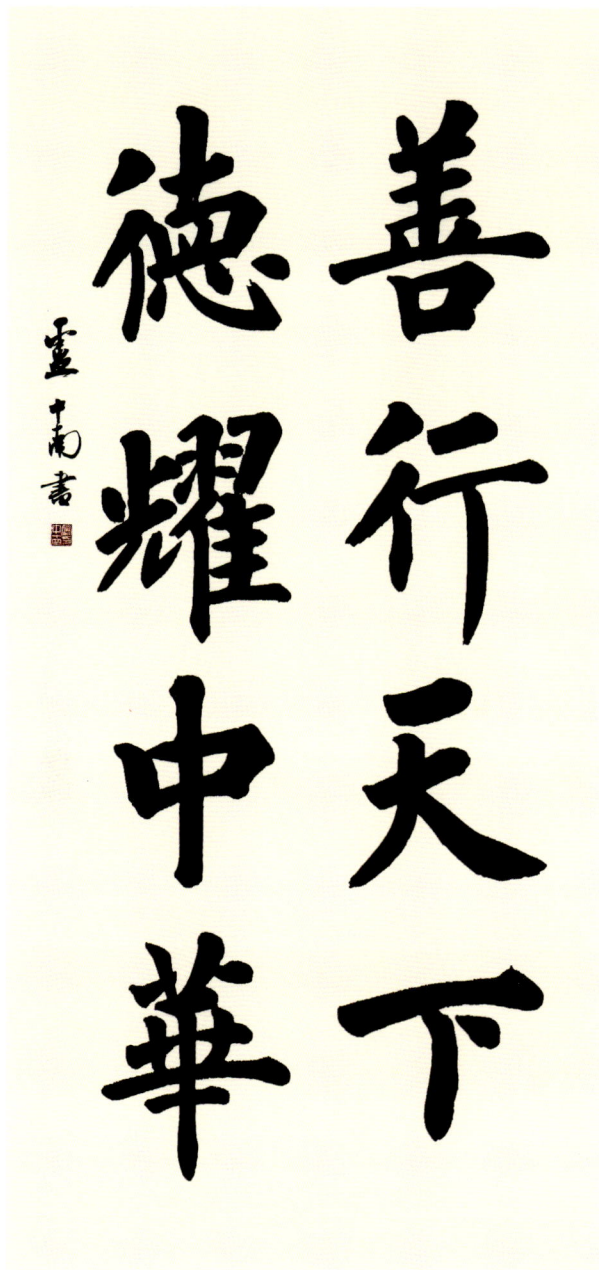

善行天下
德耀中华

卢中南书法作品

161

张茵

她，坚持把环保作为企业生命线，演绎现实版的"点纸成金"；在男性主导的商业世界里，她白手起家，三次夺得胡润百富榜中国女首富桂冠。

她，把企业家的社会责任看得很重，对慈善事业充满热忱但不盲目，讲究"好钢用在刀刃上，帮助真正需要帮助的人"。目前，她和她所领导的企业累计捐款超过1亿元。

她，先后获得"中华慈善奖""CCTV中国经济年度人物""商界木兰奖""广东扶贫济困红棉杯金杯奖""南方华人慈善盛典慈善人物""东莞十大慈善人物"等奖项和荣誉称号。

她，就是全国政协委员、香港太平绅士、玖龙纸业掌门人、美国中南（控股）有限公司创始人、集商业智慧与慈心仁爱于一身的张茵。

从心出发　家国担当

—— 全国政协委员、玖龙纸业（控股）有限公司董事长张茵

28岁，辞掉优裕工作，单枪匹马赴港创业；33岁，看好美国市场潜力，赴美国二次创业；38岁，回国进行产业布局，创立"玖龙纸业"；49岁，"玖龙纸业"成功上市，她登上胡润财富榜榜首，成为中国第一位白手起家的女首富。

了解张茵这个人，才明白她的成功糅合了眼光、性格、睿智和专注，一切看起来都那么顺理成章。

回归事业，张茵对市场的判断和对产业的布局有着超常的敏锐。她非常果敢，甚至具备一定冒险精神。回归生活，气场强大如张茵却会展现出温柔一面，以人性化管理给员工安全感、归属感。

而对张茵来说，所有努力要回归初心。张茵女士认为，慈善没有大小，不分你我他，简简单单从心出发，就是有责任感、体现家国担当。

从"废纸大王"到"造纸大王"

站在玖龙纸业大厦的顶层俯瞰，东莞麻涌镇尽收眼底。这座大厦的主人公、也是这个集团的领袖，张茵，圆脸短发，个头娇小，目光明亮，挂着灿烂的笑容，声调在东北话与广东话之间自由切换。2016年，张茵59岁，坐拥310亿元财富。

在普通人眼里，废纸就是"废"纸；而在张茵眼里废纸就是"森林"。森林，意味着资源，也意味着一座富矿。1985年的那个春天，张茵遇到了生命中的"贵人"——张茵尊称的"师傅"、某造纸厂厂长。"师傅告诉我，他很看好废纸回收这个行业，因为废纸就是森林。"张茵的师傅认为将来

造纸业会从资源造纸向再生纸发展，而且从香港进口的纸浆大多掺杂使假，品质不高。他提醒张茵想做生意的话这是个机会。这一年，张茵28岁，她决心放弃深圳的优越工作，去香港搏一搏。说走就走，行动派的张茵当年就怀揣3万元积蓄，只身赴香港创业，开始了传奇的创业经历。

凭着骨子里的闯劲、拼劲，张茵用6年时间在香港完成了资本初步积累，成为香港最大的废纸出口商，掘到了人生的第一桶金。有了香港的创业经验，张茵夫妇拿着赚到的第一桶金，来到美国洛杉矶，开始了第二次创业。1990年，张茵成立了美国中南（控股）有限公司，主要将当地的废纸输送到东亚、东南亚做造纸原料，特别是中国。这一年，

张茵近照

张茵 33 岁，目标是"废纸大王"。

"废纸就是森林"，张茵实现了"废纸大王"的创业理想，也为中国种下了一片广袤的森林。然而张茵并未止步。"既然有原料在手，为什么不自己造纸呢？"从创业一开始，张茵就有"造纸大王"的目标。其实，张茵的目光从未离开内地市场。在香港做废纸贸易的时候，她就与内地造纸厂结为战略合作伙伴。到了美国以后，先后在上海、北京等地成立直属公司和办事机构。

1995 年，国内大部分造纸厂还处于 5 万吨的年产规模，高档包装纸——牛卡纸、高强度瓦楞芯纸和涂布灰底白纸板供不应求，需求和进口量非常大。张茵很想抓住这个商机，但造纸不同于回收废纸门槛低，现代造纸业对生产线要求极高。张茵作

出了极有魄力的决定。刚一起步，张茵就定位于高端市场。1996 年初，她以 1.1 亿美元的大投入在东莞麻涌镇建立了玖龙纸业，大胆引入国际最高端的设备，上马 20 万吨年产规模的生产线。这一年，张茵 39 岁。

1998 年 7 月，一期生产 20 万吨的牛卡纸生产线投产，玖龙纸业开始了从废纸贸易转向为废纸造纸。很快，玖龙纸业替代了外国品牌，成为可口可乐、耐克、索尼、海尔、宝洁等的供应商，一跃成为行业的领导者。

张茵的产业链日趋完善，在美国等地回收废纸，在中国内地的造纸厂加工，为中国制造业服务，并随着中国制造的各种轻工产品再销往世界各地。到 2002 年，玖龙成为世界上屈指可数的百万吨

级巨型包装纸生产商之一、集原料供应商及生产商于一身的纸业巨头。其后的几年间，张茵"南征北战"，布局国内，成立了多个造纸基地，以少有及的雄才大略，实现了从"废纸大王"到"造纸大王"的转型。

很多人赞叹张茵的眼光，佩服她对产业的大胆布局。张茵说："我就是个急性子，一旦看准了，做决定非常快。因为企业家对机遇的捕捉非常重要，直接关系到企业的发展。当然，前提也要来源于对行业的了解和把握。"2006年3月，张茵的事业再上一层楼，玖龙纸业在香港成功上市。张茵跃居当年胡润富豪榜头名，成为白手起家上榜的第一位女首富。这一年，张茵49岁。

"没有环保，就没有造纸"

走进麻涌镇的玖龙纸业，放眼望去就是一个"造纸王国"。占地4000多亩的厂房，配套的热电厂、污水处理厂、车队、仓库一应俱全。"没有环保，就没有造纸"的绿色大字耸立在公司的最外墙，标语醒目又庄严。环保是玖龙的生命线，也是张茵的底线。在她看来，未来造纸业的竞争一定程度上就是环保的竞争。

其实，张茵还有一个称号，叫"中国低碳女王"。张茵一心想要打造传承百年的"老店"，认为大浪淘沙留下来的企业才是好企业，而实现这一目标只有一条路：绿色发展。玖龙纸业，当然要做循环造纸当仁不让的典范。

参观玖龙纸业的生产车间，整个车间异常干

净，从废纸原料投用到成品下线，整条生产线自动化程度极高。从上个世纪90年代建厂开始，玖龙纸业就引入了国际化设备处理废水废气、固体废物等。除此之外，生产用水循环利用、废水处理产生的沼气循环用于发电供热、造纸产生的固体废物和废水处理产生的污泥干化后用于焚烧发电……玖龙纸业多项技术专利属于环保范畴。

目前，除获ISO14001环境管理认证和清洁生产认证外，玖龙的各生产基地还连续多年被当地环保部门评为"环保诚信企业"，并被评为"中国造纸工业环境友好企业"，多次荣获"全国造纸行业节能减排达标竞赛优胜企业"，被授予"全国五一劳动奖状"。2009年，胡润百富榜首次发布"低碳富豪榜"，张茵就以330亿元位居第一位，"低碳女王"的名号由此而来。

2013年，玖龙为雅安地震灾区捐款1000万元

玖龙公司大门口的电子显示牌上实时显示着核心的环保数据，彰显着玖龙纸业的自信和底气。"废纸是重要的再生资源，废纸造纸是一项变废为宝的事业，我们现在不仅把废纸利用起来，而且把在废纸造纸过程中所产生固废也充分利用起来，形

成一个资源的大循环。我们一直用努力让大家认识到我们是环保问题的解决者而不是环保问题的制造者。"张茵说。

"世界上没有垃圾，只有放错了位置的资源"，同样醒目的标语被立在玖龙厂区。张茵说："对回收废纸造纸这种环保事业所带来的成就感，我感到充实和快乐。"

"柔情"的铁娘子

张茵喜欢把公司员工称作"我们的小孩"。玖龙纸业有员工 1.7 万人。在玖龙纸业的企业文化中，"尊重关爱员工"是第一条。

恢宏的办公区、连绵的厂房，只是玖龙纸业生产的一面。来到员工居住的宿舍小区，才能领略张茵温情的一面。来到宿舍小区看一看，才能了解所谓的"花园式"，员工口中的"高档小区"。这里有花园，有超市，有足球场、游泳池、网球场，还有室内体育馆、娱乐健身房、图书馆和儿童娱乐区，等等。员工和家属们齐聚在这里，充满了欢声笑语，真的像一个大家庭。

公司有块地原计划为张茵修建一所别墅，结果被张茵严词拒绝，说"给我建一个别墅不如为员工修一座游泳池"。张茵住在员工宿舍楼的顶层，员工们平时在电梯里总会遇到她。傍晚时分，员工们吃过晚饭在小区散步时也常常会遇见张茵。每当这些时候，张茵总要和大家聊上几句。

张茵很重视员工的吃住行，上班有班车接送，公司建有专门的生态园供应蔬菜水果，张茵甚至亲自要求行政部供应员工餐时要做到酸碱平衡。她说：

玖龙为中山大学捐款 1000 万元

张茵在玖龙纸业 20 年庆典大会上感恩国家、员工及社会各界

"在每两周的集团例会上，我们都会谈到员工吃住行相关的话题。我觉得关爱员工就是从一点一滴的小事做起，用心去体会、去换位思考。"生活小区同样秉承了玖龙的环保理念，员工生活污水进行生化处理，垃圾分类后回收，成为麻涌镇首个"创绿"居民小区。

张茵喜欢跟员工说"我们"怎么样，而不是"你""我"怎么样。一句简单的称呼，从细节处给人以归属感。仅靠关爱不能成就一个大公司，"铁腕"要与"柔情"并存。玖龙作为上市公司，要形成公开透明的管理制度。"管理层不能天天用嘴管。"既要爱人，也要让人对公司的管理制度感到敬畏。

透明，是张茵管理玖龙纸业的另一个成功经验。有人说玖龙是个传统的家族企业，但张茵并不认同这一点。"我有 7 个弟妹，只有 1 个弟弟在玖龙工作，各个基地和集团部门的总经理都是专业的职业经理人。玖龙是一个上市公司，主张用人唯才，我更看重个人的能力和人品。"张茵也坦承，公司上市让她承担了不小的压力，"但是公司上市能促进公司更加规范、透明，我感觉很舒服"。去过玖龙的办公楼人们会发现，全部是玻璃隔断，完全透明，就连张茵本人的办公室也是。

玖龙纸业实行以人为本，民主、智慧加科学相结合的管理模式，不断提升员工的福利待遇，形成了"尊重关爱员工、细化创新管理、传承百年品牌、弘扬拼搏精神"的具有玖龙特色的企业文化。

张茵很注重员工培训。她明白随着中国经济的不断发展，人才结构已经发生了很大变化。逐渐占

在 2016 年广东扶贫济困日活动玖龙纸业中捐款 2000 万元

据劳动力市场主力的"80 后""90 后",他们与父辈相比,在知识层次上有了很大提升,还更加崇尚个性。只有提升员工素质,才能提升整个产业的软实力。

"教会员工借鉴别人长处,弥补自身短处。这就是塑造我们的软实力。"张茵强调。在张茵的重视下,玖龙纸业积极开展形式丰富的员工培训,从安全教育、专业技能、管理水平、企业文化等各个方面不断提升员工素质。还定期开展各种文化、体育活动,在丰富员工精神文化生活的同时,弘扬积极向上和团结奋斗的正能量。

人的价值在于对社会贡献

在普通人想象中,巨额财富伴随的是名车、豪宅。可张茵不喜欢这些。张茵把钱看得很淡。她总觉得没人能永远把财富背在身上。在张茵眼里,财富体现的是对社会、对员工、对企业的责任。

张茵觉得,当一个人有了一定的物质基础之后,就没必要为自己争什么利益了,只剩下思想、

精神层面的价值追求。由此看来,张茵是睿智的、通透的。

"首富换人,我真的无所谓。首富只是社会的评价,我认为脚踏实地最重要。每个人不要只追求财富的价值,而要看所做的事情有没有意义。不要一味去追求、浮躁地去攀比。"张茵认为,企业家不应该只为了赚钱,如果单是这样,一辈子就白活了。

"企业的社会责任体现在两个方面:一方面把企业做好,对员工、投资人负责;另一方面要对社会负责,承担起企业公民的责任。玖龙要始终坚持环保造纸,要持续致力于慈善事业。"张茵说。吃水不忘挖井人。张茵不止一次说过,她有今天的成就,得益于中国经济的腾飞。所以,她时常怀有一颗感恩之心。

首富,是张茵避不开的身份;慈善,就成了张茵离不开的话题。而连续三年当选为全国政协委员,更增添了张茵的社会责任感。张茵非常重视"两会"提案,每年都会花大量时间去调研、了解,精心准备有质量的提案,积极为国家建言献策,她提出的《进一步加大对中小企业的扶持、促进中小企业健康发展的提案》被评为十一届全国政协优秀提案。

在张茵办公桌抽屉里,有一封贫困地区孩子们的来信,信中附有一张孩子们吃午餐的照片。照片上,孩子们的笑容可爱极了。"我一打开抽屉就能看到这些信,也提醒我多为他们做些事。"张茵说。

2010 年,张茵得知重庆彭水县有学生因为学校离家远、家境贫寒吃不上午饭,她第一时间打电话给相关负责人,要求企业立即开展行动。很快,玖

张茵荣获广东扶贫济困红棉杯金杯

龙与重庆市慈善总会签订"爱心午餐工程"协议，当年就为彭水县贫困山区400名留守儿童和贫困学生提供"玖龙爱心午餐"。从2011年开始，"玖龙爱心午餐"人数扩大到800名。除了向当地儿童捐资解决午餐费用外，玖龙纸业还每年两次组织员工代表到彭水县的贫困学校看望孩子们，为他们带去急需的物品，用的有图书、学习用品、体育用品，吃的有大米、肉、水果，穿的有羽绒服、围巾、手套、暖水袋等。

除了组织员工走出去看望帮助过的老人和孩子外，张茵也会邀请受帮助的孩子到玖龙参观。"这会让员工很有成就感，对大家也都有教育意义。"张茵说，"慈善不是某一个人的事，要靠大家共同参与。"张茵的慈善理念得到了团队的认可。

2016年4月10日，在"4·20"芦山强震三周年之际，张茵与40余位海外侨胞、港澳同胞代表一起走进雅安地震灾区，感受他们捐建的项目的运行情况。一幢幢极具地方特色的新居整整齐齐，一面面鲜艳的五星红旗迎风飘扬，一盏盏大红灯笼高高挂起，学校、医院、新居一派喜气洋洋。村民们敲起锣鼓、唱起山歌，感恩广大侨胞的善行义举。这一切，让张茵深受感动。2013年，雅安发生发强烈地震，张茵及玖龙纸业在得知消息的第一时间捐助1000万元，公司员工自发捐款100多万元，支援灾区人民重建家园。后来又拿出数百万元捐建灾后重建项目——芦山隧道项目和玖龙侨爱新村。如今，这里已是田园美景。

每年都有一批来自全国各地的贫困家庭子女从"玖龙班"毕业。"玖龙班"是玖龙纸业长期坚持的资助偏远山区贫困学生学习深造，并为他们提供就业机会的一项爱心助学工程。自2004年开办，"玖

玖龙参加 2016 香港公益关爱日活动

张茵奖励"玖龙优秀少年"

张茵鼓励玖龙班学员

龙班"已经连续举办了 11 届。玖龙纸业先后投入累计 1000 多万元，培养学生 600 余名成了专业人才，如今大都已成为公司的专业技术骨干，部分人员已走上厂长、主管等管理岗位。

2008 年，张茵荣获了中国慈善领域最高政府奖项——"中华慈善奖"最具爱心慈善捐赠个人的荣誉称号。她表示会在慈善事业上继续前行：自 2010 年起，广东将每年的 6 月 30 日设为"广东扶贫济困日"，玖龙历年来都积极参与。特别是今年，国家实现"全面建成小康社会"的任务已进入攻坚阶段，党和国家领导多次提出了"精准扶贫"的要求，要以富带贫，早日推动贫困地区和人员脱贫致富奔小康。这是全民动员的重大举措，玖龙更是积极响应政府号召，为打赢这场扶贫攻坚战作出自己最大的努力。为此，玖龙在连续 6 年在"广东扶贫济困日"活动中每年捐款 1000 万元的基础上，今年将捐款提高到了 2000 万元，为广东"2018 年率先全面建成小康社会"出一份力。这也是玖龙开展公益慈善活动的重点方向。

此外，玖龙向中山大学捐款 1000 万元，为国家培养高素质医学人才；支持中华慈善总会"一张纸献爱心"活动，在积极倡导废纸回收的同时，还救助贫困地区先心病患儿；向汶川、玉树及雅安地震灾

张茵参加雅安地震灾后重建巡礼

区捐款 3700 万元，支援灾区人民抗震救灾，重建家园；在香港，通过新家园协会、团结香港基金、香港侨界社团联会等捐款 2600 多万港元，为社会奉献爱心……从 2010 年至今，张茵及玖龙纸业累计捐款过 1 亿元。

张茵的事迹得到了社会各界的认可，先后被授予"中华慈善奖""CCTV 中国经济年度人物""商界木兰奖""广东扶贫济困红棉杯金杯奖""南方华人慈善盛典慈善人物""东莞十大慈善人物"……张茵常说，"慈善荣誉不是属于我个人，而是属于 1.7 万名玖龙员工。"

"做公益要根据自身能力，不管大小都是一份爱心。"在张茵的带动下，玖龙形成了人人都在用心做慈善。有次，一位员工在电视里看到张茵被授予慈善奖时，发短信给她："董事长，我因自己是一名玖龙人而自豪。"慈善，已经成为玖龙纸业企业文化的一部分。

"慈善一定要做到实处。我们每年都有捐赠，捐给国家相关公益慈善机构。我们鼓励玖龙在全国各地的基地都要做慈善，到基地所在的周边困难地区去，做一些力所能及的事情。"张茵谈起慈善，总是满怀深情。

比"首富"更大的财富是什么，张茵早就感受到了是责任。对员工、对企业、对社会，她总有一副重担在肩，她要把事业和责任一代代传承下去。■

张力

　　张力领导的富力地产是中国综合实力最强的房地产企业之一，他以勇于开拓、把握机遇的领袖风范，引领企业在向国际化转型的道路上披荆斩棘。

　　在企业发展壮大的同时，张力更以一颗赤子报国之心回馈社会，投身慈善事业，奉献大爱善心。十多年来，他秉承"承担责任，无悔人生"的精神，带领富力地产在扶贫、文教、卫生、治安、敬老等多个领域，累计捐款捐物超过4.2亿元人民币。

　　因为无数的慈善义举，张力曾获得民政部颁发的"中华慈善奖"突出贡献（个人）奖等多个慈善奖项，成为慈善家中的杰出楷模。

赤子丹心　勇担责任

—— 全国政协委员、广州富力地产股份有限公司董事长兼总裁张力

　　张力所领导的著名品牌房地产企业——富力地产，在公益慈善领域作出了杰出贡献。自 1994 年成立以来，富力地产已经发展为集房地产设计、开发、工程监理、销售、物业管理等业务为一体的中国综合实力最强的房地产企业之一。

　　企业不断壮大的同时，张力秉承"勇担责任，无悔人生"的精神，热心慈善公益事业，十多年来，在慈善领域中创造了许多"第一"。

　　张力说，"我所理解的公益精神是一种责任。对于企业来说，不仅要'在商言商'，更要在创造利润的同时，承担其对消费者、员工、社区、环境的责任。在企业不断壮大的同时能够最大限度地回馈社会，才是'在商'的至高境界。"这番话也正是张力积极投身于慈善公益事业的真实写照。

敢于冒险　创造财富奇迹

　　张力戴着一副眼镜，脸上总是挂着含蓄谦和的微笑，如果初次见面，人们会以为他是一个学者，斯文的打扮很难让人将他与一个在商海搏杀多年的亿万富豪联系起来。他是商界和慈善界的一个传奇人物，却极少在公共场合露面或接受媒体采访，被誉为"神秘大亨"。

　　这位"神秘大亨"在自己的领域如鱼得水，对市场有着天生的敏感和睿智。他说，一块地经他一看，他心中马上就可以估摸出其价值。地价摆在那里了，工程造价他也最清楚。他在房地产业有着天然的优势。

　　"如果不是独特的眼光、准确的决策、良好的资金运作能力、稳扎稳打的工作态度以及冒险家的精神，他的成就是不可能轻易取得的。"一位熟悉张力的商界朋友这样评价他。

　　1953 年，张力出生在广东。1988 年，正式进入建筑领域，与李思廉结识之后，二人很快便被彼此身上所共同具有的踏实认真、不浮夸不空谈的品格吸引，成为好友。于是，1994 年，二人各投资 300 万，成立了富力地产的前身——广州天力房地产公司。公司成立伊始，两人就根据各自特长做了明确分工：李思廉主管公司财务和市场营销，张力负责项目开发和工程管理。他们各自恪守自己的职责范围，从不干扰对方的决策，完全尊重彼此的权利和判断，从公司成立第一天到之后的十几年中始

富力集团向广州市慈善会捐款 1000 万元。左为富力地产集团董事长李思廉，右为董事长兼总裁张力

终如此，这成为富力取得今日成就的关键因素，两人的合作与友谊也因此成为佳话。

　　张力在工作和决策中敢于冒险，但非常注重实际，而且工作勤奋，反应敏捷，做事仔细，尤其对产品设计、工程质量和社区服务等多个关键环节，身为集团董事长兼总裁的张力仍亲力亲为，经常顶着南方炎夏三十多摄氏度的高温，亲自四处巡视工地，极为注重检查施工质量和产品设计效果。另外，富力在成本控制方面优于很多同行企业，张力在此方面有过人之处。

勇于开拓　成为地产领军

　　自 1994 年成立以来，张力本着"以人为本"的人居建设理念和紧扣城市发展脉搏的企业经营理念，通过在旧城区改造中所获得的发展机会，带领企业迅速成长壮大，富力品牌也日渐成熟，对富力地产倾尽心思与心血，自细节出绩效，终于赢得了客户的认同与赞赏。

　　"规划与时俱进，紧扣城市化建设"是富力多年来的拓展模式，成功的策略使富力的每一个项目都成为城市发展的坐标，极大提升了富力的品牌影响力。截至 2015 年 12 月，富力拥有土地储备可售面积约 3980 万平方米，企业总资产高达 1837 亿，实现 544 亿元协议销售额，销售的建筑面积达 411 万平方米，税后净利润达 67.12 亿元。时至今日，富力地产的业务已经由基地广州扩展到了其他 30 个城市和地区，包括北京及周边、天津、上海及周边、杭州及周边、西安、重庆、海南、太原、沈阳、惠州、南京、成都、哈尔滨、大同、无锡、长沙及周边、梅州、福州及周边、贵阳、南宁、佛山、珠海、包头、郑州、石家庄、深圳、宁波、马来西亚（柔佛新山）和澳大利亚（墨尔本和布里斯本），从而令公司的规模更上一层楼，基本上已实现全国性的布局策略。

同时，随着中国经济突飞猛进的发展，市场对商业地产的需求也日益高涨，各地 CBD 商务圈逐渐形成。深具战略眼光的富力地产在继续打造理想人居的同时，积极部署向商业地产领域进军，全力打造 21 世纪优尚的商务环境。在广州，富力地产率先拿下 CBD 中心所在地珠江新城十多个地块，兴建接近 200 万平方米建筑面积的商业楼宇；在北京，富力地产也增加了商业项目的开发力度，北京富力广场的开业为双井商业圈注入了强大的动力；另外，富力地产还与全球著名连锁酒店管理集团——万豪国际集团、凯悦酒店集团、洲际酒店集团、希尔顿酒店集团及雅高酒店集团等合作，共同打造多家星级酒店。展望未来，商用物业的投资、开发与管理将会为富力注入一股更值得期待的鲜活的生命力。商业地产的拓展，不仅满足了企业长期投资收益的需要，更提高了国内现代化商业地产的顶级标准。

富力地产于 2005 年 7 月 14 日在香港联交所主板上市，为首家被纳入恒生中国企业指数的内地房地产企业。实力造就金牌品质，荣誉闪耀品牌辉煌。公司在 2005 年至 2009 年连续五年蝉联国家统计局评选及公布的中国房地产企业综合实力第一名；2008 年荣获国家税务总局计划统计司权威发布的中国纳税百强排行榜房地产行业第一名；2012 年，富力成为广州市首批认定总部企业，综合实力持续位居国内房地产开发企业排名前列。

经过二十年稳健发展历程的富力地产，不仅有了更多元化的产品体系、更为畅顺的融资渠道和一体化地产运营的管理模式，还具备了更充足的土地

2005 年 12 月，富力集团捐资 1000 万元建成的广州市福利院富力慈善楼落成典礼

时任广东青基会名誉会长张帼英接受富力地产集团捐赠的 1500 万元助学基金

困学生助学基金。他率先捐款 1500 万元，并积极出面呼吁其他民营企业参与捐助，以帮助更多的困难学生不致失学、完成学业。这是我国首次建立希望工程民营企业助学基金，引起了广东省委、省政府、团省委、省实施希望工程工作领导小组及广东青基会的高度重视。

2004 年，富力率先冠名了"羊城会亲"的活动，将社会扶助弱势群体的力量凝聚起来。当时广州众多爱心市民都纷纷报名，"领养"了到羊城会亲的小朋友。作为民营企业的代表，富力此举，为日后多年的"羊城会亲"提供了范本和标榜。同年，富力还捐资 100 万元启动了"希望工程英烈子女助学基金"，向首批获得资助的 10 名家庭困难的公安英烈子女颁发了助学金。在集团捐赠 100 万元的基础上，张力再次慷慨解囊，以个人的名义再捐 20 万元。2004 年 6 月 5 日，在广州慈善会十周年庆典现场，富力现场捐出 100 万元后，又追加 1000 万元捐赠给广州市儿童福利院。

储备和合理的发展布局。富力地产在继续营造和谐社会的同时，也将迎来下一个收获之年。

慈心善举　积极回报社会

张力以其勇于开拓、把握机遇的领袖风范，带领着富力员工在富力地产向着国际化企业转型的道路上披荆斩棘。同时，他更以拳拳报国之心回馈社会，致力于公益慈善事业，使富力在发展壮大的同时，也为社会和谐发展贡献了力量。

2003 年，在"非典"疫情席卷全国之际，富力地产捐赠 200 万元，成为第一家通过大额捐赠表达对抗击"非典"医务人员关爱的房地产企业。

同年，张力看到了《南方日报》一则报道：张德江书记百忙中亲笔写信勉励困难学生并寄上学费，这在张力心灵深处引起了强烈共鸣。他发起成立"希望工程民营企业助学基金"，并在此基金下增设"富力地产希望工程助学基金"。此基金的成立起源于他认为资助贫困学生更多地应该由企业担起这个社会责任。随后张力致信张书记，倡议设立贫

随着富力地产的壮大，其在社会公益与慈善方面更是不遗余力。富力多次向"广州市见义勇为"基金会捐赠。2005 年 1 月，向市见义勇为基金会捐赠 100 辆警用巡逻车，为广州市的社会治安工作添砖加瓦。同年 1 月，北京富力城房地产开发有限公司向东南亚海啸受灾群众进行捐款，将 100 万元现金支票交到了中华慈善总会，帮助受灾群众重建家园，此笔善款也是中华慈善总会接收到的单笔最高额度的海啸赈灾款。同年 3 月富力地产又向广州市慈善会捐款 105 万用于慈善医院的建设，同年 12 月正式落成了广州首座孤残儿童观察楼——富力慈善楼。

2006年9月，富力地产向广州市慈善会捐赠1508万元用于兴建市老人院医疗大楼。

2006年11月，在广州暨南大学百年校庆活动之际，富力慷慨捐赠1400万元给暨南大学，成立富力奖教学基金，支持该校软硬件建设，富力地产因此获得暨南大学颁发的"教育贡献奖"。同年，富力地产也因对慈善事业的杰出贡献被广州市慈善会评为"十大慈善之星"。

2007年7月，富力地产捐资500万元支持贵州省贫困地区教育事业。同年8月，广州市见义勇为基金会和市禁毒基金会联合在广州花园酒店隆重举办募捐酒会，富力地产在本次捐献活动中再次捐资1000万元，为共建和谐平安的广州作出贡献。

同年，当广州市政府号召倡导"志愿者"精神时，富力地产率先响应，作为第一个民营企业与广州青年志愿者协会签署了长达四年的战略合作协议，并捐款500万元支持志愿者事业。富力通过战略合作的方式参与志愿者事业和公益事业，改变过去单纯捐赠财物参与公益事业的方式，张力积极倡导"义工"志愿者活动，呼吁年轻人要脚踏实地做事，多从事对社会有意义的志愿活动，并带头参与有意义的义工活动，其夫人廖冬芬女士也被广州市儿童福利院聘任为名誉院长。在张力的身体力行之下，富力地产的各子公司职员及富力开发的旗下各社区均相继筹建"志愿者"队伍，这是一种新的参与方式，也是企业参与公益事业发展的新探索。

2008年1月30日，富力地产向广州民政局直接捐赠100万元，用于支援连日来战斗在广州火车站、火车东站春运一线的解放军、武警官兵、公安干警、受困旅客和其他有特殊困难的群众。富力地产除了捐赠善款之外，还派出100名志愿者参与火车站现场工作；为志愿者捐赠羽绒服1000件；积极参与团市委组织的"广州一家亲春暖行动"，身体力行地帮助滞留于火车站的旅客；更精心策划了系列活动，让留在广州过新年的旅客能充分感受到广州亲如家人的感情。

2008年5月12日，当富力地产得悉汶川地震发生，立即主动与北京、广州的主流媒体联系，向社会发出"爱我中国、重建家园"的倡议；当天于北京捐出50万元，专项用于灾后重建学校。广州方面，与媒体联手以实际行动号召赈灾，并捐赠首批款项100万元。5月13日，富力地产再向广东省慈善总会捐款，至此，富力地产在广州地区的捐赠数额已达250万元；与此同时，富力地产全国数十家分公司员工积极参与当地城市的捐资和献血行动，共募集资金近100万元；富力充分发动旗下所有楼盘业主，通过社区文艺活动筹集约30万元。5

阳江富力希望小学落成剪彩仪式

月 14、15 日,张力指示富力地产成都分公司副董事长张弦,带领 20 多位志愿员工奔赴灾区第一线参与救援。四、五辆"我们都是一家人"的富力救援车载满灾民急需的救援物资开赴绵竹和北川,他们穿过瓦砾传递富力人的爱心,冒着多次余震的危险,来到灾民当中分发水、干粮,亲自把物资送到灾民临时居住的帐篷。

2008 年 5 月 18 日,由中宣部、文化部、广电总局等八家机构联合发起的宣传文化系统大型募捐活动《爱的奉献》中,富力再次追加善款 1000 万元人民币,主要用于灾后重建校园,尤其是兴建寄宿学校,为灾后孤儿提供温暖的学习和生活环境。5 月 28 日天津分公司和惠州分公司分别捐赠 100 万及 20 万支援灾区救灾活动。

2008 年 8 月,富力地产获得中共广州市委、广州市政府授予"广州市抗震救灾先进集体"。

在 2009 年 12 月 12 日举行的首届"广州市慈善日活动启动仪式暨大型慈善募捐晚会"上,富力

富力地产集团员工和东风东小学学生与市老人院的老人联欢

率先捐出 500 万元,以支持广州市慈善事业发展。

2010 年 4 月 14 日,青海玉树经历了 7.1 级大地震后,各界人士纷纷献出爱心。在 4 月 20 日中央电视台举办的《情系玉树 大爱无疆——抗震救灾大型募捐活动特别节目》中,富力地产积极响应省委、省政府的号召,捐赠 100 万元作为支持玉树重建的款项。每年的 6 月 30 日经国务院批准为"广东扶贫济困日",省委、省政府在全省广泛开展扶贫济困活动。在本年度的"广东扶贫济困日"的活动上富力捐出 1000 万,作为支持惠州市辖区贫困村的建设费用。同年 9 月 3 日广州市举办大型体育盛事——广州亚残运会,富力捐赠 300 万元支持广州此次盛事。11 月,海南省陵水县、文昌县发生特大洪水,富力第一时间捐出 600 万元给当地灾民。

2011 年 9 月,张力捐赠 20 万元,支持广州市老龄委的百万老人重阳登山活动,丰富了老年人的夕阳生活。7 月,广东省政府对企业发出号召,资助清远高寒地区,富力地产再次捐赠 2000 万,用于改善该地区人民的生活。同月,广州市委、市政府发动企业资助广州北部贫困地区,富力立即响应号召,捐赠 1.11 亿元,资助增城小楼镇,以一年的时间改变镇容镇貌。

为积极推进广州市足球项目品牌建设,促进中国足球运动的发展,体现企业对体育事业的社会责任,张力力挺富力地产收购长沙金德足球俱乐部旗下具有中国足球协会甲级联赛参赛资格的教练运动员团队,同时组建广州富力足球俱乐部,着力将其打造成为广州市又一个全新的顶级足球职业俱乐部。

广州市儿童福利院富
力慈善楼奠基仪式

2011年，张力多次带团队到梅州市梅县实地考察、商谈办学事宜，决定携同梅县区人民政府与英国切尔西足球俱乐部合作兴建富力切尔西足球学校。该项目占地250亩，由富力地产投资5亿多元，兴建教学中心、行政中心、生活中心、运动员训练与发展中心及13块国际顶级足球训练、比赛场和配套设施。富力切尔西足球学校实行基础教育与足球并重的全日制寄宿办学模式，正式纳入梅州市国民教育序列，开设小学至高中课程。办学目标为"打造球星梦工厂　培养新一代球王。"

2013年9月，富力地产捐赠1000万元给广州市公安民警基金会购买100辆治安巡逻用警车。

2014年3月，张力捐赠500万元给广州市青少年发展基金会"广州青年志愿者事业"。同年4月，张力捐赠50万元给北京大学教育基金会；捐赠100万元给广州市教育基金会。2016年2月，张力捐赠100万元给广州市教育基金会"富力杯"。同年3月，捐赠200万元给广州市教育基金会"富力杯"。

因为无数的慈善之举，张力先后被推举为中华红丝带基金副理事长、北京乐平公益基金会理事、广州市荣誉市民、广东省治安基金会副会长、广州慈善会名誉会长等。

除了这些社会职务，张力还肩负着全国政协委员的职责。他说，"我理解的公益精神，是一种责任。服务社会，造福社会是每个公民的责任。同样对于企业来说，不仅要'在商言商'，更要在创造利润、为股东利益负责的同时，还要承担其对消费者、员工、社区、环境的责任。在企业不断壮大的同时能够最大限度地回馈社会，才是'在商'的至高境界，这样才能成就持续发展，才能创造共存共荣的境界。"

张力秉承着"承担责任，无悔人生"的精神，带领富力地产在向国际化企业转型的道路上昂首阔步，坚定前行！ ■

汪国新

　　2016 年春节期间，联合国总部特别邀请汪国新举办"关帝圣君画展"，这既是对中华传统文化的尊重，也是对一位艺术家几十年辛勤耕耘的肯定……

　　当代著名人物画家汪国新，其画作以八面威风的关公艺术形象独树一帜于中国画坛。作为一个艺术家，汪国新一直满怀"当为华夏铸脊梁"的社会责任和使命，致力于传扬中华民族的传统文化，把"忠、义、仁、勇、智、礼、信"的中华美德作为旗帜，足迹遍布世界各地。

　　作为一个公民，汪国新总是以感恩社会、回报人民的慈善之心投身慈善公益事业，积极参与自然灾害救助、希望工程、环保、军烈属抚恤、濒危动物保护、残疾儿童帮扶、山区脱贫致富、关注福利院等活动，捐赠善款及画作价值数千万元。

弘扬中华文化的爱心使者

—— 全国政协委员、法治中国诗书画院院长汪国新

汪国新从两岁开始学画画，他深爱雄沉博大的汉风唐韵，追求中华民族大国艺术，以长篇巨制和表现重大历史题材著称于世，被誉为"中国吉祥画家"。范曾先生曾以"杜甫长吟濡碧水，汪君彩绘蕴春温"和"回归便是九州魂"诗文盛赞他的诗画才情。

他是中国少有的全能型画家，更是中国最关注慈善的画家之一。他说："文化是民族的血脉，文脉不断，民族才会长青。一个国家兴旺，民族复兴，一定要提高民众的文化质量，构建自己的精神家园。我愿在这一崇高事业中，贡献自己的微薄之力。"

历尽生活艰辛　成就艺术梦想

汪国新 1947 年生于湖北宜昌一个书香之家。他的整个少年时代，是在听着父亲一口流利英语，看着父亲一手漂亮颜体楷书，闻着漫天一股子战争硝烟味儿中度过的。残酷的生活现实，让他饱尝了战争年代的动乱之苦，唯独父亲深厚的艺术修养，滋润了他那幼小的心灵，让他萌生了将来要当画家的梦想。

9 岁丧父的厄运，让他与姐妹们成了孤儿，再后来接二连三发生了一连串的不幸，更让他的生活雪上加霜。先是他家那仅有的一处挡风遮雨的破房子也被一把火给烧了；妹妹在贫困交加中患病而亡；最后，连那"纸糊篾扎安身窝"的窝棚也被一阵狂风卷走了……这一系列的天灾人祸，给了年仅 13 岁的汪国新以人生最沉重的打击，他只好辍学，开始四处为生机奔波，以稚嫩的肩膀挑起养家糊口的

重担。"我只读过六年小学，一年学费 3 块钱，一共是 18 块。"言语间，辛酸夹着自豪。即使在成年后，汪国新的生活一度仍处于贫困中，"30 岁以前甚至没有吃过一顿饱饭。"虽然生活艰辛，但汪国新从来没有放弃过书画的练习。

面对这人生道路上的一次次沉重打击，并没有磨灭他立志要当作家、当画家、当音乐家的梦想。正是这些个梦想，伴他熬过了那苦难的少年。他从来没有放弃梦想，也从来没有停止过磨炼画技、书法，始终坚持为追求绘画艺术而奋斗不息。"我从 2 岁开始喜欢画画，一直到现在都没有断过，我把更多的时候都用在了绘画上面，受父亲的影响从小接触毛笔字和绘画。父亲是个知识分子，毛笔字和英文很不错，是我的启蒙老师。父亲手把手教我画画，写毛笔字，留下了那个时候的感觉。"

"我写了很多诗词，有几千篇。在'文化大革

2016 年 7 月"善念在心·善行天下"汪国新艺术公益基金上海正式启动

命'期间,当别人去玩的时候我就把时间放到绘画上面,我不求卖钱,也不是为了得到书法家这个称号,只是自己的兴趣,心态很好。"汪国新不仅善画,而且工诗,他的画,风格独特,个性鲜明,诗作也是独树一帜。正所谓"骋怀操画笔,余事做诗人"。这也成就了他后来成为中国少有的全能型艺术家,国画、连环画、版画、诗词、书法,都自成一派。

当年风华正茂的汪国新经常从宜昌到乡下去写生。有一次,他沿湖北清江采风写生,发现长阳风景秀丽民风淳朴,就坐在路边开始画了起来,并且热心地为那些围过来看热闹的土家族乡亲们画像。他的画吸引了一位美丽的土家族女演员的目光,而她的一双美丽的眼睛也吸引了汪国新的心。共同的爱好与共同的好感,让两位年轻人的手握到了一起。按土家规矩,女子一旦与男子握手,便是以身相许,何况是与一个第一次见面的陌生男子。就这

样他们便开始了美丽的爱情故事。女演员名叫郑桂兰,是当地艺术团的女主角,她不仅能歌善舞,而且诗书画样样精通,是当地有名的才女。

那段日子里,她经常跑到他那里去玩,还经常将多买的馒头包起来偷偷塞给还在为贫下中农画像的他。后来汪国新回到宜昌,还经过去看她。尽管见一次面需要步行好几天,中间还要过许多大山河流,但都没有阻碍年轻人两颗热恋的心。即使山洪暴发,路毁桥淹,他也照样每月定期背上干粮,唱着"踏遍苍山找金花"跋山涉水去见心上人。

结婚后,他们夫妻恩爱、相扶相携,为了实现心中的梦想,一路艰难跋涉。平时除了维持基本的生计之外,他们把所有收入都花在外出采风,购买纸墨笔砚上。当年他住在只有几平方米的破旧房子里,每逢下雨时,总是外面大下,里面小下,外

面不下了，里面还滴滴答答下个不停。但是，痴迷绘画艺术的他仍然一刻不停地打着雨伞作画。他把对绘画艺术的追求看得高于一切，哪怕生活再苦再累，只要能让他画画，他就会感到无比的享受。

汪国新饮长江水长大，深深眷恋着长江。长江从源头奔腾入海，全长 6000 多公里，源头海拔达 5000 多米。作为画家，他一直以长江人物和景物为主要创作题材。1980 年 10 月，汪国新和他的夫人背着 1 岁多的儿子，带上军壶、干粮、氧气瓶等简陋的生活必需品，踏上长江采风的漫漫征程。那时夫妻俩的工资加起来只有 70 多元，他们只买得起 5 等舱的船票，而 3 元一晚的旅馆费也成了他们一笔巨大的开销。他们冒着生命危险，克服千难万险，终于到达了母亲河的源头……

从 1980 年至 1990 年整整十年期间，汪国新一家三口往返于长江源头和入海口之间，途经成都、重庆、武汉、南京、杭州、上海等地 30 多次，行程 10 万余公里，沿途采风、创作，拍摄了数千张照片，作了 20 多本写生，搜集了大量人物、环境、地貌、风物等资料。一次次艰难跋涉的旅途开阔了他们的胸怀，也让他们对沿途的风物人情有了特殊的感受。汪国新在《速写本赞》种写道："卷收巫峡千峰雾，笔点出城万户灯"，这笔端自然流淌出的是他胸中油然而生的万丈豪情。

汪国新、郑桂兰夫妇联袂完成了一部波澜壮阔的长江史诗——《长江三部曲》，再现了 1924 年到 1949 年的长江风貌。在北京、上海、天津、湖北等地出版发行了十集 1666 幅长篇连环画《长江三部曲》、158 米绢本国画《汪国新长江万里风情图》《汪国新国画人物集》《汪国新关公画集》《汪国新诗词曲联》《汪国新诗词》《汪国新新绘全本三国演义全图》

2015 年 8 月，汪国新受邀出席 "庆祝泰中建交 40 周年·泰中当代书画精品展"，以向泰国广大群众展示中国书画艺术的魅力，促进泰中友谊和文化交流。泰中文化艺术交流协会主席纪拉空亲王、泰国文化部长威拉阁下、泰国国家美术馆阿乍拉馆长等泰国政要、知名侨领以及两国文化界人士出席了开幕式

2014 年 11 月，为推进法治建设，宣传法治文化，中国行为法学会法治中国诗书画院在全国政协礼堂揭牌，汪国新荣任首任院长

（240 幅国画）等各种诗书画集、连环画、艺术专著 1700 余万册，并在海内外近 30 次举办诗书画展。

苦尽甘来，汪国新不仅没有被接踵而至的荣誉冲昏了头脑，反而思想境界得到了升华："每个人都有一个'人生命题'，都应该在时代里留下痕迹。对于时代而言，再长寿的人都是短寿，重要的是要表达什么，留下什么。一个人，必须要有他的人格力量，为了实现目标，就必须学会自我控制。社会上的诱惑那么多，更应该明白自己'不做什么'是最重要的。古人说：'以戒为题。'就是要求自己甘于寂寞，矢志不渝。在我创作《长江三部曲》的时候，很多与我一起搞绘画的人都靠其他途径挣了大钱，可我当时却连作品能不能出版都没有把握。但是我告诫自己：不能贱卖艺术生命，再艰苦也要坚持下去。我们用命拼出来的艺术品都是不卖的，今后要捐献给国家。"

"诗书画是热血男儿的事业。歌颂光明，鞭挞邪恶，警醒愚昧，扶助弱势。没有爱就没有恨，没有爱和恨就没有文学艺术。在大是大非面前，要与党和国家保持一致，把诗书画艺术追求和祖国统一、民族团结结合起来。"汪国新夫妇多次为公益事业、慈善事业捐款。如出资修建山区致富公路，为三峡移民、敬老院、希望工程、环保事业捐款捐物，以此来回报社会和人民。他们用实际行动履行着自己的诺言。

弘扬传统文化　发展艺术产业

少年失学的痛苦，让汪国新倍感文化对人生对艺术的重要性。在他五十年绘画创作的生涯里，处处不忘中华民族传统文化的这个根。他学习借鉴古代文人的光荣传统，如李白与杜甫的诗歌、陶潜的散文，从中汲取营养，形成寓教于乐的典型模式。他把抽象具象化，将形而下变成形而上，不仅创作了大量绘画作品，还撰写了创作感想文章《画三国　学做人》和诗词 7000 余首。他深入学习理解古今中外的绘画艺术，对国画、油画、版画、诗词、书法、服饰、古代人物、理论修养等艺术都有比较全面的研究，在绘画等多个艺术领域都能自成一方大家，是中国画坛少有的全能型画家。他创作过程中的笔墨与形象、诗书与思想有机结合，画画与题字相得益彰。比如说画山石，本来很硬，他却题上"铁石柔情"四个字，以充分体现画面的深远意境与思想内涵。

他把文化加进绘画，凡画都要题诗，而且必须是自己创作的诗，做到诗书画三位一体，被画坛前辈华君武先生盛赞为"诗书画俱佳"的艺术家。如作品《牛郎织女》将古老的传说赋予全新的意义，王母的天河像法律界限不能逾越。画外之意就是生活中凡事要保持一个度不可过界。仁义的小鸟知道中庸之道，帮助他们既不犯天条却又能相见。《天地人和》中毛泽东与古代老人对话，寓意和谐，时代感很强。

"归真创新"是汪国新提出的创作口号。"归真"就是回归本源，重视传统，"创新"就是寻求发展，在绘画创作中认真实践科学发展观。尤其是他能够擎起传统文化的巨笔，穿越时光隧道，以绘画艺术形式把中华民族的古代传统文化与现代文明结合起来，将绘画艺术与文化市场、创作理论结合起来，把中华民族上下五千年的文明很好地传承下来，创作了一批描绘中华万千景象、表现龙的传人特有精神气质的巨幅国画。如《华夏英杰百图》《水浒人物》以及《延安岁月》《精忠报国》等几十幅巨作。他在创作

2008年5月，"众志成城、抗震救灾"书画笔会，汪国新为赈灾捐赠国画"众志成城"

2012年8月汪国新、唐国强等书画名家赴郑州关爱贫困先心病儿童，汪国新向河南省残疾人协会捐赠国画、为郑州人民医院捐赠书法《大医精诚》，与唐国强合作捐赠作品《马到成功》

中善于吸纳古今中外的绘画精华，独辟胜境，开创新意。20多年来，汪国新的长江系列绘画可分为三个创作高潮：第一个高潮是长篇连环画《长江三部曲》；第二个高潮是百米长卷《长江万里风情图》；第三个高潮是以历史人物关公为主角的长江人物画。这三个高潮恰似"大江东去浪千叠"，一浪高

185

2010年，"中国书画名家抗震救灾大型笔会义卖捐赠活动"，汪国新为活动开笔

2010年4月，汪国新应邀为上海世博会书画孔子画作《有朋自远方来，不亦乐乎》。1000座公益灯箱宣传牌竖立上海

会"，抒发自己醉心书画创作、致力于文化传承的情怀。

画活武圣关公 凝聚中华精气神

画出了关公的精神，是汪国新的最大自豪与骄傲。他认为关公是诚信、忠义、仁勇的化身，其人格很受人欢迎；他的画追求南雄北秀，兼得豪放俊逸风格。再加上他追求传统艺术表现形式，近现代审美意识，中国的笔墨、西洋的结构，让中外人士都喜欢。从小他就常在爸爸怀里听关公的故事，就喜欢关公，崇拜英雄。最早学画画，画的就是关公，还收藏了很多画关公的小人书、画册、画报、单幅画、年画。

汪国新幼年时就曾把自己画的关公像送给左邻右舍。长大以后成了专业画家，他开始认识到中国这么一个大国，应该有大国文化、大国艺术，而关公、三国题材就是一个表现大国文化取之不尽、用之不竭的源泉。于是，他写关公，画关公，推广关公，是关公的诚信、仁爱、忠义和勇敢感染着他的人生和艺术，并充实了他的心灵世界。从1980年起，汪国新开始了长江三部曲和长江风情画的巨幅长卷的创作；同时，沿着古典名著《三国演义》所描写的关公足迹，沿着长江三峡，一面写生，记录各地风土人情，一面寻访记录关公的传说故事，从民间寻找广大群众对关公的崇敬。

过一浪，滚滚滔滔，气势壮观。

然而，出于对中国传统文化传承和发展的担忧，2010年全国"两会"期间，作为全国政协委员的汪国新就"关公的物质文化与非物质文化的传承与保护"以及"如何让中国连环画健康发展"等话题提交了议案，并创作了《肝胆相照　长期共存》和《和谐九州》两幅国画作品献给全国"两

对关公文化的深入研究，使汪国新对关公有了更深刻的认识，他更加投入地开始了关公人物画创

2008 年 5 月，汪国新捐赠国画《龙马精神》，为北京市委统战部给汶川孩子建校筹集善款

作。2002 年 3 月 16 日至 23 日，一个以描绘历史人物关公为主线，以表现长江风情为辅线的汪国新画展，在荣宝斋举办。画展展出的 100 多幅画中，关公的义勇形象有 40 多幅。这次"汪国新关公人物画展"受到了广泛关注，三个展厅观众摩肩接踵。他还以"弘扬华夏大文化，迎接环球新挑战"为己任，倾情打造中国历史上最耀眼的关公艺术形象，创立北京第一家以关公命名的"关公画堂"。2009 年 2 月随温家宝的欧洲之旅，相继挂牌成立了英国、西班牙、意大利汪国新诗书画研究院分院。投巨资打造了世界第一艘以武圣关帝命名的"关公号"旅游船，并于 2009 年 11 月 6 日在美丽的江城武汉举行了首航庆典暨"关公文化天下行"活动启动仪式，开启了"关公文化天下行"大型系列活动。他还要在世界 100 多个国家建诗书画分院，用自己的书画艺术架起一座沟通中华民族与世界人民的文化桥梁。

多年来，汪国新不仅重视慈善捐助，更重视以开展"关公文化天下行"为主题的传统文化精神布施活动，凝聚中华精气神，鼓舞人们建设富强国家，推动中华传统文化走向世界。作为一个艺术家，汪国新一直满怀"当为华夏铸脊梁"的社会责任和使命，致力于传扬中华民族的传统文化，把"忠、义、仁、勇、智、礼、信"的中华美德作为旗帜，足迹遍布世界各地。2009 年 2 月，全英华人华侨总会会长、中国和平统一促进会理事单声不无忧虑地对汪国新和郑桂兰说："我深深地感到一种危机，海外 50 岁以下的华人，对传统文化感情淡漠，他们的思想领域基本被欧化了。"汪国新在这种紧迫感当中，加强了在海外创办汪国新诗书画研究院的决心，一定要在国外建起弘扬中国传统文化在国外的"桥头堡"。现已在韩国、西班牙、英国、意大利设立了分院，力求使各地研究院成为延伸到各国的文化长城。

2008 年 3 月，汪国新、郑桂兰夫妇为家乡人民捐赠善款和精心创作的画作《朋友》

2008 年国家民政部领导和爱心企业家接受汪国新为赈灾义卖创作的国画《中国雄起》

2015 年 3 月，汪国新诗书画巡展欧洲七国行，向西方弘扬中国传统文化、传播华夏民族精神，画展中汪国新以体现中国传统的"仁义礼智信"思想为主题，为国际友人带来了赞颂超越人类极限精神的红色革命《延安岁月》；体现人人平等、教育无边界的传统孔圣文化的《有教无类》；传达思念、祝福美好情怀的东坡居士《千里共婵娟》；观天之道，执天之行的老子哲学《道法自然》；慈悲为怀的佛教思想《普度众生》。

在艺术市场上，众多收藏家看中的正是汪国新作品所体现出来的大师风范。著名国画大师范曾这样评价，"我完全可以这样说，他超过了宋人张择端。"从 2002 年荣宝拍卖《夜读春秋》每平方尺 5000 元，到 2005 年翰海拍卖《祝酒歌》每平方尺 2.5 万元，再到 2007 年底翰海拍卖《共创辉煌》每平方

他说："对于我来说，我因为工作就是搞美术的，我只是一个普通的美术工作者，我自己也是正处于一种摸索的阶段，要把那些传统的东西、传统的技法、传统的思想保存记录下来与现代文化相结合。怎么让中国的艺术形式推介到国外去，同时也把国外好的表现形式和中国的结合起来，创造出既有传统的又有现代审美意识的新的创作表现形式，是我们每一个艺术工作者都应该思考的问题。"

尺 3.3 万元，汪国新作品在拍卖市场的地位越来越高，成交价格稳中有升。尽管自己的作品已经成了艺术市场上的宠儿，汪国新却认为中国目前的艺术市场并不十分完善。他说："因为美术不能完全算是经济上的成果，对于画家而言，改革开放后，很多画家的生活得到了改善，艺术创作都得到了改善，真正能在艺术上取得成功的还是千分之一、万分之一。艺术家希望理直气壮地为社会奉献自己的作品，政策上应该加大对艺术的扶持，

艺术在经济大潮中不能被阻止。艺术进入商品流通后，还需要政策引导和保护它。"出于对艺术市场的尊重，汪国新分三次花了170多万元回收了自己早期的一些应酬之作。同时，多年来，他除了参加一些文艺类活动外，其他商业活动、笔会一概谢绝。这也从一定程度上保证其艺术作品市场的稳定性，避免价格波动太大。

2016年7月，在北京钓鱼台隆重举行了汪国新艺术公益基金首发式。全国人大常委、农工党中央专职副主席龚建明先生为"汪国新艺术公益基金"揭牌，并热情致辞：几十年来，汪国新先生一直热身公益事业，大力支持各种公益项目。汪国新艺术公益基金成立后将开展一系列公益项目，同时也为热爱中国传统文化人士提供了一个交流平台；为探索公益艺术化，艺术公益化，推动公益慈善事业的多元化发展起到促进作用。来自全国各条战线的300多位代表共同见证历史时刻。2016年7月、8月"善念在心·善行天下"汪国新艺术公益基金分别在上海、广东正式启动。

担负社会责任　投身慈善事业

汪国新认为，艺术和艺术家也要服务于社会，除了在艺术造诣上有所追求，艺术家们也应该在社会公益心和国家的命运紧密相连上作出一些贡献。

2008年2月，中国儿童少年基金会和北润集

2006年9月，汪国新为抗洪救灾、希望工程、三峡移民、社会福利积极捐款捐物。图为汪国新组织的西藏公益之旅

1998 年长江发生百年未遇大洪灾，汪国新在澳门组织义卖募捐，将拍卖艺术品所获善款全部献给沿江灾民

团共同发起的"同一片天——北润孤残儿童救助基金"成立暨捐赠仪式上，汪国新捐赠国画《放飞梦想》，并为 23 年来收养 25 个孤儿的农民夫妇捐赠款项。汪国新在讲话中说："孩子们因为不幸伤残的是肢体，但不是心灵，我们应该支持孤残儿童在祖国'同一片天，放飞梦想。'"

在家乡宜昌的捐赠仪式上，汪国新说："是宜昌的山水哺育了我，是宜昌人民教育了我，让我一步一步成长为全市、全省、全国的政协委员。这次宜昌'两会'正好给了我一个机会，表达自己的感激之情。"他表示，自己不管人走到哪里，他的"根"始终在宜昌。

多年来，汪国新不仅重视慈善捐助，更重视以开展"关公文化天下行"为主题的传统文化精神布施活动，给予人们力量，凝聚中华精气神，鼓舞人们建设富强国家，推动中华传统文化走向世界。

他说："我最大的乐趣就是鼓励。有的时候你用物质帮不了多少人，但是你可以用语言鼓励一下他们。只要遇到困难渡过这个难关后，你就会终身记得曾经用语言鼓励过你的人。人要懂得感恩报恩，只要有条件我就会积极帮助那些弱势群体。记得在孩子还小、家里条件很不好的情况下，我得到了一万元的稿费，我们没有贴补家用，而是把所有的钱都捐给了希望工程。更多的时候我就想帮助别人，哪怕是用语言鼓励一下。我也得到过别人的鼓励和帮助，所以现在更希望用艺术去帮助别人。艺术家应该有大爱，大爱就是人间最好的事情。"

2008 年 5 月汶川地震发生后，中央统战部组织了"统一战线著名书画家企业家捐赠活动"。现场，汪国新、郑桂兰夫妇捐献了巨幅精品国画《朋友》，所得款项转中国红十字总会捐给灾区。汪国新先后创作出《众志成城》《先天下之忧而忧》《中国加油》《四川雄起》等 145 平方尺的国画作品和

125 平方尺的书法作品，并把通过义卖所得的 400 多万元善款捐给灾区。汪国新夫妇表示：能给灾区兄弟姐妹尽点微力是他们的福分。汶川的孤儿被接到爱心捐赠现场，虽然他们失去了父母，但有祖国母亲给予的呵护关心，孩子们脸上都洋溢着幸福的笑容，爱意浓浓的现场气氛感染着所有人。

2009 年 5 月，汪国新委员参加了由全国政协科教文卫体委员会、中国文联、中国美协、中国书协和北京市希望书库基金会联合举办的"中国当代书画家公益巡展活动"启动新闻发布会。

汪国新作为画家被安排上台捐赠并发言。这次捐赠的是一幅 16 平方尺关公代表作和价值 20 余万元的《吉庆图》。他动情地说："我 13 岁就失学，深知没有书读的痛苦。一个国家要兴旺，民族要复兴，一定提高民众的文化素质，我愿在这一公益事业中，贡献自己的微薄之力。"汪国新 2010 年捐画作 100 多平方尺，被中华红十字总会授予"慈善艺术家"称号，受到《希望书库》基金会领导的充分肯定和赞扬。

2012 年 8 月，汪国新和唐国强等书画名家齐赴郑州关爱贫困先心病儿童，汪国新向河南省残疾人协会捐赠国画、为郑州人民医院捐赠书法《大医精诚》，与唐国强合作捐赠作品《马到成功》。

2016 年 7 月，湖北武汉普降暴雨到大暴雨，造成特大洪水，多地溃口，防汛形势严峻。爱心汇聚力量，团结战胜灾难！为抗洪救灾，与受灾民众携手同心，共渡难关，由中国行为法学会法治中国诗书画院、北京燕山红文化发展有限公司联合主办的"抗洪救灾，你我同行"——法治中国诗书画十人展在汪国新北京诗书画院举行。

2016 年 7 月，汪国新参与由中国社会福利基金会、中国老区经济开发基金管理委员会、中国人才研究会书画人才专业委员会、山花工程爱之声公益基金专为无为县联合主办的"情暖无为·心系老区"抗洪救灾义卖公益活动。

2016 年 8 月，"心手相牵·悦善同行"汪国新艺术公益基金广东正式启动

汪国新说："在改革开放 30 多年的今天，我想向文艺界提些自己的建议，我们不能离开任何艺术，不能离开当时人民的需要，把自己对艺术的追求和人民的需要，与时代的呼声结合在一起。扬正气，献爱心，共创和谐社会。人间大爱还是需要艺术家把自己的作品献给社会，在人民最需要帮助的时候，作为艺术家应该有所担当。"▇

李惠森

创建于 1888 年的李锦记，经历百年的风雨与艰辛创业，已由一个蚝油坊发展成一个享誉全球的跨国集团。但是李锦记家族并没有沉浸于自身的荣誉和成功中，而是秉承"思利及人"核心价值观，在常年造福社会的过程中对慈善公益和企业社会责任有着更深的认识和实践。

李惠森，从"李锦记第四代传人之一"到杰出企业家、慈善家……多年来，他领导的企业在实现可持续发展的同时，还在长期的公益实践中，开创了"短期与长期平衡发展、硬件与软件平衡建设、输血与造血平衡慈善"的公益新模式。

截至目前，李锦记集团和李惠森捐赠善款和物资价值累计超过 1.8 亿元。李惠森先后荣获"中华慈善事业突出贡献奖""中华慈善最具爱心外资企业奖"，以及"中华健康快车光明贡献奖"等奖项。

思利及人　彰显责任

—— 全国政协委员、李锦记健康产品集团主席兼行政总裁李惠森

百余年前，孙中山曾作对联"修身岂为名传世，做事惟思利及人"自勉，意为做事情要思考如何有利于别人。孙中山的这句名言让李锦记集团主席李文达深有感触，他认为"思利及人"与拥有百年历史的李锦记家族企业的处世经商之道非常契合。

如今，"思利及人"已成为李锦记集团的核心价值观。无论是先贤的教诲，还是父辈的耳濡目染，都让"思利及人"这一信条融化到了李文达先生的儿子、李锦记第四代传人之一、李锦记健康产品集团主席兼行政总裁李惠森的血液中。他不仅将"思利及人"作为自己为人、做事的基本准则，而且将它作为李锦记家族企业永续发展的精神圭臬。

百年基业　永续经营

李锦记从一个生产蚝油的小作坊，经过百余年的艰辛拼搏，发展成为一个产品远销世界 100 多个国家和地区的酱料王国、行业的排头兵，实现了李锦记集团主席李文达先生提出的企业的第一个使命，即"把中华优秀的饮食文化传播到全世界，做到世界上有华人的地方就有李锦记的产品"。但他们并未就此驻足不前，在继续发展酱料及调味品生产的基础上又提出了第二个使命，即"把中华优秀的养生文化传播到全世界"。经过 20 年的努力，他们在以中草药为原料的健康产品的生产方面，也已经取得了令人羡慕的骄人成绩，在行业中确立了自己的位置。

李惠森，作为李锦记家族第四代传人之一，已把承担社会责任，推动中国家族企业可持续发展当成自己的事业。对于家族"思利及人"这一价值观，李惠森如此阐述：

第一，直升机思维：从"我"到"我们大家"的思维方式。从广度上想——不仅要找到对自己最有利的解决办法，还要找到对他人也最有利的办法；不仅想"我"，更要想"我们"。从深度上想，不仅找到对今天有意义的解决办法，还要找到对明天、对后天都有意义的解决办法。

第二，换位思考：即做任何事都要站在对方的立场去思考。比如李惠森经常出差，每当快到回家的时候，他都会换位思考，站在妻子的角度去想，已经等了他一星期的妻子会希望自己做什么。

第三，关注对方感受：让对方感到被尊重，取得对方认同与参与。在李惠森眼中，讲不讲一句

2010 年 10 月，李惠森的慈善事迹入选全国政协文史和学习委员会主办的"善行天下·政协委员慈善公益事迹展"

话，什么时候去讲，如何去讲，都会影响对方的感受。例如他发现很多公司的老板打电话给董事，上来就是"你在哪里？"或者"你现在在做什么？"可他们家族的成员往往第一句话问，"我现在打扰不打扰你？"或者"现在你有没有时间？"虽然这只是一句简单的客套话，但李惠森却认为，不同的讲话方式会影响到别人的感受。看似是一件小事，但他们也非常在意。

当年从美国南加州大学企业管理及财务专业学成回到香港后，李惠森并没有立即到自己的家族企业李锦记集团上班。"根据家族宪法，家族成员必须先在外面创业，工作 3 至 5 年后才能回家族企业。而且，回家族企业的招聘要求和程序，与其他员工完全一样。"他也不例外。

回香港后，李惠森在香港花旗银行任投资顾问。几年之后，他才回到自己的家族企业，担任人

力与财务管理工作，这两项工作正是他大学所学的专业。不过，酷爱运动、喜欢尝试的他并不安分，其间，他自己创业，开设了 12 间"健一小厨"连锁饮食店。此外，他还尝试过房地产业务，最多的时候曾身兼 7 职。通过这些探索，李惠森一方面积累了宝贵的企业管理经验，为进入李锦记打下了基础；另一方面，也不忘为家族生意寻找多元化路径。终于健康饮食的概念启发了他，李惠森为李锦记大力开拓健康产品市场，成为百年民族企业新的经济增长点，或许正是肇始于早年的创业经历。

在李惠森带领下企业的发展历程中，我们看到最多的是"社会""责任"与"使命"，也正是这份胸怀社会、肩负责任的信念，使企业乘风破浪、一路前行。

李惠森为了搭建更广阔的公益平台，凝聚社会公益力量，于 2012 年捐资 2000 万元人民币成立了

"思利及人公益基金会"。该基金会运作三年来已向社会捐赠金额超 2700 万元人民币。基金会关注大众健康、扶贫助教、助弱赈灾三大公益领域：关注健康——关注支持健康促进项目，推动大众实现"三平衡（健康、家庭、事业）、三富足（时间、财富、精神）、三和谐（个人、集体、社会）"的健康人生；扶贫助教——关注支持贫困地区青少年教育事业及其他教育发展项目；助弱赈灾——帮助弱势群体扶危助困和为重大灾害提供援助等。

以身作则　言传身教

李惠森在公司的每一间会议室内都设置一个小小的思利及人公益基金会捐款箱，凡是开会迟到早退者，会议中手机铃响的人都要向公益项目捐款。这种"会议文化"既是一种"守时文化"，也是一种"纪律文化"，它不仅仅是一种约束，更是一种好习惯的培养。它传递着企业文化和价值观，也是工作效率和质量的保证。

李惠森说："刚开始推行'会议文化'的时候并不是很顺利，很多人没有认真对待，以为也就是一种形式而已。看到这种情况，我觉得自己有责任用实际行动告诉每一个同事这个规定是对我们有帮助的，是对我们每个人都适用的。我提倡的，我就有责任先遵守。"

于是，在一次开会的时候，李惠森特意迟到了 2 分钟。"董事长迟到了，他是否也会捐款呢？"在所有参会人员疑惑和好奇的目光中，他按照规定，

亲自往捐款箱里面投入了 200 元，这是他作为公司董事长所应承担的"捐款"。同事们看到自己的董事长说到做到、带头遵守，从此他们也都很自觉地遵守这项规定。

这其实只是一件很小的事情，但李惠森在企业管理工作中的以身作则和自律的精神，正在为公司的每一位员工树立好的榜样。这些精神通过他的言行传递到每个员工的心中，并且渗透到血液。在李惠森看来，企业能否长足发展、为社会创造价值，这一切都得从一个企业的自律意识开始。他说："只有做到自律，才能确保企业的健康向上、促进行业

2007 年 12 月，成立无限极中华中医药发展基金

的长远发展，也只有行业长远发展了，企业才能完成自己的使命。"

的确，企业能够生存和发展，其前提是承担各种被外界赋予的责任。事实上，企业与社会环境、客户和消费者等之间的关系，并不是一种利益关系，而是一种相互影响、相互依托的关系。只有企业承担起了自己的责任，持续的利益和长足的发展才会出现。这既是一种价值观，也是一种必然的管

李惠森在思利及人公益基金会成立仪式上

理逻辑。也只有具备责任感的企业，才会关注自身长足的发展、对社会的贡献以及存在的价值，因此会不断追求、不断进步。

勇担责任　公益无界

在"思利及人"核心价值观的理念下，李锦记健康产品集团成立至今，已累计向社会捐赠现金和物资价值超过 1.8 亿元人民币。李惠森在践行企业公民之路上走过长长的成长轨迹。无论是抢险救灾，还是健康救助，抑或是平台搭建……李惠森的公益之路没有边界。

在积极响应抢险赈灾方面，李惠森多次伸出援手。1998 年捐赠 3000 万元人民币产品用于抗洪救灾；2008 年"5·12"汶川地震中，持续向灾区捐赠现金和物资超过 1685 万元人民币；2010 年，向青

海玉树灾区捐赠价值 300 万元人民币的物资，捐赠 35.5 万元人民币支持西南地区抗旱等。其中，因在汶川抗震救灾中的持续支持，李锦记健康产品集团的救灾事迹入编《国务院侨务办公室汶川特大地震抗震救灾志》。

20 世纪 90 年代，我国保健产品刚刚兴起，形形色色、良莠并存，加之大众的消费观念淡薄，那时我国健康产业的未来发展前景并不明朗。然而就在当时，李惠森就已经预见到，随着社会的日益进步、消费者对健康的需求会越来越强烈，健康产业发展潜力巨大，前景美好。

1992 年李惠森果断抓住机遇，在内地创办了健康产品公司，依托中草药发源地的优势和着眼于实现社会健康发展的目标，与国内权威研究机构合作，全心致力于研发、生产、销售中草药健康产

品，以此弘扬中华优秀的养生文化。

就像任何成功者都不是一蹴而就的那样，李惠森和李锦记健康产品集团在发展中也经历了不少外部环境的影响。20世纪末，就在许多保健品企业选择观望甚至退缩的时候，李惠森却丝毫没有放弃过对健康产业的梦想和追求，反而更坚定了自己的信念。现在健康事业已从中国内地地区，发展至中国香港、中国台湾地区以及马来西亚、新加坡、加拿大等国家，逐渐走向国际化。

站在生态圈视角，创造共享价值，不仅是时代的趋势，也是企业发展的必由之路。2015年李惠森相继成立了天方健（中国）药业有限公司、爽乐健康科技有限公司和无限极物业投资（香港）有限公司，目的是构建一个更大的企业和社会可持续发展的生态圈。一方面致力于优化中草药种植与管理，从源头上保护中草药优质资源，推动行业健康发展；另一方面发挥移动互联平台优势，帮助更广泛的人群培养健康习惯，实现"帮助他人生活得更爽"，更好地推动健康产业的发展，造福百姓健康。

作为一家民族企业，李锦记健康产品集团时刻关注大众的身体健康，倡导调养与运动相结合的健康生活模式，并尽心尽力地帮助更多的人获得健康人生。同时，也正是源于政协委员的责任感，让李惠森一直关注着整个社会的健康发展。

24年来，李锦记健康产品集团在全力保障广大消费者和业务伙伴权益的基础上，不断加大在产品

研发方面的投入和创新，特别注重产品品质，具有自主创新的核心技术。如今在中国内地市场上市的中草药健康产品，包括健康食品、护肤品、个人护理品、家具用品、养生用品五大系列、六大品牌，共计124款产品。2007年李锦记健康产品集团从博大精深的中华养生文化中提炼出独特的健康理念："养生固本，健康人生"。主要内容包括："三调养、四合理"和"三平衡、三富足、三和谐"。2008年无极限获得了"国家高新技术企业"认定。两年后，李惠森所带领的无限极这艘航船正式迈入企业的第三个"五年发展计划"，向世人展示了勃勃的发展生

2007年11月27日，李惠森在中华慈善总会设立"思利及人基金"

机：加速建设百亿产能的生产基地、锐意开拓中国台湾、马来西亚等市场、打造全新的服务中心和会议中心……李锦记健康产品事业前景更加广阔。

2004年至2016年，李锦记健康产品集团连续12年捐资、捐物支持"健康快车"扶贫致盲公益慈善活动。为提高内地欠发达地区眼科医生的技术水平，2006年捐资250万元在四川绵阳建立眼科显微手术培训中心，公司常年组织员工志愿者参与，多人获得优秀志愿者称号，得到了国家商务部等部委的表彰及中华健康快车基金会颁发的"光明贡献

李惠森在所著《思利及人的力量》的签售现场

奖"。自 2009 年参加国家禁毒委、中国禁毒基金会主办的"社区禁毒图书角"活动以来，截至 2016 年 6 月 30 日，李锦记健康产品集团已持续在多个省市捐赠社区图书角达 321 个，帮助市民更多地认识到毒品的危害，对吸毒人员给予正确引导。

著书立说 弘扬美德

多年前，一句"修身岂为名传世，做事惟思利及人"的名言让拥有 100 多年历史的李锦记集团李文达主席深有感触，他认为"思利及人"一词与李锦记家族多年来的处世经商之道非常契合，因此将这四个字单独装裱起来挂在办公室。

儿子李惠森为了使"思利及人"的理念得到更好的传播，吸引更多的人关注"思利及人"的理念，拥有"思利及人"的力量，于是，他花了两年的时间，结合身边以及日常生活中的生动事例，凝聚 40 余年的人生感悟，揭示了成就一生的九个法则，并将这些心得与体会撰著成他一生成就的诠释——《思利及人的力量》。

在李惠森看来，人活着总是希望为自己争取利益，但是利益不会自己走来。只有当一个人给别人带来好处时，自己才能得到"利"。这种走出小我，所思所做从"我"转化为"我们"，创造"我们的价值"的理念，就是"思利及人"。

李惠森认为："思利及人"的理念在李锦记经过百年的传承与实践，已经成为一种境界、一种深植血脉的本能；它已经成为李锦记人做事的潜意识和习惯。这种习惯会使永续经营得以实现。

2007 年《思利及人的力量》这本书面世，书中内容并非教人如何赚钱盈利，而是教人如何体现生命的价值。书中的"成就一生的九个法则"中最后一个法则"系统，让成功持续"，分享了用"学做教"的方法来建立系统。简单地讲就是将学到的东西理解、运用和传播，将学到的知识转化为行动，再由行动转化为能力，如此循环往复，成就前行的力量，拥有无限的资源。李惠森不断地思考，如果读者能运用"学做教"将"思利及人"的理念传播开来，让更多的人都不虚此生，以此来造福广大社群民众，那就是一件很有意义的事情了。

2012 年 9 月，升级版的《思利及人的力量》也出版上市，将中华文化的智慧与现实生活相融合，深入浅出又清晰具体地回应了时代的需求，带给社会的是更加和谐，带给人们的是生活的意义和生命的价值。其著作的《自动波领导模式》将理论升级为系统化可分享的实物，为现代企业的管理和永续经营提供了宝贵的参考资料。至 2015 年，李惠森连续四年被授予"中国企业文化领军人物"。李惠森将书的版税先后全数捐给"思利及人基金"和"思利及人公益基金会"。

列培训等活动。

李惠森很早就意识到有个"怪圈"长期影响着社会的和谐发展，就是目前社会上一方面有很多的岗位缺乏人才，另一方面又有很多的人因为贫困无法学习到社会急需的技能。尤其在贫困地区，青少年是一个家庭乃至一个地方的希望，但由于贫困不能进一步学习，缺乏一技之长，难以带领其家庭实现脱贫致富，导致越来越多的社会问题。

因此，李惠森通过思利及人公益基金会专门设立"思利及人助学圆梦项目"这一创新公益项目。

李惠森在《思利及人的力量》（升级版）广州签售会上

通过为 15—18 岁经济困难家庭的优秀青少年提供资助和学习渠道，根据社会急需岗位选择专业课程，圆其学习专业技能的梦想；同时，此项目也能够为社会输送高素质的专业技术人才。

教育先行　助学圆梦

关注贫困地区青少年教育是李惠森一直重点关心的公益领域。在公司成立之初，就在广西捐建了希望小学，迄今在全国已有 21 所，并为每所小学设立关怀小组，持续开展各种帮助。在捐建小学的基础上，2006 年还开创"输血"与"造血"的扶贫教育新模式，为贫困地区小学教师开展进修班、系

在中共中央统战部的帮助和指导下，首个"思利及人助学圆梦班——2013 级贵州厨师班"于 2013 年 9 月在贵州毕节东方烹饪学校正式开班，30 名来自贵州农村有志烹饪的贫困学子得到思利及人

公益基金会的全额资助，圆其读书梦。

经过两年刻苦的专业学习，2015 年 7 月 30 名学子学有所成，100% 获得毕业证书。其中，通过大专考试的有 16 人，厨师管理师 29 人，营养师 8 人。30 名学子全部就业，其中有 7 人在上海工作，月薪达 4000 元以上。学生张教敏说："现在我们不仅会为家人做美味的饭菜，就连村里办事的时候，也会请我们去做菜。我们都能独立完成一桌丰盛的筵席，这些都是进校后学到的。"他已经被贵阳一家酒店聘为凉菜师。毕节厨师班学生小鸿表示："感谢'思利及人助学圆梦项目'不仅让我圆了厨师梦，还指引我扬帆起航的方向。我希望将来有能力的时候，可以继续帮助更多的人。"

随着首个助学圆梦班的正式启动，在国务院侨务办公室的帮助下，2013 年 11 月，"思利及人助学圆梦项目"为帮助雅安地震灾后重建，又正式走进四川雅安，携手当地政府和职业院校，捐赠设立了"2013 级雅安护理班"，为当地 25 名品学兼优的贫困青少年提供了学习专业护理技能的机会。截至目前，思利及人助学圆梦项目已在贵州、四川、河北、湖北、云南、湖南、山东、江苏、黑龙江等地开办助学圆梦班，共覆盖 15 个省市，资助 744 名学生，累计投入超过 1200 万元，培训专业涉及烹饪、卫生护理、模具等领域。

2016 年 6 月 29 日，25 名来自雅安技术学院"思利及人助学圆梦班"护理专业的同学们经过 3 年的专业学习，已顺利毕业。他们将投身社会，迎接人生新的挑战。冯丹就是他们其中的一名。3 年前高考时，冯丹的父亲因病去世了，她成了家里唯一的经济支柱。"当时弟弟在成都读中学，虽然我考进了学院，但家里遭受如此大的变故，我觉得需要担起责任，于是决定不再读书，早点赚钱养家供弟弟读书。"冯丹说。面对随时可能辍学的命运，

李惠森与石岭无限极海联小学孩子们在一起

李惠森在《自动波领导模式》的签售会上

那时的她每天都萎靡不振。而现在，冯丹已"脱胎换骨"。她说："助学圆梦项目不但给我物质上的资助，还给我精神上的帮助。'思利及人'的精神就像站在我背后支撑我的人，在我最无助的时候给我力量和帮助，让我看到人生充满希望。"

截至目前，在全国已经有 744 名像冯丹一样品学兼优的贫困学生，得到了思利及人助学圆梦项目的资助，实现了读书梦。其中 55 名学子更已顺利完成专业技能的学习，在社会不同的工作岗位贡献着自己的力量。

思利及人助学圆梦项目，不仅全额支助受助学生的学费和生活费，更重要的是在他们学习成长过程中，关心他们的心理建设：通过与受助学生开展座谈会，解决他们在学习和生活上的困惑；通过对中华文化核心价值的分享，让他们找到"思利及人"的方法，学会如何采用"直升机思维"看待问题；通过生动活泼的健康理念课堂，让学生们学习基本的养生概念和知识，拥有一个健康的体魄报效祖国。

对此，李惠森解释道："助学圆梦项目的初衷非常实际，我们希望公益投入能够精准到点，所以我们选择了贫困家庭的青少年群体，通过政府、学校和企业三方共同努力，帮助他们学习社会急需的专业技能，既实现'一人就业带动全家致富'，又满足社会对专业人才的需求，达至社会和个人的双赢。同时我们在其学习的过程中融入中华文化核心价值和中华养生文化的学习，让他们不仅收获了专业技能，拥有良好的身体状态，在人生道路上也有了指南针。"

帮助一个孩子脱困，可能就是在帮助一个家庭脱困。李惠森打破了传统慈善的困局，采用创新的公益模式，让受助者与社会融合，通过援助获取再生的能力，为社会作出贡献，最终引导受助学生实现从"做梦"到"追梦""圆梦"的成长性发展。

承担责任　创新慈善

创新，是万物进化的原动力，更是企业发展的核心灵魂。百年民族企业李锦记不仅秉承了"永远创业"文化，还将创新精神融入公益领域，以创新驱动公益升级。

有了多年积累的经营经验、专业人才等资源，李惠森对公益的理解已不限于捐钱捐物，而是从影响力和可持续性出发，让企业的作用得到有效发挥，将企业之于"精准扶贫"的价值进一步提升与扩展，着眼于生态圈，发挥企业优势创造共享价值。

李惠森认为，在未来的扶贫工作中，企业能够发挥的影响是巨大的。希望更多的企业能够发掘自身蕴藏的优势，为精准扶贫提供创新性的尝试和支持，这才是我们的真正价值所在。通过精

准的调研和规划，将扶贫项目与企业的经营战略挂钩，以企业经验带动当地改善落后的产业结构，帮助贫困地区寻找经济发展的正确方向、获取致富的技能和动力。

根据"产业扶贫"的思路，李惠森在 5 年前进行了一项十分创新的尝试。在企业、中草药供应商和种植农户间建立起"责任共同体和利益共同体"，凭借企业的经验和资源，为农户传授种植技巧、提供收货渠道，既保证了企业产品原材料的品质产量，同时也改变了以往散户种植的模式、带动当地形成了规模化的中草药种植，更为农户带来了稳定、优厚的种植收入。其中的茯苓基地，通过共同体模式的带动，当地农户增产增收达到 25%—35%，并且实现 3500 户种植农户当地就业。

以"企业文化"和"健康理念"作为独特优

2009 年 4 月，李惠森与国内家族企业分享李锦记成功经验

势，李锦记健康产品集团在致力慈善事业的同时，亦以实际行动点燃了民众对健康的重视。

推广健康行走点燃全民激情。行走被世界卫生组织定义为"世界上最好的运动"。为进一步普及健康理念，李锦记健康产品集团从 2010 年开始在中国大规模推行"世界行走日"，鼓励更多人树立健康的生活习惯。世界行走日活动已经走过六年

李惠森向贫困地区聋儿捐赠助听器

共计举办过 74 场，足迹遍布全国数十个重要城市，共超过 91 万名市民参与活动，行走总里程超过 505 万公里，并两次创造了吉尼斯世界纪录：2010 年的"最多人赤足行走"和 2012 年"最多人倒着行走"，成为全国最受大众欢迎的全民健身活动之一。2014 年无限极又将健康理念中的"四合理"提出一套明确的行动指引，通过简单易行的操作方式让人们积极地面对自然环境和现代生活压力的挑战。

"增健护航青少年成长计划"，是李锦记健康产品集团旗下公司发起并组织实施的一项关爱青少年，帮助青少年身心全面发展、健康快乐成长的公益事业。其聚焦于培养青少年在饮食、起居、行动、情志四方面的生活意识和习惯，通过开展"快乐足球"项目等公益行动，不断创新公益方式，形成关爱青少年未来成长的科学公益体系。

"快乐足球"是"增健护航青少年成长计划"的重要组成部分，是联合中国青少年发展基金会合作推出的首个为农村与贫困地区小学儿童打造的足球普及、培训和比赛为一体的公益项目，旨在让农

村和贫困地区的儿童有机会了解并体会足球所带来的快乐，传播足球文化。通过这个项目，将搭建一个全新的农村与贫困地区体育教学的公益平台，同时通过项目创造希望小学的体育氛围并推进体育教育，保证足球运动持续在学校的开展。

2015 年李锦记健康产品集团旗下共募集到善款 214 万元，投入项目费用 150 万元，为 450 名小学生送出了数百套足球装备，包括足球、球服、球鞋等，并为他们提供足球训练和营养加餐，同时也为 30 所受资助学校送出球门等球场设施。

倡导低碳环保，践行绿色生活理念。"我们不是继承了父辈的地球，而是借用了儿孙的地球。"如《联合国人类环境宣言》中说的那样，李锦记家族和李惠森选择以"思利及人"作为核心价值观和行为准则。为了能够拥有绿色健康的地球，将环保行动融入到了公司日常运作的各个流程与细节之中，提升员工和利益相关方的环保意识。

李锦记集团已经连续七年支持"地球一小时"

李惠森在《中国家族企业社会责任报告》发布仪式上

活动，连续三年持续实施"废旧电池统一回收"行动。在"地球一小时"活动中，企业员工号召大家利用熄灯的一小时外出行走，支持进行垃圾分类，以创新的方式将环保和健康结合，推出"熄灯一小时，行走10000步"的健康养生理念。"我们希望通过这一系列绿色环保、简单而极具意义的活动，来唤醒员工、经销商的责任意识，告诉他们低碳环保从身边做起。"李惠森表示，低碳环保不但是一种能力，更是一种生活的态度，而创造平衡、富足、和谐的健康人生是正是李锦记集团的使命。

积极建言　重视提案

李惠森作为第十一届、十二届全国政协委员，从2008年至2016年，已经连续9年递交了建议国家重视家族企业现状及发展的提案，分别从"为家

族企业传承换代持续发展营造良好环境""关注经济危机下家族企业持续发展""建议国家关注家族企业传承与发展""重视培养家族企业接班人""鼓励建立家族企业可持续发展平台""关于重视家族企业在经济发展中作用的建议""关于改进和创新家族企业新生代培养方式的建议""关于对家族企业年轻一代展开调研的建议"等方面对家族企业的现状和未来进行了建议。在提案中，他强调"关注家族企业就是关注民营经济、也是关注国家整体经济、关注社会的和谐发展与稳定"的观点。

李惠森认为，在我国以家族企业为主体的民营企业在为国家创造巨大社会财富和大量劳动就业，拉动整体经济增长，为维护社会稳定打下坚实基础的同时，也在承担社会责任方面作出了突出贡献。在李惠森看来，现代中国家族企业发展时间短，力

量弱小，成长艰辛，在其成长环境中，法制不健全，市场发育不完善，信用缺失，这一切都影响着家族企业的发展，也因此使得社会责任应成为中国家族企业亟须补充的一课。这不仅关系到家族企业在中国的形象问题，更关系到家族企业能否长远发展下去。

李惠森建议，国家应鼓励建立家族企业可持续发展分享平台，通过这类民间组织，开展自我教育，认识承担社会责任对企业的重要意义。政府还可通过这一平台，了解家族企业的现状和要求，更好地实现对家族企业群体的指导和管理。

此外，他还表示，国家应重视家族企业的社会责任建设，由于这个群体在产业领域、规模大小、治理方式等方面存在差别，较难用统一的社会责任标准规范其社会责任行动。相关部门应在尊重其内在差异性原则下，为社会责任的内容、管理和绩效评价等方面设定标准，鼓励他们拥有选择承担社会责任形式的自主权，以及符合企业自身经营特点和发展阶段的要求，开展履行社会责任创新。

李惠森认为，国家应发挥引导和协调作用，客观公正地采取共同但有区别的责任原则，在社会上树立典型，表彰先进，推广成功的企业社会责任模式，激发家族企业履行社会责任的积极性和主动性，促进社会责任在家族企业群体中的推广。

近两年，李惠森更是关注到中国家族企业年轻一代的成长和培养问题。他注意到家族企业中的年轻一代，与他们的父辈成长路径明显不同，企业所在领域差异很大，思想状况也大相径庭，而面临的内、外部发展环境却更为复杂。他提出，在不断提高年轻一代的科学管理水平和自主创新能力的同时，还需要不断引导和加强企业家精神教育，把扶危济困、产业报国作为企业长久的社会责任。

同时，建议展开全国性调研，全面了解和掌握家族企业年轻一代的整体特性。组织专家团队，分析研究这个群体的自身特点、价值取向、成长规律以及在传承等方面遇到的各种问题。对家族企业年轻一代调研结果，分类量身定制培养内容，根据不同地区、不同行业、不同层次、不同需求，有目的、有步骤地为年轻一代提供可供选择的培训、学习、分享、交流计划。在提供培养内容的同时，注重收集和反馈家族企业年轻一代的意见和需求。整合双向资源，对成功传承的家族企业进行剖析，提炼整理出具有中华文化特征的典型案例。支持家族企业年轻一代组建健康、自律的学习分享平台。有针对性地开展符合年轻一代企业家需求和特点的活动，创新教育和培养方式。为年轻一代健康成长树立标杆，进而为企业发展争取更多的职工认同、社会理解和舆论支持。

为此，在他和李锦记家族的推动下发起成立了"中国民营经济研究会家族企业委员会"，主动将自己家族企业的理念、管理制度向社会推广，让中国更多的家族企业分享其成功经验。同时，倡导与国内其他家族企业共同履行企业社会责任，关注和推动中国家族企业顺利传承与健康发展，为构建和谐社会多做贡献。

"慈善不只是物质的给予，更是心与心的连接。"这句话正是李惠森对企业如何支持慈善公益事业的心路总结。在李惠森看来，企业社会责任是必须做的事情，是企业"永续经营、永远创业"的一份信心的体现，更是对社会持续和谐发展的一份良心的承诺。■

古润金

　　获得马来西亚丹斯里、皇室拿督和太平局绅荣衔的古润金，是著名的实业家、慈善家、社会活动家。祖籍地广东省中山市的他，自幼接受长辈们的熏陶，对孙中山先生的"博爱"精神与革命事迹都深有感悟，"天下为公"的博爱胸襟深深地打动了古润金，也影响了他的人生价值观：孜孜不倦，慈爱众生。

　　20多年来，怀着对故土的眷恋之情和对社会的责任之感，他在不断创富的同时，还不忘投身社会慈善公益事业，逐渐形成了以捐助希望工程、推广母亲水窖、支持华文教育等为主体的慈善公益体系，累计各类捐款、捐物总额达6亿元。古润金曾六次获得中国政府慈善领域的最高奖——中华慈善奖。2012年3月，作为海外杰出华人、华侨代表，应邀列席全国政协第十一届五次会议。

桑梓情浓　初心不改

——广东省政协特聘委员、完美（中国）有限公司董事长古润金

20 多年来，古润金在爱与责任的美好氛围中，把爱心注入企业肌体的每一个细胞，将产业发展和公益慈善融合为一个有机整体，身体力行地走在慈善公益事业的前沿，无数次慷慨解囊，为社会排忧解难，不断演绎出慈善家的别样精彩。

古润金，还担任广东省中山市政协常委、中国侨商投资企业协会常务副会长、中国侨商联合会常务副会长、马中友好协会署理会长等职务。先后获得 2015 年"全国禁毒工作先进个人"称号、2012 年"第五届公益中国最佳企业家社会责任大奖"、2011 年"中国年度慈善推动者"称号、2011 年"热心海外华文教育杰出人士"称号、2008 年首届"广东省十大慈善人物"称号，以及 2008 年国务院侨办授予的"改革开放三十年华商特别贡献奖"等荣誉。

情牵故土　大爱奉献社会

新中国成立以来，数不清的华人华侨，虽身居国外，但始终根系祖籍国。20 世纪 90 年代初，中国改革开放进入新阶段，同期，马来西亚与中国关系也取得新发展，马来西亚政府放宽华裔返回故乡寻根问祖的限制，古润金带着父辈的夙愿，怀着对祖籍国家乡的热爱，第一次回到了故乡。

"我是带着浓郁的乡愁回到中国创业的。"如今，身为马来西亚著名华裔企业家、华人社团知名侨领的古润金，在谈及回乡创业经历时，内心总是乡情涌动，"虽然生长于异域，但我从小就爱听父辈们说起故土中国、家乡中山的诸般情况，时刻关

心着中国的发展，对中国一直有种神圣的向往。"

1959 年，古润金出生于马来西亚吉隆坡一个清贫的华裔家庭。家里的贫困让古润金很早懂事，读小学时他就当起了报童，挣钱贴补家用。通过送报，他养成了勤读书、勤思考、勤看天下事的习惯，成了胸怀大志、立志改变人生的上进青年。他还从书本上和父母的口中，知道了自己的家乡出过伟人——孙中山先生，知道了中山先生"天下为公"的事迹和精神，并深以为傲。

读完中学后，古润金便开始自谋生计，经过十几年拼搏，历经种种艰辛坎坷之后，古润金在事业上取得了一定成就，也积攒到了一些存款。他始终

古润金荣获国务院侨办颁发的改革开放 30 年华商"特别贡献奖"

没有忘记父辈的嘱托：如果赚到了钱，一定要回中国的家乡发展。

1990 年 3 月，古润金随马来西亚中山同乡会恳亲团，第一次踏上了父辈口中念叨了无数遍的家乡，看到国内到处"彩旗飘飘"的热闹景象，再加上辽阔的土地、古老的文化、热情的乡亲，一份难以割舍的"故乡情"油然而生，于是他下定决心回报祖籍国，回乡创业。

1994 年，古润金和他的事业伙伴在中山市创办了完美公司，销售健康食品、小型厨具、化妆品、保洁用品及个人护理品。古润金解释说："之所以取名'完美'，是因为世上本没有完美的事物，但我以此为目标，孜孜不倦追求完美。我希望用自己的实际行动为家乡奉献更多的力量。"

在完美公司创立之初，古润金就立下"为消费者提供优质产品的理念不变；为完美经销商提供事业发展机会的理念不变；坚持在中国投资、长远发展的理念不变"的承诺，扎根中国永续发展。

从产品研发、创新到现代化的生产，再到严格的质量管理，"质量第一"的经营理念贯穿完美公司产品研发、生产的全过程。同时，完美公司深谙科研力量在产业升级中的重要作用，积极与多家研究院和大学建立研发平台，用科研提升产品质量，努力为消费者营造放心的消费环境。

目前，完美公司已投资设立了总占地面积近 1100 亩的生产基地。除中山总部外，还包括了江苏省的"扬州基地"、吉林省的"吉林基地"，以及正在兴建中的"华南基地"。四大生产基地通过发挥各自地缘优势，实现不同区域分工协作、资源优化配置，极大地提高企业的核心竞争力，更好地为地区经济社会发展服务。

如今，完美公司已成长为集研发、生产、销售和服务于一体，拥有四大生产基地、八家控股子公司的现代化企业集团。在全国各省、自治区和直辖市设立了34家分支机构、6家办事处、万余家服务网点，公司产品销售及服务扩展至马来西亚、泰国、印尼、新加坡、越南以及中国香港、中国台湾等国家和地区，是中国明星侨资企业。

回首完美公司20多年走过的风雨路，古润金也是感慨良多，"正如改革开放经历了风风雨雨一样，完美公司这一路走来，也并非风平浪静。在企业最困难的时候，我们依然对中国充满信心，相信中国政府的智慧，相信我们祖先生活过的这片红色热土。"

作为一家侨资企业，完美公司对中国大陆有着深厚的"根"感情和强烈的民族使命感，并长期投身中国慈善公益事业建设，逐渐形成了以捐助希望工程、推广母亲水窖、倡导无偿献血、支持华文教育、推动禁毒事业、参与慈善万人行为主体的慈善公益体系，累计各类捐款、捐物总额达6亿元。

一直以来，完美公司热心参与众多社会公益事业。作为该公司参与时间最长、投入最大、参与程度最深的一个公益项目，"希望工程"承载着古润金和完美公司的一个公益心愿——送给孩子最好的礼物是教育，要在中国贫困地区建造100所希望学校。从1997年至今，完美公司已向"希望工程"项目捐款总额逾1亿元，捐建的完美希望学校早已

古润金六度荣获中华慈善奖

超过100所，希望改变这些困难学子的命运。

华文教育是中国面向数千万海外侨胞尤其是华裔青少年这一特殊群体开展的民族语言学习和中华文化的传承工作，被誉为中华民族在海外的"留根工程""希望工程"。古润金作为海外华文教育的杰出人士，多年来为推动中国以及马来西亚华文教育事业的发展不遗余力。截至目前，完美公司向中国华文教育基金会捐资8500万元人民币，用以发展海内外华文教育。

完美公司自2000年起就支持、参与了"大地

之爱·母亲水窖"工程，作为第一家支持该项目的企业，该公司出资出力，为解决西部干旱地区用水问题不断贡献力量，累计向中国妇女发展基金会捐款逾7400万元。

无偿献血，血浓情深。完美公司依托全国34家分公司、6家办事处、万余家服务网点形成全国性的公益网络，组织大型无偿献血公益活动，至今已举办13届"完美百城千店万人献血活动"，累计献血总人数已接近25万人次，总献血量逾6350毫升，5名员工成功捐献造血干细胞，为生命送去了更多的希望。

从2007年起，完美公司与中国禁毒基金会携手，不遗余力支持禁毒事业。目前，完美公司累计向中国禁毒基金会捐款达5000万元，有力地推动了国家禁毒事业的纵深发展。2015年，古润金应邀出席全国禁毒工作表彰大会，荣膺"先进个人"称号，同年连任中国禁毒基金会副理事长。

2015年至2016年，由完美公益文化传播基金主办的"用影像发现爱——完美公益影像节"活动连续两年在北京盛大举行。该活动旨在用镜头发现和记录"最美善行者"的故事，用影像推动公益、传承文化、分享感动，让每个人都能成为爱的发现者、记录者和传播者，让公益更加阳光，更加温暖。

"慈善事业就像一场接力赛跑，要有人接棒，才能形成良性循环。"古润金说。在20多年的爱心善行背后，是完美董事局与完美员工树立起的"根文化"：身为华裔，他们深爱自己的家乡，他们扎根在中国；身为华侨，他们是联结海内外华人的纽带，致力于广泛地凝聚四海的力量，让"公益中华"成为推动民族复兴的精神鼓舞，助推"一带一路"大战略落地开花。

缔造完美　践行企业责任

中国传统文化中优秀的伦理道德观念深深影响着海外华人社会群体，他们身在海外，根系中国，普遍接收"仁、义、礼、智、信、温、良、恭、谦、让"的儒家思想。完美公司董事局领导具有强烈的民族精神和中华传统文化情怀，他们曾在欧美等经济相对发达国家进修管理学和营销学，受到西方竞争意识、理性主义、法治精神的熏陶，这些对于他们掌握先进的管理模式和行业经验有着非常大的帮助。

"洋为中用，古为今用"，完美公司的企业文化实际上就是在根植于中华文化的基础上，将东西方优秀文化进行整合、优化。与中国传统企业相比，完美公司的企业制度则更为严谨；与西方企业相比，完

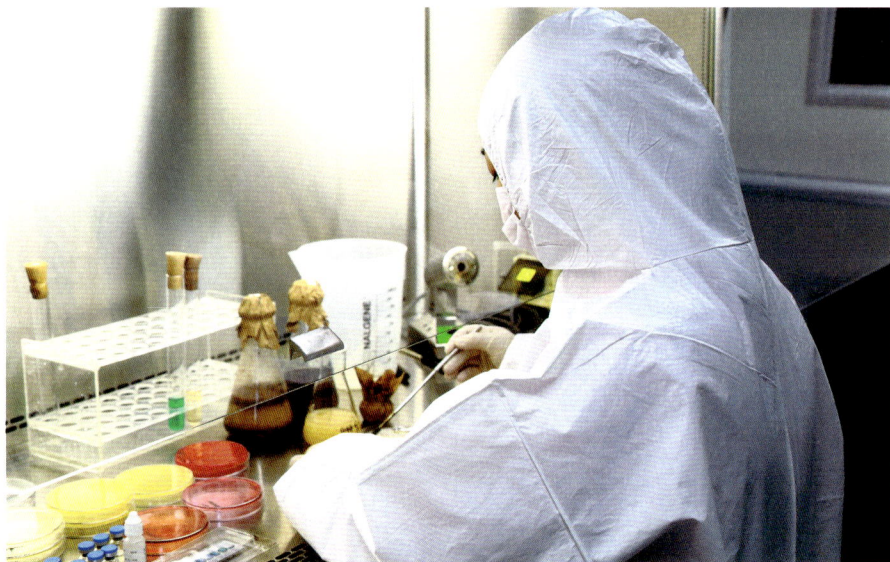

完美公司对产品质量进行全方位管控

美公司则更具备人性化。从而，形成了完美公司今天独具特色的"根文化"。

来华投资建厂时，古润金便暗下决心，一定要在中国建立起有良知、负责任、敢担当的企业，通过企业行为传播中华文化的精髓，用良心打造放心好产品，向消费者诠释健康生活之美。

诚信是中华民族最为古老的道德标准，也是完美公司的核心价值观之一。在实践中，完美公司始终秉持"为消费者提供优质产品"及"质量第一"的经营原则，以具体行动坚守承诺，尤其注重对产品质量的立体化、全方位管控，以保障保健食品及其他产品质量的可靠性、安全性。

自 2002 年以来，完美公司先后获得保健食品良好生产规范 GMP 认证、HACCP 食品安全管理体系认证、ISO9001 质量管理体系认证、ISO14001 环境管理体系认证、HALAL 清真食品等认证、ISO22716/GMPC 化妆品良好生产规范认证，并严格按照相关标准，科学、持续地确保实施全过程质量控制。

作为首批加入"食品安全自律企业联盟"的企业，完美公司时刻严格自律，以树立全体员工正确的质量意识为起点，以"追求完美"为总体质量方针，强调"以顾客为中心，以产品为基础，以服务

2012 年 9 月，全国政协港澳台侨委副主任赵阳（左）在担任国务院侨办副主任时与广东省原副省长、党组成员招玉芳（右）向古润金颁发暨南大学第七届董事会董事聘书

2015 年完美首届公益影像节上，完美公司分别向中国青少年基金会、中国妇女儿童基金会、中国禁毒基金会及中国华文教育基金会各捐赠 1000 万元善款

为导向"的市场理念，动员所有部门和人员，在研发、试制、质保、生产、物流、销售、服务的全过程中，实行系统的质量管理，始终贯彻实施全员参与、全面控制和全程跟进的"三全合一"质量观，为消费者提供更加优质、安全的产品，注重提升消费者的生活品质。

除了在制度上进行约束，完美公司产品的优良品质还来自科技创新和研发方面的投入。目前，完美公司已组建"广东省企业技术中心""广东省芦荟与生物活性肽工程技术研究开发中心"，拥有中国合格评定国家认可委员会（CNAS）认可的实验室。至今，完美公司投入逾2000万元建设智能化实验室，购入国际先进的检测仪器设备，因此拥有实力雄厚的质量检测平台，以满足质量检测需要，为其产品质量提供全方位的保障，为消费者创造放心的消费环境。

2015年完美公司获得"中国质量诚信企业""金箸奖"2015年度食品标杆企业奖、中国企业社会责任榜"杰出企业奖"等多项荣誉，这是国家及社会各界对完美公司质量与诚信体系建设的重要肯定。从2006年到2013年，完美公司多次获得由中国食品安全年会（由海关总署、国家工商总局、国家质检总局共同主办）颁发的"中国食品安全十强企业"称号。

古润金认为，每一个人都是不同的个体，但作为一个企业，所有人必须齐心协力，以责任约束自我，加强服务意识，才能实现稳健发展。为此，完美公司将2016年确定为"服务提升年"，注重"以服务强管理、以管理促发展"，由内而外地提升服务质量，构建全方位的服务体系。

据悉，完美公司拥有强有力的渠道资源与发展平台，遍布全国的万余家服务中心、竞争力强的经营体制、忠诚度高的消费群体，这些都是"互联网+"时代完美公司的重要优势。古润金表示，以顾客为中心、以产品为基础、以服务为导向，挖掘和推广深度服务，才能更好地为社会创造价值，为消费者缔造完美生活。

从创立之初，完美公司以"顾客至上"为出发点，不断创造良好的市场经营环境，寻找利益共同点，达成相关方价值观统一，确定目标和发展方向，从而确立企业愿景和使命。作为侨界优秀侨领的完美公司董事局领导，古润金长期将中国伦理哲学应用于现代企业经营管理的实践之中。当然，完美公司企业文化形成的过程也是全体员工倾情参与、建言献策、身体力行的过程；同时也是所有顾客、合作伙伴及其他相关方深情关爱、尽心呵护、共同见证的过程。

20多年的历练与积淀，完美公司的"根文化"打造了完美人生的丰厚底蕴，奠定了完美公司的企业文化：以"百年完美，全球完美"为企业愿景；以"建立完美事业，拥有完美人生"为企业使命；以"关怀、分享、诚信、责任、品质、服务"为企业核心价值观，不断履行企业社会责任。

侨商情怀　助推"一带一路"

近年来，国家提出共建"丝绸之路经济带"和"21世纪海上丝绸之路"（简称"一带一路"）的战略构想，发展中国与沿线国家的经济合作伙伴关系，将有助于实现政策沟通、设施联通、贸易畅通、资金融通、民心相通，共同打造政治互信、经济融合、文化包容的利益共同体、命运共同体和责任共同体。

"'一带一路'沿线的华侨华人是连接中国与周边国家的桥梁和纽带，也是推进'一带一路'建设的强大民间力量，他们将扮演非常重要的角色。"古润金表示，建设"一带一路"是海内外侨胞的共同心愿。东南亚华侨华人实力雄厚，拥有成熟的商业网络，熟悉中国以及住在国的语言、文化、国情和乡情，"一带一路"建设将为广大侨胞提供难能可贵的发展机遇。

中国文化行——完美江苏营开营

作为马来西亚的第三代华裔，古润金在回忆海上丝绸之路对马来西亚产生的影响时感触颇深。"古代的海上丝绸之路是一个经济带，马来西亚是海上丝绸之路的重要节点，那时候，中国将著名的茶叶、陶瓷、丝绸等，从福建途经马来西亚、印度，最终运达欧洲。而每个经过的沿线国家也因这条经济带而热闹起来。"

活跃在东南亚的华人，具有较好的经商意识。"马来西亚华人集聚地比较繁华，这与早期海上丝绸之路的发展有着密切关系。当年，很多祖籍在潮州的马来西亚华人，从潮州带来咸蛋、衣服等特色物品进行贩卖，在个体生意渐渐兴旺的同时，也活跃了马来西亚华人集聚地的经济发展。"古润金说。

古润金认为，虽然从目前来看，"一带一路"的战略方针更多是国家层面的交流，但对于侨商来说，也是可以搭乘"顺风车"做一些"顺路"生意的，如开发沿线的旅游、资源等。"回国投资发展有很多优势，我们可以把中国的技术带到马来西

亚，也可以把马来西亚好的东西带到中国。在这期间，侨商既是投资者，也是受益者；既是共建者，也是共享者。"

与此同时，古润金也在时刻关注着自贸区的发展动向。随着广东、福建、天津三地自贸区的正式挂牌成立，中国目前已经有了四个自贸区。业内分析称，自贸区是"一带一路"国家战略的着力支点，自贸区作为中国联通世界的管道，不仅可以在探索区域经济合作新模式上大有作为，而且可以通过其区域内的各类国际平台发出"中国声音"，因此可以在"一带一路"战略中扮演纲举目张的撬动作用。

古润金表示，自贸区的成立对经济发展具有战略意义，也是一个国家经济开放的重要标志。自贸区建设为"一带一路"战略实施添翼，加速"一带一路"愿景落地开花，这将掀起新一轮改革开放的高潮。借着"一带一路"战略和自贸区成立的契机，侨商也应该积极调整，紧抓这个利国利民的好

时间的船——2016 马中文化交流艺术盛典正式起航

机遇，争当新一轮对外开放的排头兵和创新发展的先行者，为推进国家改革开放与现代化建设、促进世界和平与发展作出更多的贡献。

他还认为，华侨的命运与中国的命运紧紧相连，这种联系最突出地体现在文化传承上。"一带一路"战略为广大侨胞提供了难得的发展机遇，通过华侨华人与住在国不同群体保持良好的联系，可以将"一带一路"打造成文明交流、国家合作的和平通道和友谊桥梁，进一步促进中华文化在丝路沿线各国遍地开花。

2012 年 8 月，完美公司与中山市政协共同将"大型交响史诗《孙中山》"引入马来西亚首都吉隆坡巡演，获得巨大成功，两国领导与嘉宾都盛赞这次演出超越了国籍，超越了时空，让中马友谊上升到了更高的境界。为纪念孙中山先生诞辰 150 周年，2016 年 11 月，"大型交响史诗《孙中山》"再次走进马来西亚，进行巡演。古润金认为，在海

外华侨华人心中，无论身在何处，每一个华夏儿女都有一颗中国心，我们的根都在中国，我们会自始至终与中华民族同呼吸、共命运，为实现中国梦而竭尽所能。

"许多海外华侨华人都有浓郁的'乒乓情结'，乒乓球也承载着侨胞们的梦想与骄傲。"古润金说。2015 年，完美公司向马来西亚乒乓总会捐赠 500 万马币，冠名支持 2016 年世界乒乓球团体锦标赛，希望借此推动乒乓球运动在马来西亚的发展，进一步促进中马体育事业友好交流，为丰富"一带一路"战略的实践内涵提供有益的尝试。

与此同时，在 2016 年世乒赛举办期间，完美公司还在马来西亚当地举办"时间的船——2016 马中文化交流艺术盛典"活动。据悉，此次活动是以马中文化交流为主旨的跨界、跨国大型文化艺术公益活动，充分展现了中马两国在文化、艺术、体育、旅游、公益等领域的交流发展，为两国人民乃

至全球民众烹制一道不可多得的文化大餐，共同建设"一带一路"的繁荣新景象。

"文化交流是马中两国友好发展的重要基石，在'一带一路'大战略的背景下，完美公司希望发挥侨资企业的独特优势和作用，通过开展系列友好交流活动，为中马文化交流、创新和发展贡献更多力量，进一步巩固两国的传统友谊。"古润金说。

以侨为桥　促进中外交流

除了担任完美公司的董事长，古润金还拥有诸多头衔，如广东省政协第十届、十一届委员会特聘委员、中国禁毒基金会副理事长、中国青少年发展基金会理事等，不过他更看重的则是马中友好协会署理会长。

"马中友好协会"的职责是推动两国之间的文化、经济、教育等各个领域的交流和往来，担当政府与社会、群众与社会的桥梁和纽带，成为凝聚和团结当地华人华侨的重要力量。古润金认为，中国提出"一带一路"大战略，将使未来马中的交流更为频繁和紧密，只有所有的中华儿女团结统一、同心同德，才能共同书写中华民族发展的时代新篇章。

在建设"一带一路"的过程中，语言是基础，是桥梁，更是机会。华侨华人通晓中外语言文化，熟悉地域风土人情，具有融通中外的独特优势。海外上千所华文学校，可以为"一带一路"建设培养更多的双语人才，并通过中国语言文化的教育和传播，实现更有效的人文交流和对接。

"我们要学好中文、用好中文，这对 6000 万华侨华人意义重大、影响深远。"古润金强调，华文教育事业关系着中华文化在海外的传承。拓展海外华文教育，有助于加快打造"一带一路"人文交流的前沿平台，以及中华文化遗产的开发和保护平台，也有助于增强区域文化交融，促进中外民心相通，扩大互利共赢的合作基础。

正因为如此，在古润金的带领和参与下，完美公司也积极推动华文教育的继承与传播，先后向中

中国女队第 20 次举起考伦比杯，大马乒乓总会会长古润金为中国队颁奖

国华文教育基金会捐资 8500 万元人民币，用以发展海内外华文教育，如：华裔青少年中华文化传承（夏、冬令营）、华文师资培养工程（教师培养及奖助学金）、传统节庆文化拓展工程、暨南大学校区建设等。

2011 年，古润金亲自组织带队回祖籍国参加"马来西亚华教精英中国完美行"活动；2012 年又参加"八闽文化走进泰、马"活动，他希望通过自

己的行动,影响和带动当地华人社会关心华文教育、参与华文教育。"我把华文教育植入到'一带一路'沿线国家中,因为这不仅是经济带,也是文化交流的纽带。"古润金说。

此外,古润金和完美公司还积极开展了众多中外交流活动。如:支持"加油! 2008 希望工程快乐体育运动会",让海外儿童到中国来,与中国的希望学校青少年一道,共同为灾区、为北京奥运会加油;捐资百万建广东华侨博物馆,推动华侨文博事业发展;组织马来西亚国家青少年乒乓球代表队与中国女乒切磋球技,促进两国体育文化交流,增进双方友谊……

在时代的洪流中奋楫前行,古润金和他的完美公司始终怀揣一颗赤诚的"侨商"之心,秉承"同根同源,血脉相连"的同胞精神,以侨心、侨情、侨智、侨力,共同弘扬侨商爱国爱乡的民族情怀,传播中华民族优秀的传统文化,努力将"一带一路"打造成文明交流、国家合作的"和平通道"和"友谊桥梁",在一次次的探索与创新中,演绎出别样的精彩,让中国梦想更加"完美"绽放。

桑梓情浓,初心不改。20 多年来,在爱与责任的美好氛围中,古润金把爱心注入企业肌体的每一个细胞,将产业发展和公益慈善融合为一个有机整体,身体力行地走在慈善公益事业的前沿,无数次慷慨解囊,为社会排忧解难,不断演绎出慈善家的别样精彩。

红色党建　领航企业发展

改革开放以来,我国非公经济从无到有,逐渐壮大,成为推动经济蓬勃发展的重要力量。在非公企业中开展党建工作,不仅是新时期加强和改进党的思想政治工作的需要,而且是企业自身抢抓机遇、加快发展的需要,对于促进社会和谐稳定、经济繁荣发展等都有着重要的现实意义。

"中国共产党是中华民族伟大复兴大业的推动者、领导者和组织者。在新的历史时期,注重将党的科学发展理念融入到企业文化建设之中,能把华侨华人振兴中华的强烈意愿与实现'中国梦'更好地对接起来,用共同的价值观凝聚起发展的正能量。"古润金表示。

作为侨资企业、非公企业的一员,完美公司在稳健发展的同时,积极响应党和国家在非公企业开展党建工作的号召,于 2003 年在中山总部设立首个党支部。2014 年 10 月 15 日,完美公司成立中山市首家侨资企业党委,有力地推动完美公司的企业发展及党组织建设迈上一个新的台阶。如今,完美公司已设有总部党委、工会、关工委、纪委等组织,并在全国各地先后成立了 34 个党支部,现有党员近 300 名。

2014 年 12 月,完美公司党委召开"学习习近平系列讲话、四中全会精神报告会",会议邀请了中共广东省委党校专家作专题辅导报告,完美公司总部 120 名党员及部分员工代表参加学习。完美公司党委表示,深入学习社会主义法治精神,将法治理念融入企业党建工作,为推进企业健康发展和依法治国进程凝心聚力,攻坚克难,扎实奋斗。

每年,完美公司党委通过组织开展内容丰富、主题鲜明的庆祝"七一"系列党建活动,以党心落实行动,以行动感怀党恩,努力推进党的群众路线教育实践活动,进一步抒发了侨资企业爱党、爱国、爱家乡的赤子情怀,更在"创先争优"中激发了基层党组织的生机与活力。

在十多年的党建实践中,完美公司各级党组织

完美总部党委开展庆"七一"系列党建活动

围绕经济社会和企业改革的发展实际，通过定期开展入党积极分子培训、学习报告会、专题党课、组织参观学习等形式，将党的基本理论、路线、方针、政策与企业文化的精神理念、规章制度、愿景、目标等理念相结合，发挥党员作用，带动全体员工参与学习的积极性，为企业成长营造健康氛围。

通过丰富党建活动载体，深化教育实践活动，调动党员职工思想进步的活力，用创新的思路驱动党员职工不断追求服务与管理的新境界，形成了整个团队的向心力、凝聚力和战斗力，不仅实现了侨资企业党建工作的创新突破，而且进一步理顺了企业内部的运行体制和管理模式，让企业经营管理的

职能和党组织服务基层的功能相得益彰，使非公党建成为助推企业健康发展的"红色引擎"，不断释放基层党建工作的澎湃动力。

新常态下要有新思路。完美公司党委表示，以改革创新的精神和求真务实的态度推进基层党建工作，充分发挥基层党组织推动发展、服务群众、凝聚人心、促进和谐的作用，助推企业发展对接"一带一路"战略，促进中外民间友好交流与合作；乘势走进"互联网＋"，提速健康产业发展；积极推动万众创业创新，为大众提供更多创业、就业机会，以创新驱动转型升级，共建、共圆美丽的"中国梦"。■

释 妙 乐

她，求法问道、苦修实证30年——11年三步一拜朝礼名山祖庭，3年坐洞，7年闭关，9年面壁，潜心佛法；她呕心沥血，修建了庐山铁佛寺、黄梅妙乐寺等10座寺院；她慈悲济世，为社会公益事业捐助3.5亿元人民币……这一串数字的背后，体现了一位佛门大行者圆融无碍的智慧境界，无我利他的精神品格，爱国爱教、爱党爱民的真实情怀。

她就是妙乐法师，现任湖北省政协委员、江西省宗教文化交流协会副会长、九江市宗教研究会会长，湖北省佛协副会长，庐山铁佛寺、黄梅妙乐寺方丈。

爱国爱教　　慈悲喜舍

—— 湖北省政协委员、庐山铁佛寺和黄梅妙乐寺方丈释妙乐

　　佛教的教义是利乐有情，想人所想，急人所急，在经济、政治等方面与社会相容相依。作为与共和国同步成长的一位古稀老人，妙乐法师生长在革命的家庭，亲历抗日战争、解放战争，4 岁时曾借送饭之机帮助作为地下党的小叔送过情报，对党有着深厚的感情。

　　妙乐法师不断学习党的理论和政策，用党的思想理念，指导佛教入世的利生事业；同时，用大乘佛教的精神，协助党和政府办实事，担负起一份宗教人士的社会责任。"心正无愧天地，褒贬自有春秋"。妙乐法师把寺院作为爱国爱教、回报社会、回报党恩的一个平台，多年来，在灾害赈济、助学养老、扶贫助困、医疗卫生、生态环保、社会公共设施建设等方面，洒满了无尽的爱心。近 20 年来，妙乐法师为慈善公益事业捐款已逾 6.5 亿元。

持之以恒弘佛法

　　妙乐法师俗姓王，湖北省黄梅县小池镇王家埠人氏，家中四代信佛，1940 年出生。父母本想把她像儿子一样养大，取名"玉荣"，不料 8 岁时，得缘拜见禅门泰斗虚云老和尚，自此云居一晤，开始一心向佛。1955 年 4 月，妙乐法师在虚老座下剃度出家，法名宽净，同年 9 月受具足戒。几年后受时局所限，僧尼皆返回社会参加工作。但虚老言传身教如同烙印般铭记于心，几十年来，妙乐法师的向佛之志、修道之心都不曾动摇。

　　从 1964 年始，妙乐法师开始三步一拜，朝礼名山祖庭，历时十一载。途中备历艰辛，曾断粮九天，鞋子也磨得只剩前面一半，却矢志不渝，正

如她偈语中所写："人间风霜苦受尽，芒鞋踏破海连天。"朝山途中，适逢"文革"毁佛焚经，妙乐法师冒险搜集佛经三千余册，妥善保管，等到"文革"后，即辗转将重要典籍付梓流通，为保护优秀传统文化尽了一己之力。

　　1972 年 8 月，时名宽净的妙乐法师在九华山与印空老和尚结师徒之缘，1974 年重新剃度，称名妙乐。随后，印老带高徒游历全国，参学高僧大德，到福建西禅寺，普雨法师劝之"安养"。于是，妙乐法师在九江市闹市中闭关七年，一字一拜《法华》《华严》等大乘经典，四肢沥血，关房水泥地面磨出了两个凹坑。妙乐法师还血书《法华经》七卷；效古德念豆儿佛，仅以黄豆为食；禅定念佛，浑然忘我，过度劳累，乃至一度左眼失明。

妙乐法师入选中国大陆慈善家排行榜

二十多年的虔行砥砺，妙乐法师廓然洞悉了佛陀创教的度生本怀，深深体悟了虚老付嘱的婆心切切，心中默然担当起此生任重道远的弘法事业。

1985 年，妙乐法师完成福建普闻寺的修建后，被弟子们请回九江，重建千年古刹庐山铁佛寺。她白天一薯一水，足迹踏遍山岭溪涧，勘察地形；夜间栖身洞中，铺草为座，一坐三年，建寺蓝图了然于心。后经政府批准，妙乐法师担负起铁佛寺的中兴重任。

1988 年 8 月，妙乐法师率弟子上山奠基。为求得水源，法师在山石上入定坐了九天九夜，炸山挖泉；没有路，就用炸平的两座 20 多米高的山石铺出路来；没有电，就打着火把在陡峭山路上运送钢筋水泥。

妙乐法师白天领众劈山垒石，接众讲法；夜间诵经回向，子时开始面壁立禅 4 个小时，以惊人的毅力坚持九年之久，终至功行圆满。

现如今的庐山铁佛寺，依山就势，蔚为大观，19 座殿堂层层重重，点缀在青山秀谷中，占地 210 亩，一度成为江南最大的尼众丛林。

此外，妙乐法师又修建了黄梅妙乐寺、杭州大雄寺、贵州云仙寺等十座道场。多年来，法师还向其他宗教团体和宗教场所捐赠达 6000 多万元，用于道场建设、襄理教务，以期五教同光，共致和谐。

妙乐法师与时俱进，圆融普度，从来不收门票，把寺院作为爱国爱教、回报社会的一个平台。法师善于开导众生，关心众信弟子的身心安乐，弟子冷了、饿了，法师都及时送衣送食，赢得弟子们的爱戴与恭敬，都把法师视同父母。朝暮宣大乘，唤醒世迷津，法师累病了打着吊针还在工作，不舍一人，不废一事。法师经常教育弟子，千里烧香还要堂上尽孝，学佛首先要把堂上二老这尊"佛"敬好。婆媳关系不好的变好了，几十对离异夫妻破镜重圆，和谐了家庭，稳定了社会。

与世相融报党恩

佛教的教义是利乐有情，想人所想，急人所急，在经济、政治、文化等方面与社会是相容相依的。作为与共和国同步成长的一位古稀老人，妙乐法师生长在革命的家庭，党和政府落实了宗教政策，法师才得以重返佛门。这些真切的人生体验，使妙乐法师对党有着一种朴素的知恩图报的情怀。她发愿担负起佛门人士的社会责任，协助党和政府完成不同时期的历史任务与发展目标。妙乐法师认为，人间净土，与共产主义，二者是相辅相成的。

妙乐法师立场坚定、旗帜鲜明，对于党的号召雷厉风行。1997年香港回归前，法师在当地走访慰问，在菩萨面前跪地七天，祈祷顺利交接；1998年在"大悲咒讲解法会"上，妙乐法师义正词严，揭穿"法轮功"邪教本质，得到中国佛教协会宽忍法师的赞赏；1999年美国轰炸我驻南联盟大使馆，事态危急，法师一心用功，连洗脚时倒开水，小腿皮

妙乐法师共捐款物达6000万元，帮助湖北省黄梅县吕咀村推进新农村建设和优秀党员干部人才培养。图为妙乐法师为村里组织的"学习落实科学发展观及新农村建设集中学习会议"

2012 年 5 月 18 日，妙乐法师向九江市政府捐赠 1 亿元

肤烫掉了都不曾察觉，她举办法会谴责北约暴行，祈祷世界和平，超度烈士……

妙乐法师始终关注党的事业，一直与党中央保持高度一致。早年，法师曾把庐山铁佛寺云水堂作为当地党员活动站。近年来她又订阅党报、党刊，坚持三年自学党的思想理论，连续几届荣获中共中央党校报刊社"热心读者"。法师还带领大众学习邓小平理论及"三个代表"重要思想和科学发展观，在寺院设宣传栏，提高僧俗大众的政治觉悟。

在妙乐法师支持援建的吕咀新农村里，法师还积极协助当地的村级党组织建设，培养自主操作和管理新农村建设的人才。2007 年，法师出资 200 多万元修建"党员群众活动中心"，实现村级办公自动化，并在大楼里设立了敬老院、村文化中心。在镇党委的支持下，在村文化中心开办"新农村建设

培训班"。2010 年，吕咀村被列为湖北省唯一 一家"党员远程教育示范基地"。

妙乐法师利用寺院这个平台，继承和发扬民族传统文化，广结善缘，凝聚多元力量，致力和谐共进。近几年，每逢"三八妇女节"，市人大、政协、妇联等单位的巾帼精英们就会来寺里看望法师，共庆节日；60 余名武警战士退役前，专程来寺向"英雄母亲"道别，妙乐法师说法三个多小时，嘱咐官兵把部队精神带到地方，努力为人民服务……

妙乐法师是从基层成长起来的 20 多年的老政协委员，提出了许多诸如"加大对龙感湖国家级湿地自然保护区保护力度"等优秀提案，以肝胆相照的情怀为当地建设贡献智慧和力量。2012 年 5 月，法师向九江市政府捐赠 1 亿元人民币，用于推动慈善公益事业，以实际行动迎接党的十八大胜利召开。8 月，在佛门盛大的盂兰盆会上，法师又带领

弟子再度发下豪迈誓言：为党、为祖国、为人民奋斗终生！

慈悲喜舍利有情

20世纪80年代以来，中国佛教协会前会长赵朴初先生一直把"人间佛教"思想作为佛教发展的方针。妙乐法师正是以大乘入世的精神，继承和发展了人间佛教思想，致力创建和谐喜乐的人间净土。妙乐法师认为，佛教不是生存在脱离人民群众的空间里，应该发挥自己的智慧和能动力量去创造价值，为国出力，为民排忧，解燃眉之急，不为名利，不求回报。社会和谐，国富民强，佛教也顺世进步发展，才能使正法久住。

妙乐法师把这种信念落实在行动中。建寺同时，她帮助周边村民修路修桥，安置村民在寺内就业，每年三个主要节日都要走访慰问当地八家敬老院。近年来，妙乐法师出资近百万元为庐山区赛阳敬老院修路、修建康乐中心等，改善了老人们的生活条件。2008年开始，她又出资1700多万元扩建了铁莲路，促进当地旅游业发展。

妙乐法师关注民生，近二十年来，在灾害赈济、助学养老、扶贫助困、医疗卫生、生态环保、社会公共设施建设等方面，洒满了慈愍无尽的爱心：1998年，为下岗困难职工解决暂时困难，献爱心送温暖，捐资百万；1999年，向安徽省的受灾群众，捐助200万斤大米；2002年，向九江市政府特困职工救助中心捐赠；2005年至2006年，向九江市残疾人福利基金会等机构捐赠；2006年至2007年，向九江市爱心慈善总会及各级红十字会扶贫

2008年5月18日，妙乐法师向四川地震灾区捐助赈灾款物200万元

妙乐法师走访慰问庐山区各敬老院

妙乐法师每年主要节日都要去敬老院慰问

助困捐赠；2008 年，向中国国际龙狮精英赛组委会捐赠；2009 年，在"十村百户"对口帮扶活动中，向湖北省民宗委捐赠；2010 年以来，陆续向鄂、赣、京等地医疗机构捐赠；2011 年，为救助艾滋孤儿，向中国红十字基金会捐赠……目前法师已捐献善款 6.7 亿元人民币。

妙乐法师认为，僧人也是社会公民，我们不能陶醉在自我解脱的境界上，必要时也要站在一线，利益安乐众生。1998 年，九江特大洪灾，妙乐法师果断停下铁佛寺大

江西庐山铁佛寺向四川小金县捐资捐物仪式

庐山铁佛寺释妙乐住持为四川地震灾区重建校园向阿坝州小金县教育局捐
人民币 壹佰万元整
物品价值 伍拾万余元
江西省九江庐山铁佛寺
日期: 2008年6月 日

2008 年 6 月，妙乐法师向四川地震灾区阿坝州小金县重建校园捐款物 150 万元

妙乐法师在捐建的教学楼前与孩子们在一起

雄宝殿的施工，全力救灾。她组织居士运送救灾物资，腾出客房安置灾民。两个月的时间，捐款24次，捐赠金额387万元。

2008年，汶川地震。妙乐法师两次驱车北上，向中国红十字总会捐赠200万元的现金和物资。随后又亲赴灾区，以古稀之年连续驱车30多个小时，下车时双腿已站不起来。法师为地震灾区共捐助款物500多万元。

建设小康社会、缩小城乡差距，一直是我国的大政方针。1995年，黄梅县政协和吕咀村民邀请妙乐法师考察了村后一块废弃窑场、坑凼坟丘，希望她能变废为宝，建座寺庙，为穷乡僻壤

带来旅游收入，为佛教大县再添一座禅宗道场。想起40年前，13岁的她替父亲挑着重重的箩筐，用7个小时走完10多里路的情形，看到家乡依然是一车宽的厚厚村土路，饮用的是沟渠污水，这里太穷、太苦、太落后了！妙乐法师决心创建道场，心系"三农"，解救这方百姓。她发愿先为村民办几件实事：先建起新校舍，再修桥、铺路。装电灯、安自来水、绿化植树。四年的时间，建成69条路、8座桥，改建厕所120个，把电和自来水都接到了吕咀村每家每户，帮助村民交还公粮税费累计近百万元。她把对村民的承诺变成了现实。

为了让家乡能够可持续发展，妙乐法师倡议成立了"吕咀新农村建设管理委员会"，并出资为

妙乐法师修建的妙乐寺

妙乐法师出资 1000 万元建设黄梅小池镇文化活动中心

妙乐法师农禅并重，指导僧人种植人参

村里购买了现代化农业机械和车辆，成立了妙喜富民食品有限公司，帮助村民朝着共同富裕的目标迈进。2012年，法师再次出资100万元，支持对妙乐寺周边新农村完成了重新规划，并计划捐助数亿元用于规划中的生态农业观光园、旅游区、会展中心、居民区、商业中心等八个园区项目。

半个多世纪的佛门历程，妙乐法师虔心修行，自奉甚严，少食少眠。她带领弟子农禅并重，开办素菜馆、服装厂、食品厂等，自劳自养，把节俭下来的钱用在社会最需要的地方。

妙乐法师空身空心，修无为法，几十年奉持银钱戒，不错因果。法师心中没有自己，喝茶吃饭都要靠侍者提醒。但是，大众的事、常住的事、天下的事，都装在法师的心里。

"心正无愧天地，褒贬自有春秋"。社会各界高度评价妙乐法师"爱国爱教爱九江"的善行义举。妙乐法师以其苦行实证的菩提觉行，感动、感化、感召四众弟子自觉地走爱国爱教、与社会主义社会相适应的道路，凝聚力量，为促进社会和谐、经济发展、文化繁荣贡献力量。■

邝
美
云

　　港姐、歌手、演员、老板、政协委员、慈善家……诸多的身份集于一身，她游刃有余，每样事情都做得风生水起——她就是邝美云。告别演艺圈转战商界，身份的成功转换，铸就了一段传奇人生。打拼了多年之后，从前的"邝美人"美丽依旧，岁月仿佛格外厚待她。事业有成、身家上亿，在别人眼中，她完全可以功成身退，享乐人生，但是如今她所追求的不是挥霍财富的人生，而是去做一名"终身义工"，用爱心和智慧绽放一个女人最夺目的美丽。

　　近年来，邝美云为捐资助学、支援灾区等慈善公益活动捐款 2000 多万元，但她说："做慈善并不是仅仅给钱那么简单，精神上的给予才是最重要的。"

愿做终身义工　　绽放夺目美丽

—— 江西省政协委员、国际佛光会香港协会会长邝美云

在香港素有"邝美人"之称的邝美云天生丽质，可她却说："美的根源在于一颗欢喜的心。如果失去了气度，精神紧张，怎么也变不成美人。唯有心怀感恩，才能健康快乐、光彩照人，美丽一生。"尽管邝美云的事业主要在香港，但这些年她一直在内地西部贫困地区访贫问苦，捐资助学，广结善缘。自2003年11月邝美云在九江云居山捐建了首个"邝美云佛光小学"后，她捐资建校的热情便一发不可收拾，相继资助了国内多个教育项目。以她个人名义捐赠修建的中、小学和农民工职业培训学校就达35所，超过10万学童受惠。每年有数百个贫困大学生因邝美云的捐助而得到宝贵的学习机会。

人生的华丽转身

1982年，19岁的邝美云在香港小姐选美比赛中获得亚军，随即进入香港演艺圈，开始发展歌唱事业。从1985年推出第一张个人专辑《再坐一会》至1997年，邝美云共推出唱片30余张，单张专辑销量曾突破90万张，其中《容易受伤的女人》《我和春天有个约会》等歌曲至今广为流行。此外邝美云还尝试影视剧的拍摄，出众的外貌和独特的歌声让她成为当时红遍两岸三地炙手可热的明星。

出道之后，虽然邝美云的发展一帆风顺，但是她却始终难忘儿时的窘困。儿时的邝美云家境并不富裕，自小和家人蜗居在旺角一厅两房、30平方米

的小房子里。她曾说："我和阿姨一起住在阁楼上，有时候看到老鼠和蟑螂从身边跑过，我都没有办法避开，因为阁楼的床窄得连翻身的空间都没有。"她读五年级时，母亲患上血癌和乳癌，父亲当年在麻将馆里做会计，没时间照顾邝美云和弟弟。她每天放学后都要赶回家做饭，然后把饭送到医院给妈妈。有一次牙痛，邝美云想从爸爸那里要20元去拔牙，但爸爸要交水费和房租，没钱给她，最后还是阿姨为她垫钱治病。

儿时的经历让邝美云对投资和经商有了浓厚的兴趣，在演艺事业发展到最高峰时，她毅然选择转战商界，接受新的挑战。很多人为她扼腕叹息，但是绚烂的舞台只是她人生的一部分，对于自己的转

2010 年，邝美云慈善事迹入选"善行天下·政协委员慈善公益事迹展"

炒楼赚了很多钱。当时的最高纪录是她手里有十套房子，每月供款达到七位数，为了还贷她频繁地到美国、加拿大登台赚外快。回顾这段日子，邝美云笑言："那段时间自己就像赚钱机器，连轴转着演出赚钱。"1996 年楼价尚在高位时，她明智地把所有房子都卖了。因此 1997 年金融风暴来临，邝美云幸运地躲过一劫。

在投资界初试身手后，邝美云将目光投向了珠宝生意。为此，她特意前往美国，用一年多时间拿到了美国珠宝学院（G.I.A）颁发的珠宝鉴定文凭。有朋友劝她："又没有谁规定珠宝店老板一定要有文凭，你又何必去吃那个苦？"邝美云却说："如果我不懂珠宝鉴定，那我怎么对顾客负责呢？"回国后她斥巨资开设个人珠宝店。因为她的认真负责，珠宝店的生意越来越红火，吸引了很多回头客，许多艺人朋友也成了她珠宝店的常客。

行，她只是轻描淡写地说："我觉得自己达到某一阶段，想尝试别的行业。"她将唱歌赚来的钱投资到房地产中。她当歌手时合约是数百万港元，而 20 世纪 80 年代，一间 200 平方米的房子只需 100 多万元，还可以做九成按揭。那时候邝美云开始买楼，第一间房子是用 50 多万元买的跑马地山盛大厦，首期只要几万元。由于投资眼光独到，邝美云

从在演艺界打拼奋斗的明星再到叱咤商界的女强人，邝美云不断努力，不断超越着自己，就像她所说"以前唱歌觉得很受伤，因为我总是在唱那些伤感的情歌，像《容易受伤的女人》每次唱完，心情都会很压抑。但我是一个天生很乐观的人。"她用她的乐观、感恩改变了自己的人生，实现了一次成功的飞跃和转型。但是这不是终点。她表示自己不喜欢回顾，人生就应该不断

地往前看。这不仅给她带来了事业的进取，也让她在慈善的路上一往无前。

心系学童　热心公益

自身的经历让邝美云更懂得帮助别人的快乐，她说："慈善是一颗心，每个人，每一天都可以做。从小时候起，我就做义工，参加各种活动，去帮助别人，经常到老人院、儿童福利院去看望老人和儿童，给他们带去礼物，带去欢乐。"在演艺圈成名之后，邝美云经常参加一些义演和义唱，帮助慈善组织募捐善款。

2003年，邝美云开始关注内地贫困学童。她

出资在江西九江永修县云居山下修建了一所学校，从此后的近十年间，以"佛光邝美云"命名的学校陆续在安徽、湖北、宁夏、甘肃、重庆等省、自治区、直辖市的贫困地区竣工，多达44所，超过十万孩子受惠，得到了宝贵的读书机会。而邝美云的足迹也随着学校的建立遍布全国。无论有多忙碌，无论路途有多遥远，每一次学校的竣工典礼，她都会亲自前往和孩子们交流，有时还亲自担任授课老师。谈及她所资助的孩子们，邝美云直言，看到他们重新绽放灿烂的笑容，她自己的心中就充满了极大的快乐。学生们经常会给她寄来一些信件或自己画的图画，每每收到这些礼物，邝美云总是十分开心。因为孩子们寄来的东西非常多，为收藏这些"礼物"，她还特意建了一个很大的仓库。孩子

2012年1月5日，邝美云获香港理工大学颁授大学院士荣衔，以表彰她多年来对社会的卓越贡献

2010 年 9 月，邝美云参加广东省红十字会第六次会员代表大会时留影

邝美云说，她特别喜欢孩子，看到这么多小朋友能够通过教育改变命运、健康快乐地成长，是她最幸福的事。对于资助的孩子们，邝美云说："我不希望只是捐钱，而希望用心、面对面地跟孩子们交流，让他们知道有很多人在关心他们，希望他们能健康成长、回报社会。"除此之外，她还有着一份特殊的期盼："我不期望他们将来大富大贵，我只希望他们都能有一颗善良的心，有一个快乐的人生。"

2005 年 11 月，江西九江瑞昌发生 5.7 级地震，许多学校成了危房，邝美云立即捐赠 260 多万元帮助九江改建中小学校，并且顶着风雪，亲赴九江给孩子们送去了 2000 多床棉被和一些帐篷。"我当时是陪同美云女士去的，亲眼看见她毫不在意地走在泥泞的小道上，穿梭在学校的危房中，这确实让当地的老百姓非常感动。大家真想不到这样一位光彩照人、难以企及的香港明星，此时会如此亲切、真实地站在平民百姓之中。"江西省政协副主席王林森感慨道。

们带给邝美云的，除了这些礼物和内心的快乐，还促进着她本人的进步。"每次学校落成时，他们会请我回去题字。但我以前没学过书法，不会写怎么办？只好去学！"邝美云说是这些孩子逼着她变得更加聪明。她现在已获得香港城市大学进修书法艺术教育专业文凭，无论走到哪儿，她手边一定会带着一本书，为的是给孩子们多讲一点故事。

2008 年初，江西遭受了历史罕见的雨雪冰冻灾害，邝美云第一时间向受灾地区捐赠棉衣棉被，并在黎川建了多所希望小学、中学。

2008年5月12日，四川汶川发生特大地震灾害后，同胞们流离失所的惨痛，痛失亲人、朋友的刻骨伤痛，以及灾区惨烈的景象，深深震撼了邝美云。她在第一时间发动周围的朋友向灾区捐款捐物，她自己也捐出价值约300万港元的15件珍藏品来助力四川赈灾。当时许多校舍都在地震中倒塌，邝美云之前援建的学校都幸运地保持完好，孩子们也都安然无恙。但是邝美云并没有因此放下心来。她不顾繁重的工作，马不停蹄地赶赴灾区考察灾情，慰问受灾群众和看望学生。

2008年12月7日，邝美云冒着摄氏零下20多度的严寒，深入甘肃省陇南市徽县地震灾区了解情况，捐赠210万元人民币教育善款和1000床棉被，并决定在甘肃建立10所希望小学。"当时，我们住宿在天水市，酒店里没有暖气，在零下十多度的气温下，我把所有御寒衣物都穿在身上，再盖上棉被，仍冷得直发抖，完全不能入睡。"邝美云回忆说，"但当我想到不少灾民还要露宿野外，承受的寒冷不知道是我的多少倍，我告诫自己应该抓紧时间入睡，明天才有精力把棉被早点奉送给灾民们。不一会儿，果真睡着了。"她说："援助灾区应该是一个持续性的工作，要不断地援助一些需要帮助的省份。相对四川来说，甘肃是一个'被遗忘的灾区'。身为江西省的政协委员，我有必要代表江西去关心和帮助别的省份，作为中国人，我们一定要关心自己的同胞。"

虽然不是江西人，但是身为江西省政协委员，多年来邝美云一直在江西贫困地区捐资助学，并援

邝美云在内地共捐建了35所中小学校

"每天微笑面对每一个人",是邝美云的一种人生态度。图为邝美云与孩子们一起微笑

建农民工技能培训学校,为江西的教育事业作出了突出的贡献。除了关注教育,邝美云积极参政议政,希望能把自己关注的问题写成提案,让江西的人民生活得更好。

邝美云说:"用工作这么多年来累积的经验、金钱去帮助别人,是我一直以来觉得最值得的、最幸福的时候。"这大概是所有慈善者最好的注脚。

爱,在坚持中前行

2011年"郭美美事件"让中国红十字会陷入了前所未有的信任危机,也引发了公众对我国慈善机构的质疑。但是这没有影响邝美云对中国红十字会的信任。2011年8月11日,邝美云出现在广州中医院大学城医院,出席广东省"红十字博爱康复理疗中心"捐建仪式。该项目将依托各大医院分期建立20家康复理疗中心,完成每年为贫困患者提供免费治疗100人次的助困任务。捐建的"红十字博爱康复理疗中心"均配置高电位治疗仪10台,并按照统一标准配套相关设施及场地装饰,每套设备价值人民币48万元,20套设备总价值达960万元人民币。这也是自"郭美美事件"引发中国红十字会信任危机以后,中国红十字会接到的最大一笔捐赠。

"郭美美事件"后,红十字会一直处在舆论的风口浪尖和公众的口诛笔伐中,甚至影响到了正常的慈善捐款。在此情境下，邝美云挺身而出，这番行为虽也被少部分人认为是红十字会的危机公关策略，但是对于当事人邝美云而言，面对外界的质疑和争议声，她却显得格外坦然。她只是淡然地回应："我并不是很了解郭美美是谁，但我觉得一个这么大的慈善组织之所以存在，是经过很多人的努力，我们不能因为一点事情就把它全部否定。"对此，中国红十字会秘书长王汝鹏在接受采访时也特意表达了对邝美云的谢意，感谢她给予红十字会的信任与支持。

目前，我国慈善事业的发展面临着诸多困难和挑战，尽管有人对目前慈善事业的现状感到不满意，但是人们并不应该失去那份对爱的信任和期许。慈善是一项爱的事业，在邝美云眼中，做慈善的本质在于"四给"：给人欢喜、给人信心、给人希望、给人方便。在这个过程中，自己也会得到内心的满足。而且，只有亲力亲为，才能够将善心发扬光大，感染到更多的人。这也就是她为什么总是第一时间出现在受灾地区，总是身体力行到山区的学校里与孩子们为伴的原因。

起起伏伏 30 多年，邝美云对人生有着更深刻的体悟。她笃信佛法，相信做到"三好"和"四给"，就能广结善缘。如今的她感恩并充满了幸福，虽然工作忙碌，反而觉得很充实。她直言："服务和

邝美云捐建了 2 所农民工技能培训学校

邝美云每年都会为她捐助学校的学生寄送新年贺卡

奉献是最有满足感的。"这大概也是为什么尽管不再青春年少，但邝美云看起来却依然光彩照人的奥秘所在。而她的保养之道，最重要的一点就是：通过自己的努力让别人开心，这样自己才会保持心情愉快。"终身义工"是她最喜欢的称呼，行善让她快乐更让她美丽。■

陈
桥
顿

　　他从苦难中走出，积跬步而至千里，建造起直上云霄的事业大厦；他以诚待人，以人为本，时时处处关爱员工，凝聚人心；他对社会怀有难能可贵的慈悲之心，从企业盈利5000元起就拿出200元来帮助别人。为老百姓多做实事，是他朴素的慈善观；他深爱着自己的家乡，以及那片洒满汗水的土地，立意以诚挚的行动将家乡建设得更美，展现了一个有担当、有作为的企业家的风采。

　　他，就是全国劳动模范、全国爱国拥军模范、全国五一劳动奖章获得者、中国光彩事业奖章获得者、广东桥胜集团董事长兼总经理陈桥顿。

桥跨千仞志所趋　顿履万里怀苍生

—— 广东省政协常委、广东桥胜集团董事长兼总经理陈桥顿

有一种情感叫作感动，有一种力量叫作榜样，有一种慈善叫作坚持。"坚持"二字正是陈桥顿在拥军扶贫慈善生涯中的真实写照。

20 多年来，陈桥顿用自己的双手，用一颗大善之心改变过许多人的命运，也正改变着更多人的命运。受过他帮助的人形容他是阳光，帮他们照亮黑暗的命运。有人形容他是秉烛，可以温暖冰冷的贫穷。更有人称他是中国的榜样，是大仁大德，无私奉献的精神化身。截至 2015 年，他个人捐出的善款已超过 2000 万元。

"一个人不要等到很富了才去做好事，只要有点能力就行，帮人没那么难。"这样的慈善理念支撑着陈桥顿，让他在慈善之路上继续坚持奉献着……

心有桃源　满目皆春

20 世纪五六十年代出生的一批人，他们是承上启下的一代，一方面，他们承载了饥寒交迫多灾多难年代的部分苦难，但另一方面，他们又幸运地迎来了改革开放，抓住这前所未有的新机遇，从而在不同领域大放异彩。1953 年出生于广东省惠州市惠城区沥林镇一个穷苦农民家庭的陈桥顿，正是这样一个从苦难中站起来，乘着时代的快车改变命运的典型，对于时代赋予的疼痛和机遇，他都有十分深刻的体验。他的童年是野菜与米汤充饥、衣不遮体的生活，同时，他也是较早一批在改革开放初期就抢占先机的企业家。

古人言："坚志而勇为，谓之刚。刚，生人之德也。"志气能够为事业的腾飞插上双翼。陈桥顿

祖父辈都是地地道道的农民，虽然挣扎于贫困线的家庭让他的起点比常人低，但是却从来没有改变他远大的志向。陈桥顿从小立志要改变命运，为家人遮风挡雨。不仅如此，年少的他还怀着怜悯苍生的想法，希望能够把家乡建设得更好。怀着青云之志的他从不怀疑自己能够以双手创造非凡的未来，并为他人带去温暖。

作为家里的长子，陈桥顿很早就担起养家糊口的重担，15 岁就辍学了。穷困的家庭生活也培养了他吃苦耐劳的品性，步入社会后，他发挥祖辈特有的勤劳、朴实、吃苦、耐劳的作风，利用劳作之余，通过自学兼向他人请教学会了编织竹箩、木工和砌筑工，挣点钱补贴家用。他还跟着村邻到外乡搞过副业，做过小贩，做过搬运，做过抹灰工。虽然生活如同布满疮痍的画卷，但是他总能苦中作

陈桥顿荣获全国劳动模范光荣称号

乐，看到生活的希望，还积极学习不同技艺。在这期间，陈桥顿慢慢磨砺成长，找到了适合自己的方向，也积累了一定的资金，为以后打下了坚实的基础。

1974 年，陈桥顿顺利通过激烈的竞争进入大队刚成立的建筑队。一年之后，作为队里最年轻的一员，他因以诚待人、吃苦耐劳、技术过硬、手艺全面，毫无悬念地成为建筑队长，向着即将显露的事业又迈进了一大步。陈桥顿立誓，要将建筑队带出样子，不负众望。

春风化雨　占得先机

1979 年，中国大地正酝酿着一场农村体制改革的暴风骤雨，陈桥顿似乎从远处的天际听到滚动

的闷雷。他敏锐地感觉到，搞建筑一定大有市场，并认定只要敢干、敢拼，就不愁干不出一番大事业来。为此，他组建了一支小建筑队，聘请了专业的建筑设计人员，南下闯深圳，前往改革开放的第一前沿阵地。彼时的深圳，各项基础设施建设开始轰轰烈烈地进行着。从此，陈桥顿揭开了自己壮丽的人生事业篇章的第一页。他始终不会忘记，当他听到一代伟人邓小平对中国改革开放的一声宣言时，那种激动喜悦的心情。

登山则情满于山，观海则意溢于海。虽然在深圳没有待多久，但是那种壮志凌云的场面也让他深受感染，相信自己也能够有所作为。1981 年，得知家乡惠阳也开始开发，为了更好地建设家乡，使人们走上共同富裕的道路，陈桥顿带领这支建筑队回到家乡。他热血沸腾，决心率领这帮兄弟们，走上

共同致富的道路。他马不停蹄地召集队员商议，又四处筹借资金和添置施工机械，经过一段时间的筹划，他们的建筑工程队临时成立了，他自任队长，带着这一班人走进了淡水镇，并很快承揽了第一个小建筑项目，获得了人生的第一桶金。

1985 年，陈桥顿成立了惠阳县第一个私营建筑队。此时，家乡的建设如火如荼，为了在激烈的竞争中站稳脚跟，陈桥顿给他的建筑队提出了"高标准规划、高速度建设、高效益发展"的"三高"发展目标。短短的时间，陈桥顿的建筑队在澳头、惠阳便以高速度、高质量、讲信誉而在同行业中迅速崛起，他勤快诚实，有技术头脑，很快赢得了同行和建设单位的信任。

从这一年开始，陈桥顿与港商合作，在惠阳等地先后创办了桥胜纸品厂、电镀厂、五金制品厂、电子厂，独资组建了土石方工程公司、建筑材料公司、建筑工程公司、桥胜实业公司等，跨上了多元化经营的第一步。

1993 年，惠阳县桥胜集团公司成立，这标志着一个多元化的现代私营企业王国的正式诞生。同年，公司又发展成为广东省 12 家省级私营企业集团之一的广东省桥胜集团。1995 年，在国家有关部门公布的 500 强民营企业中，桥胜集团赫然在列。1997 年陈桥顿的公司被广东省委、省政府授予"广东省先进集体""广东省先进私营企业"。公司连续二十四年被广东省授予"守合同重信用企业"；2010 年至 2015 年，连续被国家工商行政管理总局评为"国家守合同重信用企业"。

千淘万漉虽辛苦，吹尽狂沙始到金。事业上的创举，也让陈桥顿实现了自己人生的重大转折，完

陈桥顿慰问部队并捐赠电脑及办公用品

陈桥顿向惠州军分区捐赠科技办公用品

成了从包工头到企业家的蜕变。

涓涓细流　汇成爱海

陈桥顿常说："桥胜集团能有今天，全靠党的好政策，我陈桥顿有了些钱就要为公益事业奉献爱心，为老百姓多做实事。"陈桥顿时刻把财富看成是国家好政策的使然，是社会的给予，是人类共同的财富。他毫不掩饰自己是地道的农民，他说他是农民的儿子。他深爱着脚下的那片土地，更忘不了在他身后扶持他成长的父老乡亲，他以自己诚挚的爱来回报这片朴实无华的大地。

百年大计，教育为本。教育事业是他一向关心的事业。家乡有所小学经半个世纪的风雨侵蚀，已变得破旧不堪。他第一个捐资 15 万元，修建了一所当时沥林镇一流的泮沥小学，并为学校添置了400 套新的课桌配备 25 英寸大彩电、卡拉 OK 音响，另花 6000 元装上电话，还为老师配置一辆摩托车作为代步工具。为鼓励教师安心教学、学生勤奋学习，他又成立了"桥胜奖学基金"，每年捐出数万元，奖励品学兼优的学生、优秀教师和成绩优良的班级，并每月补给每位教师 50 元的津贴，这一做就是 26 年。此外，还资助内蒙古、河南、河北、湖北、广西、惠州、惠阳等各地贫困学生、失学儿童、残疾学生共 90 多人的学杂费；捐资惠州各地的学校；在广西捐资 30 万元修建两所光彩小学；2010 年 7 月和 2011 年 5 月，陈桥顿先后两次赞助180 万元与广东省军区共同兴建革命老区仲恺泮沥"八一"希望小学；2012 年捐赠仲恺中学 196 万元；

2016 捐赠沥林教育 30 万元。

　　陈桥顿还是拥军爱民的典范。先富裕起来的他，最大的遗憾就是没能成为一名军人。那无法挥去的军人情结，伴着他难能可贵的拥军之路，他心灵深处最惦记的是军队。连续 20 多年慰问部队，积极为驻惠部队做好事、办了一系列实事：修建训练场、阅兵道，改造翻新办公楼，改善厨房设备，赠送科技办公用品，报纸杂志等。1996 年，他倡议桥胜集团有限公司与惠州驻军某部结为双拥共建对子，开创了惠州民营企业与驻军开展共建活动的先例。每逢荔红果熟季节和建军节、春节等重大节日，陈桥顿总要买上几筐水果或杀几头猪到驻惠部队看望官兵。他知道部队官兵生活条件艰苦，每次去他都要给官兵们送上慰问金。每当部队外出驻训，陈桥顿都要发动私营企业家前去慰问，或送去一批生活用品，为驻训官兵鼓

劲加油。2013 年他捐助当地军烈属改善建房款 30 万元。20 多年来，陈桥顿的付出年复一年，雷打不动，累计投入 400 多万元为驻军解决实际困难，先后和 7 户生活困难的军烈属建立了扶助关系。不管工作多忙，他定期走访，排忧解难。军烈属家的屋顶漏雨，他派人维修；军烈属子女上学交不起学费，他热情相助；军烈属家庭经济拮据，他慷慨解囊。他把军烈属当成自己的亲人一样悉心呵护，无微不至。为减轻政府负担，陈桥顿为转业退伍军人广开门路，先后在自己的公司安排了 20 多名来自河南、湖北、四川、广西的退伍军人。有人问他：你每年这样花钱还亲自去慰问部队和上门看望军烈属图什么呀？他回答说："让死去的人安心，给活着的人信心。"此外，他还对惠州市的部分军烈属从物质到精神上进行帮扶、照顾，并建立联系户制度，为全国首创，得到了全国双拥办、民政部领导的高度评价。

陈桥顿向广西旱灾地区河池市凤山县东风村东风小学捐赠慰问金

陈桥顿到敬老院慰问孤寡老人

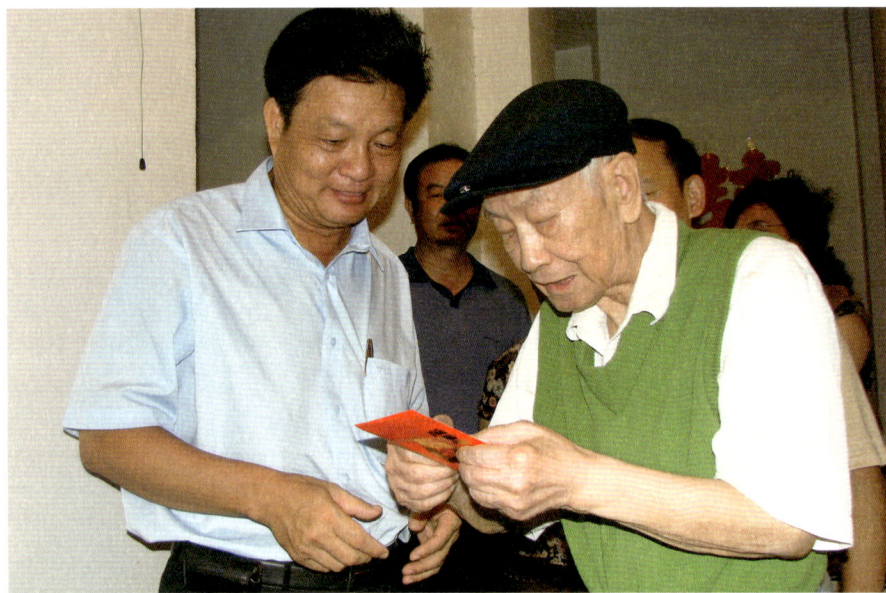

陈桥顿到江西看望慰问长征老红军彭胜昔

在教育、拥军事业之外，尊老事业也是陈桥顿倾其所能而为的事业。老吾老，以及人之老。尊老敬老是中华民族的传统美德，是先辈们传承下来的宝贵精神财富。重视人伦道德，敬老尊老，无一不体现在陈桥顿的身上。沥林镇有一所敬老院，接纳了辖区户籍的五保老人、企事业单位离退休老人等68人。为落实科学发展观，建设和谐社会，让他们充分共享经济社会发展的成果，陈桥顿主动与民政

部门联系，提出赞助方案，除改善敬老院的设施外，每月给敬老院的每位老人补助20元水果费。陈桥顿待老人们奉若父母，情同亲生，尽全力使老人们无忧无虑过着幸福的晚年。逢年过节陈桥顿都要给老人送红包、水果，亲切询问老人们的身体状况，给他们捶捶腿、敲敲背，陪他们拉拉家常聊聊天。就这样，陈桥顿持续做了20多年。陈桥顿的爱，恰似遮不住的青山隐隐，流不断的绿水悠悠，深深印在老人心中。

达则兼济天下，陈桥顿还将爱心的阳光洒满了慈善领域的方方面面。在惠州，他连续20多年出资在惠城泮沥革命老区举办农民运动会；捐资20万元给慈善总会，投资80万元兴建卫生院；连续21年热心光彩事业，投资、扶持国家贫困县，在内蒙古自治区固阳县开办滋补饮料厂；积极捐款修桥筑路；捐赠全国各地灾区等。20多年来，陈桥顿热心慈善事业，累计向社会捐赠2000多万元。

对于自己投身公益的初衷，陈桥顿是这么解释的："我们不要等到很富了才去帮人，其实帮人并不是那么难，只要有能力就行。"在很多场合，陈桥顿都这么说，而且得到很多领导的肯定。陈桥顿还生动地运用"加减法"来呼吁社会各界人士帮助他

人："比如惠州有1000个需要帮助的困难学生或是有需要帮助的人，我帮助了10个，现在就剩下990个，如果有10个像我这样做就剩下900个，如果有100个像我这样做，那不就全部帮助完了吗？"安得万里裘，盖裹周四垠；稳暖皆如我，天下无穷人。正是这种对社会的慈悲，支持着陈桥顿为公益慈善默默付出。

桥胜骏业　前程锦绣

古人言，赈穷救急，倾家无爱。陈桥顿行善济世，为公益慈善事业作出的贡献不胜枚举。这也让他在业内有极高的声望，在社会上颇具知名度。但在他自己而言，他只是觉得自己做了些对社会有益的工作，是自己的责任和义务，既为政府分忧，又为百姓造福，这才是他最本真的心愿。

全国100个贫困县之一的内蒙古固阳县，唯一能为农民种植带来收入的滋补饮料厂于1996年倒闭时，还拖欠农民数年的北芪款无法偿清。陈桥顿闻知后，收购并投资500万元接过了这个厂，帮助固阳县的农民把北芪叶化废为宝。每年为当地增加收入170多万元，解决了当地工人的就业，带动了固阳县一方经济的发展。其实谁也不知道该厂曾一度处于亏损状态，但他却不肯放弃，一直坚持了下来。有人问他，做生意有这样做的吗？他坚定地说："虽亏了我一个，但帮了大批人。"陈桥顿的事迹被中央多家新闻媒体宣传后，引起了中央领导同志的关注。时任中共中央政治局常委、书记处书记的胡锦涛亲笔题词："发展集团经济，致力共同富裕"；时任中共中央政治局常委、全国政协主席的李瑞环题词："桥胜骏业，前程锦绣"；时任中共中央政治局常委、国务院副总理的李岚清题词："历经十五载，事业显辉煌"。

陈桥顿为社会所做的贡献是多方面的，除了支持慈善事业外，他还通过担任多项社会职务来发光散热，积极建设和谐社会。他是全国工商联第九届执委、中国个体劳动者协会第四届理事会常务理事，政协广东省第九、十、十一届常委……获得过多种荣誉称号，如："全国劳动模范""全国爱国拥军模范""全国军民共建社会主义精神文明先进个人""全国五一劳动奖章""全国光彩事业奖章""广东省劳动模范""广东省爱国拥军模范""南粤杰出劳模"，广东省"五一劳动奖章"，并被广州军区授予首届"爱国拥军民营企业家"、第三届"国防之星"，广东省军区授予"爱国奉献楷模"及2006首届"感动惠州"年度人物、2008奥运火炬手等荣誉称号。对陈桥顿而言，这些都让他油然而生更大的责任感。

20多年间，陈桥顿将一家普普通通的民营企业建成一个集科、工、贸、房地产为一体，跨行业、多层次、多功能，实力雄厚的综合性民营企业。这在外人看来是光鲜无比的，但其间走过的路，流过的汗，只有他自己才清楚。正如他所说："所有吃过的苦，都会成为成功道路上的财富，关键是你怎么对待。做人做事应该不忘过去，立足现在、放眼世界，才能展望未来。"陈桥顿把自己的事业与家乡和人民的幸福紧密结合起来，并为此不懈奋斗。 ■

陈逢干

他曾经大声疾呼："中国的企业家不要做守财奴！"

他曾经感言："赚钱不难，花钱很难，花到对社会有用的地方更难！"

他曾经许诺："我不是最有钱的人，但我要做最有爱心的人！"

他就是宁夏回族自治区政协常委陈逢干，连续四年荣获中华慈善奖、连续六年荣获"全国十大慈善家"称号。

这些荣耀告诉世人，他履行着自己许下的承诺，时刻提醒自己勿忘帮助他人，他数十年如一日的付出如同冬日里的暖阳，让人们看到温暖和希望。30多年来，他为社会捐款2亿多元，他的坎坷创业历程、曲折人生之路，伴随着的是一段传奇的爱心故事。

心怀大爱　回馈社会

—— 宁夏回族自治区政协常委、宁夏陈逢干大学生助学基金会会长陈逢干

陈逢干，从一个身无分文到身价亿万的企业家，他经历了许多次挫折，但无论有着怎样的经历，他心中的慈善之火却越来越旺，而且他希望将"善"的圣火永久地传递下去。在浙江天台，人们这样评价："他不是最有钱的人，却是最有爱心的人"。在宁夏、新疆，他更是被人津津乐道的慈善家。

几十年如一日疾心向善的他，坚信自己的慈善之路会越走越宽广，能给更多的企业家以启迪，能给更多的人以榜样，让更多的善心积沙聚塔，共同构建和谐社会，书写精彩人生。

无私回馈　感恩故乡

浙江省天台县是陈逢干的家乡，天台山脉、大雷山脉蜿蜒县境南北，是个典型的山区县。陈逢干家所在的白鹤镇左溪片更是地处天台、磐安、新昌交界的山区。天台美景古幽清奇，秀丽山水让人心驰神往。然而与之壮美景观不符的是，由于交通的不便、资源的匮乏，几十年来，当地的农民生活十分贫困。陈逢干从未忘记这片生他养他的土地，这些仍过着清贫日子的家乡父老。

为了帮助父老乡亲发家致富，20 世纪 90 年代，他将绍兴的边角料带回来加工袜子，建了一个袜子市场，广大乡亲通过加工，将成品通过市场销售，使得袜子成为左溪的支柱产业。十几年来，陈逢干对于经营户的摊位租金不涨价。因为工艺简单，所以家家都可以参与，对于一些青壮劳力出去务工的家庭，老人和妇女也能通过加工袜子，赚取加工费。

自从左溪袜子市场形成之后，在周围的县市区有了一定的知名度，许多客商都过来采购成品，或者下订单要求加工半成品。为了左溪的袜业产业能够更好更健康地发展，陈逢干提出要提高袜业产业的技术含量，他个人出资，集中解决了当地袜业加工户的染色定型的问题，使得左溪的袜业在技术含量上更上了一个台阶。

在陈逢干的努力下，如今的左溪不再是远近闻名的贫困乡，新盖的楼房越来越多，家家户户基本都添置了摩托车，小汽车也不再是可望不可即的奢侈品，老百姓的生活水平有了质的提高。

而陈逢干为家乡所做的绝不仅仅是建立一个袜子加工厂，大到修桥、修路、建学校，小到给学校买桌椅、给村里安路灯，只要家乡人民有需要，他都会义不容辞慷慨解囊。白鹤镇下属的万年办事处，地处贫困山区，山民们出山的道路很差，遇到

2012 年 7 月 29 日，全国政协副主席阿不来提·阿不都热西提与新疆自治区政府主席努尔·白克力为新疆陈逢干大学生助学基金会揭牌

雨雪冰冻的恶劣天气，这条路就走不通了。陈逢干得知情况后，出资 40 万元修了一条水泥路，现在万年的农民下山进城变得很方便。他们高兴地说："陈逢干真是及时雨，修了这条路，我们不再是与世隔绝的了，谢谢陈总！"

一份不完全统计的捐款清单让我们看到了一个普通企业家的社会责任感和心怀宽广的大爱情怀。自 1990 年起，陈逢干为家乡捐款 2000 多万元，用于修桥、修路、建幼儿园、建敬老院、建公厕、聘请卫生保洁员、组建治安队、建袜业市场，带领乡亲们搞袜子加工增加家庭收入……多年来，陈逢干一直帮助当地的百姓解决他们生活上的实际困难。百姓感激他、爱戴他，他成了老百姓的贴心人。许多老年人曾拉着陈逢干的手，激动得泣不成声："你真是活菩萨，让我们山坳里的人能过上这样的好日子！"

比起陈逢干所付出的物力财力，更难能可贵的是他树立起的榜样作用，如今的白鹤镇，慈善之风盛行，有了陈逢干，当地的企业家都有了压力。和其他地方的企业家相互攀比财富和地位形成鲜明对比的是，这里的企业家以陈逢干为榜样，争着做慈善事业，已经形成了氛围，许多本应政府做的事情，都被老板们做了。2008 年，全镇为当地百姓做的 10 件实事，共投入 800 多万元，其中 400 多万元是老板们慷慨解囊，这个成绩离不开陈逢干的带头资助和巨大的影响力。

2011 年 5 月 31 日，天台县慈善总会白鹤分会成立，许多白鹤籍的企业家从外地赶回来为家乡慈善事业作贡献，没有回来的就叫家人到现场捐款，整个会场演绎着一个个感人的故事。陈逢干当场表态捐出500万，并表示如果有人超过他，他将现场追加捐款，直到没有人超过为止。

在陈逢干的带领下，当地许多企业家纷纷捐款，很多人当场捐了几次，最后，在现场的20多个村支书、村主任也加入捐款的行列，当场就募捐善款300万元，据不完全统计，白鹤镇慈善分会共意向募捐2800万元（实际到位850万元），其中个人捐款2400万元。

对很多人来说，故乡是心中最惧怕的来处，却

2012年7月29日，新疆陈逢干大学生助学基金会成立大会现场

也是成功后最想到的去处。乡情是融入一个人灵魂和骨血的情绪，无法阻隔的血脉情谊。这种质朴的深情厚谊让陈逢干心甘情愿地奉献付出，他骄傲地说："从输血到造血让家乡彻底脱贫致富是大慈善！这是我最大的心愿！"

陈逢干获得2010年宁夏经济人物年度公益奖

2011年，陈逢干（左二）第四次获得"中华慈善奖"。图为陈逢干受邀出席报告会

雪中送炭　心系学子

宁夏是陈逢干的第二故乡，在这里，许多边远地区的孩子们，因为家境贫寒，尽管考上大学也因没钱读书而放弃上大学的机会。看到这一幕，而陈逢干的心情很沉重，仿佛看到自己童年也因没钱辍学的影子。"一定要让这些孩子读上大学！"2005年，陈逢干出资成立的"宁夏陈逢干大学生助学基金会"，资助那些宁夏籍考上大学但家境贫寒的学生，每人资助的标准是4000元。

宁夏回族自治区教育厅学生资助管理中心主任马旭光介绍说，4000元助学金，对于那些学生来说，除了路费、学费，还能剩一点作为生活费；如果是考上宁夏区内的大学，就会剩2000多元可作生活费。所以说，陈逢干的助学金对于那些学子们来说，真的是雪中送炭！据统计，到现在为止，"宁夏陈逢干大学生助学基金会"已经

宁夏逢干老年公寓奠基仪式

资助了 5000 多名大学生。

在那些贫寒学生中，有许多是回族的学生，"我们回汉永远是一家人。回族的孩子因为经济困难读不上书，比我自己孩子读不上书还要让我难过，我要尽我一生的努力，帮助更多的回族学生能够读上大学！"在陈逢干的心中，帮助回族的孩子们是那么的重要，那么的急迫。

有一个回族学生学习成绩相当好，但是却没有钱上大学，这个孩子甚至产生了绝望的念头。基金会得知后，马上资助了这个学生，让他读书的梦想得以延续。这样的例子比比皆是。王燕是宁夏永宁县杨和镇杨和村的一名回族学生，2009 年考上宁夏医科大学，但是家中父亲残疾无工作能力，母亲体弱多病，还有一个 87 岁的奶奶要赡养，贫困的家境差点断送了王燕的大学梦。基金会伸出援助之手，4000 元助学金让王燕圆了大学梦。

陈逢干获得宁夏十大慈善人物称号

至今没有见过陈逢干的王燕，谈到基金会，谈到陈逢干叔叔，感动地说："是陈逢干叔叔帮助了我，这个汉人叔叔真的是我的恩人！是个大好人！"

在宁夏南部山区，有很多回族家庭经济困难，考上大学是那里的孩子们摆脱贫困，改变自身命运和家庭命运的唯一途径，所以基金会资助那些孩子，不仅仅是帮助他们上学，而是改变了许多家庭许多孩子的命运，这样的善举有利于民族团结，维护了社会稳定。

心系孩子，心系回族学生，在宁夏的日日夜夜，陈逢干心中想得最多的就是那些回族孩子们。"宁夏陈逢干大学生助学基金会"是至今为止宁夏单笔最高的非公募的捐款基金，在宁夏各界，尤其在教育系统人人皆知，基金会成了那些贫困学生心头最大的希望。

自幼生长在贫寒家庭，历经生活的磨砺，陈逢干对这些贫困学生的经历有着别样深刻的体会。他曾说："我觉得世界上最好的投资就是教育。教育可以让人丰富思想，改变命运。我不愿看到自己童年的苦难在别人身上重演。"他是这么说的，也是如此做的。

陈逢干向中国肝炎防治基金会捐款

盐池有个学生考上了清华大学，但是家里条件困难，妈妈和奶奶都生着病，父亲在一个学校里每个月收入只有400多块，陈逢干得知后，立马决定资助这个学生每年15000块。第二年，这个学生的

陈逢干资助宁夏六盘山中学贫困学生

妹妹也考上了大学，陈逢干又加了5000块资助金，六年过去了，这个学生成绩突出，是清华大学管理系第一名，而且妈妈的病也治好了。十几万块钱改变了一家子的命运，陈逢干觉得很值。"公益事业不是说有灾难我们去做，我认为是平时每天每月每年都可以做，在社会上碰到难题的情况是很多的，所以在这个时候需要大家有爱心，需要大家的帮助。有时候，他有病家里确实没有钱，不是说花几百万、几千万我们没办法，他是花几万块钱能治好的病，我们必须要去帮他。因为好心人多了，灾难就没有了。地震是大灾难，社会上的小灾难，每天都在发生，每个家庭都会出现，所以这个就是需要大家都有爱心。这样社会的小灾难就没有了，社会才会和平和谐。"朴实的话语背后是陈逢干所坚持的慈善信念和秉持的善良之心。

创新观念　执着追求

陈逢干用实际行动告诉人们，企业家不是守财奴，也不是一味追求金钱财富的机器。走进他的家，你看不到古董字画，反而一张张和受他资助贫困孩子的合影成为最有特色的装饰。在大城市里他没有一套房子，至今全家都住在家乡二甲村房子里。

在陈逢干的观念里，企业创造的利润并不是他个人的，当企业发展到一定的规模，这就是全社会的财富。与其把钱花在收集各种古董字画上，倒不如用来帮助最需要帮助的人，产生积极的社会效益。企业是慈善的蓄水池，企业实现的利润最终是为了社会大众解决困难。这样创新的慈善观念引领着陈逢干开拓了一条宽广的慈善之路。

"人应该要有一颗感恩的心，才能以德报怨；我们赶上了改革开放的好时期，国运昌盛才使我们事业有成，就更要有一份感恩的心来回报社会。"这是陈逢干最坚定的信念。尽管他连小学都没有读完，但他靠着执着和努力，奋勇拼搏，积累了丰富的人生阅历。在他心中，慈善仍是他持之以恒的事业。他说："我就是现在一分钱都没有了，那就去要饭好了，走在我捐助过的道路桥梁上，走进我捐助过的学校里，大家会不施舍口饭吗？！所以我对钱看得很轻，我最看重的就是我的慈善事业。"朴素的话语道出了最执着的追求。

善行天下，清白做人，陈逢干的慈善之路惠及无数人，更让千万人敬佩感怀，他用慈善谱写了自己最灿烂的人生华章。■

2011年度宁夏陈逢干大学生助学基金会贫困学生助学金颁发现场

陈逢干为宁夏各学校发放助学金

陈逢干大学生助学金发放现场

张秀燕

　　江南自古出美女，但也不乏才女。20世纪末，有这样一位绍兴女子，她集秀外慧中于一身，以其敏锐的眼光和巨大的胆识，投身到天津日新月异的发展大潮中，在传统的深邃和现代的瑰丽中给我们演绎着一幕幕感人的故事。

　　在事业成功的同时，她始终没有忘记自己应尽的社会责任，她经常告诫自己，人活着不能光为了自己，必须回馈社会，报答人民，这才是真正的人生。

　　她，就是天津市第十二届政协常委、阳光义工爱心社社长张秀燕。

让人生最美丽的花朵在爱心中绽放

—— 天津市政协常委、阳光义工爱心社社长张秀燕

"付出自己的爱心，像阳光一样温暖别人。"十几年来，张秀燕以自己的实际行动和无私奉献诠释着人性的光辉和爱的真谛。通过爱心活动来增强更多人的社会责任感。张秀燕在自身进行慈善帮困的同时，还发挥"帮困红娘"的作用，积极构筑爱心公益平台，共同为公益事业作出贡献。

她的行为得到了各级政府的认可和社会各界人士的普遍好评，先后获得全国"三八红旗手"、天津市"三八红旗手"、浙江省"三八红旗手""天津市第三届优秀中国社会主义事业建设者""天津市十大杰出青年""天津市十大女杰""天津市慈善之星""天津市爱国拥军模范""中国房地产天津地区城市建设十强影响力领军人物"等荣誉称号……一个个荣誉的背后都有着一段段感人的故事，记载了张秀燕不平凡的人生经历和爱心故事。

因爱而下海经商

初识张秀燕，是在一次天津市政协常委会上。眉清目秀、衣着得体、谈吐大方，这是张秀燕留给笔者的第一印象。以后由于工作的原因，我们相互间的接触和了解逐步增多，于是笔者对张秀燕有了一个全新的认识。就是这样一位看似普通的江南女子，在短短的几年内竟创造出了常人难以想象的业绩，在天津实现了她人生的重大转折。

从1998年辞去公务员下海经商至今，张秀燕摆过地摊，办过企业，经过多年的艰苦奋斗，终于闯出了一片属于自己的天地，如今已发展成为天津新兴房地产企业的领军人物。作为商人，张秀燕是成功的，但成功的背后付出的却是常人难以想象的艰辛。"走到今天，我走得很辛苦，支撑我走过来的因素有很多，但最重要的是因为很多人需要我的帮助。"

时间还要回溯至1994年，那是在天津市工商联组织的一次公益活动上，当张秀燕了解到河北省某县偏远农村的两个孩子为了坚持上学，每天要步行十几里路，却因贫困交不起学费而失学时，她当即决定从自己每年的工资中拿出两个月的工资资助他们。其实，那时的张秀燕只是一个普通的国家公务员，每月收入不过几百元，既要维持家庭日常生活，又要养育自己幼小的孩子，再加上这笔额外的资助，她明显感觉到经济上的压力。但一想到两个

2010 年 1 月 31 日，张秀燕参加爱心手拉手助学公益活动

无助的孩子那种对学习的渴望，她就默默地对自己说：我一定要帮助他们完成学业，让他们成为自食其力、对社会有用的人。从那时起，张秀燕暗下决心要凭自己的能力赚钱、去赚更多的钱，以帮助更多需要帮助的人。

20 世纪 90 年代初，天津滨江道是华北地区小商品交易极其活跃的地段，也给无数草根提供了挑战自己的机会。一个国家机关工作人员去摆地摊，谈何容易？！但为了践行自己的诺言，张秀燕义无反顾地汇入草根行列，一块粗布地上一铺，就这样开始了她的地摊生涯。白天上班，晚上摆地摊，虽然十分辛苦，但她觉得这一切都是那么值得，而且非常有意义。这样的日子持续了一段时间，收入有了明显的增加，她又相继资助了几个孩子，同时也为弃官经商积累了一定的经验。1998 年，她毅然决定辞去公职下海打拼。次年，张秀燕看好当时的

保暖内衣市场，拿出了自己所有积蓄和向朋友借的钱，投入 150 万元做起了代理保暖内衣生意。正当张秀燕准备大展身手时，火爆一时的保暖内衣生意却让她遭遇"滑铁卢"。那时的保暖内衣市场刚被消费者接受，但市场不规范，鱼龙混杂，市场竞争激烈，加上媒体对保暖内衣曝光不断。使张秀燕的保暖内衣严重滞销，望着满库的保暖内衣，她感到彻骨的寒冷，这一次她把 150 万元全部赔了进去。此时的张秀燕是债台高筑，事业坠到了底谷，她觉得愧对家人、愧对朋友，心灰意冷，甚至想到了放弃。在张秀燕最困难的时刻，是朋友的信任和鼓励给了她重新振作起来的勇气和信心，是需要帮助的人给了她继续前行的动力。张秀燕作出了一个惊人的决定，把所有滞销的保暖内衣全部捐给慈善机构，决心从头再来。在朋友们的支持下，她创办了一家服装厂，生产和销售丝绸服饰。经过几年的奋斗她又陆续创办了几家公司，事业开始日臻红火。

了解张秀燕的人，都会有这样的感觉，她是一个不甘平庸、不断挑战自我的人，正是凭着一股执着的拼劲，才走到了今天，成为天津新兴房地产企业的领军人物。2000年，张秀燕开始涉足建材业，在与房地产开发商打交道的同时，使她对天津的房地产市场有了更深刻的了解和认识。经过对天津市场和南方市场的比较，以其敏锐的判断，迅速捕捉到了天津房地产市场的巨大潜力，毫不犹豫地进军房地产市场，并与合作伙伴联手打造了坐落于天津市中心，总建筑面积达20万平方米，集高档住宅、高端商业及写字楼于一体的房地产项目，现已成为"金街"地区的标志性综合建筑群落。

用感恩的心回报社会

"用爱心温暖身边每一个人，是我乐于肩负，也是必须肩负的社会责任！"

在商海中打拼的这些年，张秀燕体会最深的就是：任何人、任何企业的成长壮大，都离不开社会各界和朋友的支持帮助。因此，多年来，她始终牢记自己应尽的社会责任，用一颗感恩的心回报社会，报效人民。在她看来，那种因付出而快乐，因帮助他人而愉悦的心情，是人生中最大的快乐。

乐于助人，乐善好施是张秀燕人生道路上永远不变的信念。她曾多次为老年公寓及儿童福利院捐款捐物，为老人和孩子们送去关爱。从2003年起连续十个春节，带着儿子去老年公寓与孤寡老人们共度除夕，一起包饺子、吃年夜饭。老人们早已把她当成自己的"闺女"，每当张秀燕来到老年公寓时，老人们都会亲切地拉着她的手，围坐在一起嘘寒问暖，问长道短，正是这一份份温情与亲情，给张秀燕带来无穷的快乐，给她的事业注入了不竭的动力。

1995年6月，张秀燕带结对子的孤儿游公园

2012 年 1 月 13 日，张秀燕向特困单亲母亲捐款 40 万元

2012 年 1 月 16 日，张秀燕在春节前夕为孤寡老人送上象征吉祥如意的糕点

2008 年 5 月 13 日，张秀燕第一时间向汶川灾区捐赠棉被 1000 条

在资助贫困孩子的这些年中，张秀燕深深地感到，孩子们缺少的不只是钱，他们更加缺少的是关爱，是社会对他们的理解和包容。她决心要尽己所能，消除他们因不幸而产生的自卑，让他们重新树立起自信心。因此，她在资助这些孩子的过程中，不只是简单地给钱给物，而是用慈母般的爱去关心和理解这些孩子，并对每个孩子的情况都了然于心，包括他们的家庭、学习、心理状态等等。她经常抽空去看望这些孩子，与他们聊天，给他们讲做人的道理，带他们去接触社会。她最大的心愿就是要让这些孩子都能快乐地成长，有一个完整而健康的人格，将来成为对社会有用的人。让张秀燕感到欣慰的是，在她的言传身教下，接受过她帮助的孩子们，不仅个个学业有成，而且每一个孩子都有一颗善良和宽容的心，懂得回报社会。

从 1994 年至今，她以个人名义通过各种方式捐款捐物累计达人民币 1170 多万元，每一笔捐助背后都有一段感人的故事。她多次为老年公寓及儿童福利院捐款捐物，为老人和孩子们送去关爱。她先后出资帮助困难家庭病人就医，恢复健康。长期结对子资助津、浙两地农村 30 位五保户，给予他们长期的关爱，直至终老。她还在全国各地资助了 180 多名贫困学生，帮助他们完成学业。目

2009 年 11 月 5 日，张秀燕参加为孤残儿童送温暖活动

前，许多受助学生已经大学毕业，走向社会，并用不同的方式在回报社会。从 2007 年起，她组织公司员工连续六年捐助了 118 名散居孤儿并与他们结成帮扶对子。她还与 90 位特困单亲母亲结成帮扶对子。用她那赤诚的爱心去安抚每一颗受伤的心灵，使他们真正感受到人间真情和社会主义大家庭的温暖。

2008 年 12 月，张秀燕当选为第六届"天津十大杰出青年"。在颁奖庆典上，她深情地说："看一个人是否成功，不是看他获得了什么，而是看他为社会付出了什么。"此言不仅感动了天津市民，也让人们真切地体会到人间真爱。

用爱心传递人间真爱

"送人玫瑰，手留余香。只要人人都献出一点爱，世界将变成美好的人间。"

2007 年 11 月，张秀燕发起并出资成立天津市唯一一家由民营企业家出资筹建的纯公益性机构——阳光义工爱心社。目前，爱心社的主要骨干由来自各行各业的精英组成。成员包括政协委员、企业家、媒体记者、公司白领以及清华大学、北京大学、浙江大学、南开大学等重点高校的部分大学生以及社会各界热衷公益事业的爱心人士，共计4300 多人。爱心社旨在集结有爱心、有责任心的社会各界人士，积极投身公益事业，播撒爱心、传递热情、服务社会。"付出自己的爱心，像阳光一样温暖别人。"通过爱心活动来增强更多人的社会责任感。在自身进行慈善帮困的同时，爱心社还发挥"帮困红娘"的作用，积极构筑爱心公益平台，共同为公益事业作出贡献。"让今天受帮助的人，成为明天帮助别人的人！"

阳光义工爱心社成立至今，在张秀燕的带领下，爱心社员们以爱心社的宗旨为己任，组织动

2011 年 11 月 8 日，张秀燕与新疆自强学子一起过古尔邦节

员社会各界爱心人士，服务社会，奉献爱心。爱心社在积极开展交通文明志愿者、"城市窗口"志愿服务活动等志愿活动的同时，还专门开展了与孤寡老人和孤残人士结成帮困对子，给农民工子女捐赠书籍，携手成功人士给少数民族自强学生捐款助学，给特困单亲母亲过母亲节，"用爱送你进学堂"资助高考成绩优异的困难学生上大学等系列公益活动，给弱势群体送去了关爱和温暖。正是这无私的爱帮助了那些曾经失去生活信心的人跨过了一道道坎，重新扬起了生活的风帆。截至 2012 年 12 月，爱心社共助孤 428 人、助学 1000 多名、助老 463 位，关爱农民工 3500 多人，帮助特困单亲母亲 6270 位，宣传环保 80 多次，历年来向社会捐款捐物累计人民币 4600 多万元。

阳光义工爱心社的爱心社员们满腔热忱积极投身到慈善公益活动中去，用自己的行动影响和带动身边的人，让更多有爱心的人参与进来，有钱出钱，有力出力，帮助他人，共同为社会和谐贡献一份力量，奉献一片爱心。"阳光义工爱心社"的事迹多次被《人民政协报》《中国企业报》《天津日报》《今晚报》、天津电视台、天津广播电台、新华社、人民网、北方网等众多媒体报道，引起了社会各界的强烈反响，得到了人民群众的广泛好评。2012 年阳光义工爱心社还获得了中央文明办颁发的"2012 年全国优秀志愿服务组织"和"2012 年天津市优秀志愿服务团队"荣誉称号。

用真心践行政协委员职责

身为天津市第十二届政协常委的她，深知一个政协委员所肩负的责任和使命。她经常告诫自己，政协委员不仅是荣誉，更多的是责任，人民既然选择了你，就要不辱使命，关注民生，反映民意，为社会和谐和又好又快发展作贡献。工作再忙，她总会抽出时间，积极参加政协的各类活动，认真履行一个政协委员的职责。这些年来，她利用业余时间，先后撰写了上百份提案和社情民意，提出了许多有价值的意见建议。如《关于天津市学校体育场馆、设施向社会开放的建议》《关于加强学生午餐卫生管理的建议》《节能环保从娃娃抓起》《关于加强滨江道、和平路商业街环境卫生管理的建议》《关于在全国著名高校EMBA中心开展招商引资工作的建议》《关于在天津成立中小企业银行的建议》《关于提请加快天津金融城建设步伐的建议》等40多条提案已经被市政府相关部门采纳落实，有的还荣获了优秀提案奖。

回顾十几年的风风雨雨，她无怨无悔，越发坚强。面对如今的成功，她百感交集，心存感恩。她常说"是天津这片沃土滋养了我的事业，是热情纯朴的天津人民教会我如何善待他人，我将用我的一生回报这座美丽的城市"。无论是事业顺利，还是身处逆境，她始终如一地用行动践行着自己的诺言，朝着既定的人生目标坚定地前行。在张秀燕的影

张秀燕带领义工宣传环保

2006年5月13日，张秀燕与特困单亲母亲亲切相拥

响和带动下，越来越多的爱心人士投身到志愿者活动中来，如爱的暖流温暖他人，似爱的花朵给人芬芳，愿这美丽的花朵在爱心和奉献中绽放得更加璀璨夺目。■

柳 天 伟

1979 年，18 岁的柳天伟从墨江县一个偏僻落后的小山村来到西双版纳，从此心系傣乡，开创了一条充满正能量的温暖大道。他一路披荆斩棘，不仅脚踏实地地铺就了自己的实业之路，而且坚持不懈地为版纳群众谋福祉、播爱心。

从 1998 年捐出 20 万元建造天伟小学开始，柳天伟开启了发展企业和做慈善的快乐之旅。从扶贫救济到捐资助学，从抢险救灾到助残敬老，不管是企业员工还是当地各族群众，他都慷慨解囊，倾力相助，以实际行动回报社，铸就慈善大爱。20 多年来，他累计向社会公益事业捐款捐物超过 8000 万元，成为西双版纳州远近闻名的慈善家。

施以爱心　　不图回报

—— 云南省政协委员、西双版纳石化集团董事长柳天伟

　　从创业之初的 8 名员工到现在的 1000 多名员工；从经营单一产业液化气到目前的液化气、城市管道天然气、矿泉水等综合产业……柳天伟作为一位成功的企业家，他的名字在西双版纳已经如雷贯耳。这不仅仅因为 80% 以上的西双版纳人都在使用着他的西双版纳石化集团公司的液化气，更对他当初揣着 2 元钱来到西双版纳打工的创业史津津乐道，对他独闯金三角地区，把外国的成品油弄到中国来充满好奇与钦佩。而他爱心与责任并肩、企业发展与慈善同行的大爱情怀，在傣乡大地更是传为佳话……

　　"西双版纳，被誉为西南一颗璀璨的绿宝石。而对于一个负责任的企业家来说，让西双版纳的天更蓝、山更绿、水更清、环境更优美，是我和西双版纳石化人今后更好地履行企业社会责任的一个共同目标。"柳天伟如是说。

遨游商海竞风流

　　走进西双版纳石化集团有限责任公司，你会在文化墙长廊上看到邓小平的一句名言："什么事情总要有人试第一个，才能开拓新路。"20 多年来，"首创""新路"成了柳天伟创业经历的核心词。

　　穷则思变，富而思进，这个亘古不变的话题在柳天伟的身上得到了印证。"能够来到西双版纳创业，发展到今天这样的局面，完全是被困境逼迫出来的。"回想过去所经历的一幕幕，柳天伟感慨万千。

　　1979 年，18 岁的柳天伟带上家中仅有的 2 元钱，与哥哥柳天雄一起爬上一辆大货车，从墨江县一个偏僻落后的小山村来到了西双版纳景洪农场八分场，在西双版纳开始了自己艰苦的创业历程。

　　他希望有一天也能进农场当一名自己很羡慕的橡胶工人。几经波折，1988 年柳天伟又被当时县里的领导看上，要将他调到县委办公室去开小车。两年后，他却辞掉了"铁饭碗"，毅然办理了停薪留职手续，重新当个体户跑运输。

　　从一部海鸥照相机开始，到转战开设杂货铺成为第一批私营业者，再到跑运输、搞养殖，柳天伟的韧性随着社会变化焕发着巨大的潜力。他"发现"了液化气，最终将它引入西双版纳，从此取代了当地人伐木烧柴的历史，客观上保护了当地上万亩热带雨林。

柳天伟为西双版纳州"扶贫济困，你我同行"公益活动捐款 2000 万元

上世纪 80 年代，柳天伟走村串寨给人照相，赢得了第一桶金。此后又跑了几年个体运输，继而到县运输公司做了几年司机，后又到勐海县乡镇企业局工作，其间经常跑昆明，结识了一个靠养牛蛙发财的人。1992 年，柳天伟投资 5 万元，在景洪农场八分场附近租下几亩地，挖好池塘后，又出资 7.5 万元从昆明买回了 3 万只蛙苗，试着办起了牛蛙养殖场。他一下成为全州的"牛蛙大王"。

1993 年，尝尽了艰苦创业的柳天伟以敏锐的眼光、过人的胆识，抓住国家退耕还林、保护生态的时机，创建了西双版纳州石油液化气供应总公司，在全州首次成功引进液化石油气，通过新型燃料替代木柴，走上了一条环境友好型、资源节约型的可持续发展之路。"看到一位张老板做液化气供应市民作为生活燃料，又无污染，我就想把液化气引进版纳，保护热带雨林，同时也是一个巨大的商机。"

把液化气引进版纳，客观上保护热带雨林的做法，得到了州政府的大力支持。"州政府非常支持以柴票换气票，当时州政府做了一个决定，只要大家不烧柴，用液化气，政府补贴一半费用。"这以后，"风借火势，火助风威"，柳天伟这口"气"迅速吹遍了西双版纳全州。

20 世纪 90 年代，虽然很多城市居民做饭都使用上了液化石油气，但是对于处在贫困地区、还依靠大量砍伐树木做燃料的西双版纳来说，使用简便清洁的新能源仍是一个空白。

为此，柳天伟于 1993 年初投入 50 万元，与一名来自广东的商人戴某合资成立了西双版纳石油液化气供应总公司。然而这次命运似乎和他开了一个玩笑。

就在那一年，经过努力，西双版纳石油液化气供应总公司的客户发展到 2000 余户。然而开始要盈利之际，担任公司法人、总经理的合伙人戴某却卷着从客户手中收取的 300 余万元开户费逃跑了。对此，柳天伟没有逃避责任，而是积极主动地做好了善后事宜。

如果说之前所遭遇的困境，将柳天伟一步步逼上了创业之路。那么他后来在商界所赢得的良好信誉，就完全是因为这样一个毁灭性的骗局，成就了他勇于担当良心企业的形象。

民企进口石油第一人

1996 年，由于国内市场上的液化气供应较为紧张，价格也居高不下。柳天伟听说临近西双版纳的泰国液化气资源很好，便到泰国去考察，希望能够从泰国进到价格较低的液化气来西双版纳销售。

通过向海关等部门打听后，柳天伟才知道从国外进口石油，必须要持有国家批准的进口配额，才能够运输入境。既然需要批配额，那就找相关部门申请吧。柳天伟开始从西双版纳经委、商务局，省商务局，直到北京的商务局一遍又一遍地跑。他已经下定决心，无论有多难，不管跑多少趟，一定要把进口石油的配额批下来。"那时每年都要在西双版纳、昆明和北京之间来回跑个 20 多趟吧。"柳天伟说。

时间到了 2003 年 12 月，经过 7 年多不懈努力，柳天伟终于

在公司成立 10 周年庆典那天，收到了获得国家每年 22 万吨从泰国进口石油配额的好消息。配额批下来后，精神大振的柳天伟投入 5000 多万元资金，开始在关累港和景洪的江北选址，在两地各建一个保税油库，同时投资建造了 4 艘运量各为 250 吨的油轮，准备大干一场。

就在他把油库和油轮修建好，开始试运输之际，柳天伟却接到了交通运输部门以没有中、老、缅、泰 4 国交通运输部门联合批准为由，禁止在国际航道运输成品油的通知。为此，他又不得不一趟

柳天伟捐建的"天伟小学"

柳天伟成立西双版纳天伟慈善基金会，参与捐资助学

柳天伟向通关中学校捐资助学

柳天伟（左三）、张艳红（左二）夫妇向百岁老人、离退休专家、军烈属和困难老党员捐款

2014 年 1 月，老、缅、泰 3 个国家的批文转到云南省交通运输厅，经上报国家交通运输部后，终于得到了正式的批复，成就了中泰两国之间的"蔬菜换石油"项目，成为第一家获得成品油进口经营权的中国民企；第一家获准在澜沧江—湄公河运输成品油的民营企业；第一家获准建设成品油保税仓库的民营企业；第一家在澜沧江—湄公河上制造运输油轮的民营企业；第一家获准在东南亚从事蔬菜换石油贸易的民营企业。2014 年，云南和泰国的蔬菜换石油贸易量已达到 1000 万吨，滇菜换回 50 万吨成品油，贸易额达到 35 亿元。

一 "气" 拯救万亩雨林

当下，鸟瞰西双版纳州，映入眼帘的是这样美不胜收的景致：连绵起伏的热带雨林，苍翠蓊郁，绿色波浪涌向天际；在这方土地上安居乐业的各族人民置身绿色化的新时代，过着"望得见山、看得见水、呼吸着好空气"的生活。

趟地跑省交通运输厅，希望能够通过省厅协调，获得 4 国联合批准运输的批文。柳天伟还直奔万象，找老挝交通部官员商谈。通过几轮交锋，获得了老挝交通部准许运输的批文后，他马不停蹄赶赴曼谷，找泰国交通部申请批文。随后到达内比都，向缅甸交通部提出申请。

在上世纪 90 年代，不论是在西双版纳州，还是在云南省，液化气的供应填补了市场的空白。同时，液化气作为方便、省时、快捷的清洁能源受到了政府、企事业单位和个人的青睐与认可。

"多卖一瓶气，少砍一棵树"是柳天伟 23 年创建西双版纳石化集团有限责任公司以来一直坚持的生态理念。

为了给当地群众提供更多、持续的清洁能源，柳天伟为申请到国家商务部的成品油进口配额，他多次向国家、省级相关部门争取，主动到老、缅、泰3国相关部门沟通。2004年，经国家商务部批准，获得成品油进口配额34万吨，这是近年来全国石油民营企业首次取得成品油进口配额。为此，他投资9000多万元，在澜沧江—湄公河上建造了4条专业油船，在关累码头新建成品油接驳码头，组建成品油国际运输船队。同时，建成储量为10000立方米的两座成品油海关保税油库。在实施"走出去"战略、发展对外贸易和增进与周边各国人民友谊等方面作出了积极贡献。

与此同时，柳天伟带领公司全体员工为加快落实"转方式、调结构、促增长"的经济发展方式，与景洪市城市投资开发有限责任公司携手合作，组建成立城投天然气管道公司。从2009年开始，经省发改委立项批准，投资上亿元资金，在西双版纳全州开始了城市燃气管道建设。燃气公司推广洁净环保的优质能源天然气，使傣乡群众过上绿色环保、经济实惠、安全可靠的电气化生活。目前，景洪城区规划燃气管网64公里，已经建设并验收26公里，通气供气10公里，利用管道燃气用户已经达到3万余户。已经在万达片区建成投入运营天然气储配站60立方米一座，景洪市沙河新区中央燃气管道输气站300立方米正在建设中。勐海、勐腊正在组织燃气项目专项规划建设，为景洪市创建"国家园林城市"作出了积极贡献。

2010年，公司拿出石油板块与云投集团合作，共同成立了云南云投版纳石化公司，实现资源共享

柳天伟向天伟小学学生捐款

柳天伟为特大洪灾捐助善款

和强强联合。目前，已在全省范围内建设 10 多座加油站、3 万亩蔬菜基地，营业额每年达 80 多亿元，成为云南省继中石化、中石油之后的第三大石油企业。

2012 年，柳天伟又把目光投向与老百姓生活息息相关的饮用水上，注册成立西双版纳野象泉饮用水有限公司，投资 3000 余万元引进目前国内最先进的饮用水生产线，生产热带雨林地下深层无污染自涌山泉——"野象泉"桶装、瓶装饮用纯净水和矿泉水，日产量达 3 万余桶（瓶）。同时，小瓶装水已经投产上市并远销北京、上海、广州、杭州、南京等国内一线城市及老挝、缅甸、泰国等南亚、东南亚国家。

"未来 3 至 5 年，我们将加快以液化气、城市管道天然气、饮用水为主的环保、安全、节能产业的发展，做到城市液化气、天然气全覆盖，农村液化气覆盖 30 万农户，并把'野象泉'饮用水打造成云南著名品牌。"谈到未来，柳天伟充满信心地说："立足西双版纳得天独厚的自然资源，从事绿色环保产业，是我选择经营项目的首选因素，这不仅会让企业生命力常新常胜，而且是一件功在当代、利在千秋的事。"

"保护热带雨林是我们企业应尽的责任，从而实现'绿水青山生态美、金山银山百姓富'的有机统一。今后，我们将一如既往参与到全州生态立州和生态文明建设中，'绿'字当先，点'绿'成金，念响'绿'经，让西双版纳天更蓝、山更绿、水更清、环境更美。"柳天伟意味深长地讲述着公司的发展前景。

23 年来，公司累计销售液化气 3169 万余瓶，保护了 53750 亩热带雨林。多年的选择和坚守，换来了柳天伟的成功。现在，公司已成为全州企业中资质好、实力雄厚、业务板块多元、发展后劲足的综合性企业集团，跻身于云南省百强非公企业 24 强。

诚信打造品牌企业

柳天伟说，对于企业来说，诚信就是一笔存款。在市场经济中，企业诚信具有较好的经济价值。"诚信不仅是一种道德要求，一种评价人的尺度，它更是现代企业的一个黄金原则。人无信而不立，企业无信而不达。"如果把诚信二字拆开来理解，只有你诚别人才会信。柳天伟说，不论是作为个人还是企业来说，诚信都是生存和发展的根本。

柳天伟认为，企业要发展，离不开社会的支持，离不开公众的认可，更离不开自身的诚实守信。诚信是企业经营的一种资本，是企业发展的无形推动力，对企业的长远发展具有巨大的促进作用。西双版纳石化集团有限责任公司成立以来，就一直坚持诚信经营的基本理念，确立了"确保安全、强化管理、规范服务、兑现承诺"的企业精神。

"诚信经营从根本上看是集体的诚信，主要靠企业反复不断地向职工宣传和灌输，并要求大家在实际行动上要以诚实的态度做好每件事，这些理念要在企业全体员工中达成共识。"柳天伟说。"在我的企业里，坚决杜绝短斤少两、以次充好、欺客宰客事情的发生，一旦发生，将会受到惩罚。"为此，公司每年年初都要与液化气送气员签订诚信送气承诺书，将诚信纳入送气员的绩效考核，定期组织开展液化气送气员职业道德诚信教育，并为每一位送气员配备了电子秤，要求送气员除了将液化气及时安全送达客户家中后，还要亲自为客户称重，确保客户利益至上，并公开向全州客户郑重承诺：消费

柳天伟的慈行善举受到社会各界高度赞扬

者若发现液化气短斤少两可进行投诉，公司调查核实后，均给予举报人员一定的资金奖励。此外，为消除客户安全顾虑，公司还统一为全州液化气用户统一购买了 50 万元的用气安全保险。

多年来，公司多次被各级政府和有关部门评为"全国工人先锋号""全国模范职工之家""云南省百强非公企业""先进基层党组织""和谐企业""先进纳税大户""重合同守信用企业"等荣誉称号，而柳天伟也先后荣获"云南省非国有企业优秀厂长（经理）""云南省光彩事业先进个人""云南省关爱员工优秀民营企业家""民族团结进步先进个人""云南省优秀民营企业家""全国劳动模范"等荣誉称号。

回顾公司 23 年的发展历程，感怀峥嵘岁月。柳天伟说，企业家就是风险家。"优秀的企业是敢于冒险的企业，一个有理想的企业家绝不会满足于已有成绩和眼前的安逸。"现如今版纳石化集团已从创建最初一个名不见经传的小厂发展成为拥有固定资产 10 亿元，下辖 9 个公司，员工 1000 余人，经营范围涵盖液化石油气、加油站、石油进口、管道天然气、房地产开发、矿产资源开发、珍稀林木种植、野象泉高端饮用水等项目的多元化、综合性集团公司。

回报铸就慈善大爱

如今，柳天伟已是一位颇有成就的企业家，却始终没有忘记当年那个村民连饭都吃不饱的小山村。他拿出 20 万元捐助给自己当初的母校，出巨资为自己的出生地修路……柳天伟，一个充满传奇的企业家，更是一个用良心在做企业的慈善家。

"只要可能，我都会尽力帮助别人，成为西双版纳首善是我的心愿。"柳天伟是这样说的，也是这样做的。从 1998 年捐出 20 万元建盖天伟小学开始，柳天伟开启了做慈善事业的快乐之旅。从扶贫救济到捐资助学，从抢险救灾到助残敬老，从企业员工到当地各族群众，他都慷慨解囊，倾力相助，

柳天伟为天伟小学捐资改善办学条件

柳天伟为村民 捐建的文化活动室

以实际行动回报社会，铸就慈善大爱。20 多年来，他先后累计向慈善公益事业捐款、捐物超过 8000 万元，成为远近闻名的慈善家。

"做慈善，从个人来讲，能在帮助别人的同时，得到快乐；从企业来讲，是做责任企业、良心企业的途径，能树立良好的社会形象。同时，也有利于建设良性的企业文化，凝聚人心。这对企业能否成为一个持续发展的品牌企业至关重要。"柳天伟这样说道。

坝荷村民小组位于山区河谷地带，一条小河绕村流过，坝荷大桥是连接村子与外界的唯一通道。2002 年，西双版纳州普降大雨和暴雨，在勐腊县关累镇、景洪市大勐龙镇、勐海县布朗山乡、打洛镇等边境山区局部出现特大暴雨，20 小时最大降雨量达 200 毫米至 230 毫米，导致澜沧江—湄公河上最重要的码头之一关累港，也因为交通中断被迫停止运转。当年 8 月初，柳天伟到关累港查看成品油运

输情况时，得知这一情况，马上就做出了决定，捐助 35 万元善款，用于修建桥梁帮助村民解决生产和生活出行难题，并及时地将善款打到了村民小组账上。

2002 年 8 月 22 日下午，柳天伟走进西双版纳傣族自治州总工会办公室，将 10 万元人民币交给工会主席和在场的工会干部，要求把捐款转交给在西双版纳特大洪灾中受灾最重的人家。

绿叶对根的情义，绽放出绚丽的光彩。柳天伟在获悉家乡墨江县中心敬老院和通关镇敬老院条件简陋，很多孤寡老人生活不便的情况后，怀着对故乡的深情厚谊，向通关镇敬老院捐款 8 万元，用于帮助敬老院修建饮水工程。嗣后，柳天伟又向墨江县中心敬老院捐款 5 万元帮助敬老院改善文化娱乐设施。柳天伟凭借"最美不过夕阳红"的情怀，拿出了 3 万余元现金，给两个敬老院的 157 名老人，每人发放了 200 元的春节慰问金。

捐资助学，一片丹心。2009年，柳天伟向通关镇小学捐赠了30万元，用于改善学校教学设施。随后又出资21万元，帮助通关镇龙洞冲修建了通向村子的水泥路。2015年他再次捐出61万元修建了家乡"天伟文化活动室"，30余万元修建通关中学大门，20余万元资助家乡贫困大学生和高中生。2010年1月6日，向景洪市各学校的危旧校舍改造工程，一次性认捐500万元。

雪中送炭显真情，排忧解难金子心。2010年初，家住景洪市大渡岗乡大荒坝五七小组的徐昆，由于妻子身患风湿性心脏病，为治病花光了所有积蓄，还欠下2万元银行贷款，而自己也身患肾结石无法干重活，上初中的女儿面临辍学。就在徐昆一家愁眉不展之际，希望的曙光照临在了他们头上。不是亲人胜似亲人的柳天伟，不仅将徐昆的妻子送到州医院进行检查治疗，又从昆明请来专家会诊、做手术，为其支付了20多万元的手术及治疗费用，并资助其女儿继续学习，招录徐昆到公司工作。

西双版纳因其地位优势被誉为西南一颗璀璨的绿宝石。而对于一个负责的企业来说，让西双版纳的天更蓝、山更绿、水更清、环境更优美是柳天伟和版纳石化人共同的奋斗目标。

为响应国家大力植树造林的号召，柳天伟投资1700万元，在勐海县那达勐水库库区周围承包种植5000余亩荒山种植杉松，历经18年精心管理，如今杉松已经长成一片片绿影叠翠的森林，有效涵养了水源，保护了生态环境，同时也为农田的灌溉和当地群众的生产生活用水提供了保障。在没有得到一分钱的收益下无偿交还给勐海县政府。对于他人

柳天伟捐建的爱心桥

西双版纳石化集团工会向患病员工捐款

的困惑不解，柳天伟打开天窗说亮话："当初提出承包我就知道只有投入，没有产出，完全就是想为勐海的老百姓再造这片已经被破坏了的水源涵养林。"对此，勐海县的一位耆宿说："如果没有柳天伟在那达勐水库周边的植树造林，福泽千秋，如今人口增长快速的勐海县饮用水源早就吃紧了。柳天伟出手不凡，高蹈宏阔。"

不仅如此，柳天伟还在勐海县勐阿 3000 亩林地上，种上了海南黄花梨、老挝花梨木、四川金丝楠木等珍稀林木。他说，自己准备用 10 年的时间，致力于把林场打造成为集育林、种植经营、科研、园林设计、观光为一体的大型名树名花园林基地。

爱林护林，念兹在兹。2013 年 4 月 3 日，版纳石化集团公司一行 4 人在董事长柳天伟的带领下来到西双版纳国家级自然保护区管理局，向西双版纳州热带雨林保护基金会捐款 25 万元。

说柳天伟是西双版纳的首富，毫无争议；而说到首善这个名头，他自然也当之无愧。"任何企业都具有社会的属性，取之于民、用之于民的不只是金钱，还有道德和责任。"对于企业应承担的社会责任，柳天伟作如是解读。柳天伟言如斯，行亦如斯，在云岭大地上留下了闪光的足迹。■

邓慕莲

　　"助人是快乐的源泉。"这句话出自广东省罗定夏坊小学师生写给邓慕莲的感谢信，也是邓慕莲一直以来坚持的理念。达则兼济天下，邓慕莲一直希望自己的所作所为能影响更多的人，人人都尽其所能，奉献爱心，传播善念，不仅帮助别人，自己也能收获快乐。

　　心有大爱，情牵祖国。事业的成功并非邓慕莲最大的骄傲，能帮助那些身处困境中的人，让她的内心充满了真正的快乐。邓慕莲一直关注并推动中华文化及教育事业，不遗余力地帮助国内弱势群体中的青少年，相信教育是改变他们命运最有效的途径。

助人是快乐的源泉

—— 广州市政协委员、香港昌泰国际集团主席兼行政总裁邓慕莲

"当挑战来临的时候，只要我们肯主动去看清楚挑战的根源，而不是自怨自艾，肯采取主动，这样，我们很多时候都可以扭转逆境，加强竞争力，从而达到自强的目的。"这是邓慕莲做人做事的感悟。

邓慕莲就是凭借着这种乐观积极、永不放弃的心态，努力不懈地带领昌泰集团稳步发展，从一家员工不过百人的小型生产商一举成为现在拥有 3000 多名员工、两家制衣厂的集团公司。每年生产和出口欧美的时装超过 2000 万件。在企业取得成功之后，她又以一颗仁爱之心积极投身并号召各方友好共同热心公益事业，不遗余力地帮助有需要的人，改写了无数人的生活。

巾帼不让须眉

邓慕莲自中学毕业后便开始从事制衣出入口业务，那时的她可以说一切从"零"开始，"零经验""零经济背景""零专业训练"。但这些丝毫没有影响到她努力拼搏的决心，她凭借着自己对制衣业的满腔热情和惊人的毅力，克服了各种困难，从部门助理做起，一步一个脚印，三年后便被晋升为经理。1980 年，邓慕莲在香港成立了昌泰国际集团有限公司，任主席及行政总裁，并带领昌泰成为拥有世界先进制衣技术的香港制衣业翘楚。

这一路走来，若非邓慕莲的毅力，昌泰恐怕未必能像现在这样成功。香港制衣业在 20 世纪 90 年代初期时大规模北移，纷纷把厂房迁到珠三角地区以降低成本，昌泰也不例外。在内地建厂初期，邓

慕莲负责大大小小的事务以及洽谈融资的事宜，过程不乏艰辛，但身为女子的她却从来没有退缩过。"最初想在东莞设厂，但买不到地，岂料机缘巧合下我有机会与番禺镇政府的领导商议。还记得那次会议至凌晨三点才告一段落，我更要取消第二天赴美的行程，继续洽谈，最终我们在番禺找到了一块兴建厂房的土地。"她微笑着说道。从她的眼神里，记者能感觉到那种一定要把问题解决的坚定信念。

落实选址，邓慕莲是开心且兴奋的，但她不知道，原来得到土地以后，所有细节又要再一次"由零开始"。面对未经开拓的新地块，对建筑工程一无所知的她必须为电线水管的设置甚至是一砖一瓦而仔细思考。为此她悉心请教了不少朋友和前辈，参考他们的做法，最终将这些问题圆满解决，成功建成了名为"昌华"的制衣厂。"从他们的指导和

邓慕莲近照

提点中，我逐步摸索，最终做到营运稳定，以至成功。自此，我深信，所有问题都是有办法解决的。"邓慕莲说。

挑战机遇并存

一次又一次的面对挑战，邓慕莲永远可以妥善处理，将逆境扭转，带领昌泰直至成功。她始终保持着一颗积极向上的心："得的喜悦和失的痛苦，能够驱使人努力去做得更好。不过我们一定要牢记：得的时候，不要得意忘形，不留余地；失的时候，不要意志消沉，怨天尤人。"她常说。

一直以来，昌泰都本着"优质服务，客人至上"的原则运营，邓慕莲还认为，做衣服和做人一样，都是一门高深的学问，她归纳出"不断增值，与时俱进""思想灵活，行动迅速""重视沟通，互助互信""上下齐心，排难解纷""精益求精，力求完美""以心以诚，品质之上""热心公益，贡献社会"等10条做人做事的经验和感悟，并以此作为公司的格言。这些格言无时无刻不在提醒着她，保持一颗敬业之心，努力做到最好。

她指出，现在制衣业的利润空间比起过去小了很多，相比10年前，货品的品质得到了显著的提升。"我一直要求昌泰'思想灵活，行动迅速'，衣服所流行的款式、颜色转变极快，因此制衣求变通和效率。昌泰的制衣速度一直很快，别的厂完成整个流程需要60天，我们只需要30天。而且对于客户给我们样式，我们还会因应潮流和对市场的判断帮助他们进行二度创作。"邓慕莲说道。就这样，在竞争愈发激烈的今天，昌泰依靠着其先进的技术和高效的生产，牢牢抓住了客户的心，让昌泰一直处在香港制衣业的龙头地位。

对于未来，邓慕莲表示，仍会围绕着现有业务继续为客户提供一条龙式的服务。她相信，依靠高质量的产品、有效的管理、先进的生产技术以及公司对市场及潮流的敏锐触觉，未来昌泰仍会在国际制衣业稳步前进。

2010 年，昌泰捐款 300 万元给中国华文教育基金会

慈母情怀　热心公益

作为一个商人，邓慕莲无疑是成功的，热衷慈善事业的她在积极发展公司业务之余，仍不忘回馈社会，更加积极地投身慈善公益活动，不遗余力地辅助弱势群体，无私奉献。她深信，投资及教育弱势群体中的青少年是最有效帮助他们脱贫并改变他们命运的方法。从 2006 年到 2012 年，邓慕莲共出资援助了 13 间学校，除了修建校舍，她还帮助修建师生宿舍、食堂、运动场等配套设施。2009 年，邓慕莲不顾自己公司出口业务因金融危机而受到严重冲击的影响，仍然启动了"中国华文教育基金会邓慕莲专项助教基金"，用于改善灾区及其他贫困地区的教育条件，鼓励孩子们奋发向上。"助人是快乐的源泉。"这是邓慕莲于 2007 年捐助的广东省罗定夏坊小学师生所写感谢信中的一句，这也是一

直以来邓慕莲坚持的理想。这些年来，她为地震灾区的孩子们建成了遮风挡雨的教室，为没有电的偏远山区学校建成了光伏电站带去光明，为每天要在崎岖山路上奔波的孩子们建成了舒适的宿舍楼，她还曾多次给香港的慈善组织捐款捐物。最近五年，她总共捐出 500 余万元回馈社会。

值得一提的是，2012 年起，她作为甘肃定西"自来水入户"饮水工程的重要支持者，鼎力协助"心连大地"摄影协会举办"一人一相"行动，并利用在港举行摄影展筹得的善款及捐款，彻底解决了定西市渭源县庆平乡樊家湾、李家窖两村 10 社 500 多户 2000 多村民及 4000 多大小家畜的饮水难问题。

所谓"一人一相"摄影展，就是让有爱心的摄影发烧友通过自己的镜头拍摄下甘肃省人民的生

2009 年，邓慕莲通过中联办捐款 50 万赈济玉树地震居民

2010 年安徽利辛县邓慕莲教学楼落成

2013 年 9 月，邓慕莲出席云南侨爱工程——点亮藏区牧民新生活计划之捐赠仪式

活，参加者只需得港币 1000 元或以上，便可在摄影展中展出一张相片，而这笔善款将用于解决甘肃省地区农民的饮水问题。今年，邓慕莲又决定帮助甘肃另外两个县完成自来水供应工程，共需筹款人民币 200 万。

类似上面提到的善举，邓慕莲做了很多很多，她乐善好施、助人为乐的行为也感动着周围的人。2010 年 4 月，玉树地震后，心系灾民的她立刻拨款赈灾，公司员工在她的感召下积极捐款，连同拨款共筹得人民币 100 万元。她又亲自购买了数千件羽绒衣、大衣及棉衣棉裤送交灾区民政部门，以便第一时间舒缓受灾民众之苦。同年 8 月，在公司晚会上，邓慕莲为了共享善举、支持怀抱，呼吁打算赠送花篮的嘉宾将这笔钱折现，捐给香港公益金。

积极弘扬中国文化

除了热心帮助弱势群体，她还积极弘扬中华优秀文化，倡导加快海外中国文化中心建设。据统计，目前海外只有 90 个国家有中国文化中心，她建议随着国家的繁荣富足，应该在华侨聚居的国家设立文化中心，不但可以让外国朋友近距离认识和体验中华文化，更可以让当地华侨子弟有机会接触祖国文化，从而激发华裔青年的民族认同感。

为此，她非常注重华文教育的推广。2009 到 2010 年，邓慕莲先后印制了 5000 多套价值 100 万元的青少年学习教材《您好中国》无偿提供美加地区的华裔学生使用。该教材以英文为教学语言，以动漫为教学手段，用生动活泼的方式介绍了中国的语言和文化。此外，2008 年以来，她还连续五年向中国华文基金会捐赠了近 700 万港币，包括成立用于支持发展中国文化及教育的专项教育基金。

同时，邓慕莲有感在海外学习华语，尤其是发言上的困难，她又募捐了 50 万元来推广以 TING 点读笔作为教学工具，弘扬中华民族优秀的传统文化和语言。点读笔解决了纸本出版物无法发声的问题，真真正正为学童奠定了听、说、读、写、译的语言学习基础，让学习模式产生了划时代的变化。点读笔操作简易，当你拿起图书，只要用笔轻触书中

2012 年，邓慕莲资助心连大地摄影会甘肃"水源"援助项目

2009 年，邓慕莲参观北川中学落成

文字或图片，就能立刻听到文字的读音或与图片相对应的声响，创造自然的学习语境。TING 点读笔的随点随读功能，让声音出现的速度跟上了阅读的速度，看到就能听到；而且由老师真发声，无须再担心发音不准和拼音等各种问题，学生可以随时自我反复练习，就像拥有一位全时间一对一的教学老师。点读笔解决了家长缺乏时间指导的问题，亦可培养孩子自学的精神。

邓慕莲深信文化遗产的承传有赖各界人士关心与重视，而在保留旧有文化的同时，亦需适当注入新的科技和元素，才能做到薪火相传，文化延续。正如教育，必须经常注入教育元素的新内涵，才能带领学童增进知识。儿童是国家未来的主人翁，而邓慕莲在教育方面更是不遗余力，极力为儿童谋求更好的学习资源，因为她深信学习可改变人生，而教育更可消除贫困。■

何光营

2011年6月26日，"辉煌征程——建党90周年大型纪念盛典"暨"推动中国公益发展功勋人物颁奖仪式"在中央电视台梅地亚中心举行，因在慈善公益方面所作出的积极贡献，从大别山走出来的爱心使者、湖北省麻城市政协委员何光营，荣获了该盛典的最高殊荣——"推动中国公益发展十大功勋人物"荣誉称号。事实上，何光营还获得过许多令人敬佩的荣誉。

可谁能想到，何光营20多年前还是一个为了生计而从大别山走出来的农村青年，最近几年他却捐出千万元来扶贫济困、捐资助学……他常说："我是改革开放的受益者，改革开放圆了我的人生梦；现在我有这个能力了，我要尽力帮助更多人实现梦想。"

大别山走出来的爱心使者

—— 中国扶贫开发协会荣誉副会长、湖北省昊成置业有限公司 董事长何光营

2009 年，在"与共和国 60 年共成长·中华儿女商界群英会"颁奖典礼上，何光营同李嘉诚、张瑞敏、柳传志等商界翘楚一同获得了"60 位中华儿女商界英杰奖"。何光营为我们展示了一个农村青年挑战命运、自强奋斗，成长为一名时代骄子的创业成功史。

穷则独善其身，达则兼济天下。"通过慈善事业让社会更加和谐，这也是回报社会的最好方式"。何光营认为，慈善事业对需要帮助的人、对社会是一种默默的支持。除了参加各种大型慈善公益活动外，他还资助多名贫困生上学。他曾动情地说："人生的成就在于贡献。慈善这条路，我会用一生去践行，坚定不移地走下去。奉献即快乐，我将在自己的能力范围内去帮助更多有需要的人。"

筚路蓝缕　玉汝于成

2009 年，何光营同李嘉诚、张瑞敏、柳传志等商界精英一同获得了"60 位中华儿女商界英杰奖"。他的成功为我们揭示了一个农村少年挑战命运、自强奋斗，成长为一名时代骄子的个人创业史。40 岁不到的年纪，何光营就已取得如此业绩，不禁让人艳羡。当追问他成功的奥秘时，质朴、不善言辞的何光营仅用了两个词：奋斗、机遇。

奋斗，是人生教给何光营的第一堂课。1970 年，何光营出生在湖北省麻城革命老区的一个普通农民家庭里，在五个兄弟姐妹中排行最小。家里姊妹多，生活难免辛苦些。孩提时代，何光营与同龄孩子一样有着小孩子的天真烂漫，喜欢热闹嬉戏，但

他也目睹了父辈们"日出而作、日落而息"的无奈和耕作的劳苦、持家的不易。艰辛，就这样在耳濡目染中一点点写入了何光营的心里。十几岁时，为了分担家庭的重担，刚刚从三河口镇中学毕业的何光营就回家务农。后来回想这段生活，他总说，每当他扛起锄头走向田间，看着家乡的一草一木，看着远处的莽莽群山，看着和他一样在这田野中挥汗如雨默默耕作的乡亲，他怎么也想不明白，为什么这些祖祖辈辈都本分纯朴的庄稼人，年复一年地在这样的沃土上辛勤耕种，却始终只能在温饱线上挣扎和徘徊。那时，家乡贫穷的景象就在少年何光营心中留下了深深的烙印，也使他对未来有了更深的思索。改变命运的种子就此在少年何光营心中生了根。

穷则思变。机遇，是改革开放。20 世纪 80 年

代初期，改革开放的春风吹遍祖国大地，到处朝气勃勃，整个中国都在向着繁荣富强大步迈进。地处中华腹地的湖北正随全国的脉动走向富裕，而大别山区也"忽如一夜春风来"，如沐浴在改革的春风中。此时，何光营敏锐地嗅到了"春天"的气息，不断从外面传来的喜讯，让年少气盛的他坐不住了。他时时刻刻都能感受到新时代的召唤，机遇在向他招手。何光营决心挥别大别山，走出穷山村，要用自己的勤劳和智慧在外面的世界闯出一片新天地。

1990年，刚好20岁的何光营得到了父亲的鼓励和支持，满怀着对未来新生活的渴望和憧憬，毅然踏出大山。他先来到武汉，从最基层的民工做起。这一干就是三年，务工的生活"如人饮水，冷暖自知"。苦难疲累自不用多说，但艰苦的生活也开阔了他的眼界、磨炼了他的意志。吃苦受累从来

吓不倒何光营，因为他心里揣着改变命运的决心。在打工生活的风风雨雨中，何光营开始思量自主创业这条路子。

创业多险阻，万事开头难。对只有很少资金，又没有任何从商经验的何光营来说，创业谈何容易。因启动资金少，于是他就从资金需求较少的餐馆开始做起；没有经验、没有技术，他就默默地自己钻研和琢磨，在经营过程中不断摸索消费者的需求。尽管生意步步维艰，但何光营靠着自己的韧劲和不服输的精神，慢慢地，他将餐馆经营得有声有色。随着改革开放的不断深入，人民生活水平不断提高，茶文化备受推崇。再一次，何光营抓住了市场机遇，他把眼光放在了开茶馆上。但他并没有随波逐流，而是在众多茶馆中着力打造出特色，指向特定市场消费者。成功的市场定位和策略，让何光

2013年3月，何光营作为中国经济社会理事会理事，受邀参加全国政协第十二届一次会议

2010 年 10 月，何光营的慈善公益事迹入选由全国政协文史和学习委员会主办的"善行天下·政协委员慈善公益事迹展"

营的茶馆脱颖而出，一时成为行业翘楚。

天道酬勤，玉汝于成。多年的创业艰险扛下来，何光营逐渐从一个默默无闻的农家子弟成长为当地小有名气的商人。凭着良好的商业信誉和独到的投资眼光，他终于赚到了人生中的第一桶金。

乌鸦反哺　情牵家乡

几年苦心经营下来，何光营致富了。提到奋斗的动力，何光营总是动容："我必须随时学习，不断努力，加速企业发展，否则我对不起生我养我的这片土地，对不起和我共同奋斗的兄弟姐妹。"

也许是骨子里商人的天赋，也许是性格里不屈

的个性，何光营并没有止步当前。他心里还念着家乡的父老乡亲。那个时期，每当何光营看到大城市日新月异的发展变化，就为家乡大别山发展的滞后忧心不已，家乡左邻右里的年轻人一个个都汇入了农民工的打工洪流，涌向那些飞速发展的大城市。而家乡的劳动力逐年减少，就业、收入更难以提高。这些，让何光营看在眼里，急在心里。在这种情况下，何光营想必须要找到一条能使家乡富裕起来的新路子。

以餐饮业为跳板，何光营放眼市场发展需求，逐渐意识到冶炼业在市场经济发展中的重要作用，加之麻城具有发展冶炼业的地缘优势，所以产业的前景必将十分广阔。更重要的是，这一产业可以拉动当地的就业，使经济得到长足发展。为此，何光

中华慈善总会副会长张道诚为何光营颁奖

流……如今，他领导的几家公司已经发展成为同行业中的佼佼者。何光营的努力没有白费，公司有力地促进了地方经济的发展。2008年，天通工贸公司和昊成置业公司受到当地政府的表彰，荣获"纳税大户"称号。

当人们问及他的经营之道时，他坦诚地说："作为企业领导，在工作中一定要紧紧抓住四个方面，一是把科学发展作为公司的主题来抓；二是把自主创新作为公司的动力来抓；三是把全心全意为相关企业服务作为公司的宗旨来抓；四是把解决问题作为公司的根本来抓。"他认为，一个企业要想成功就必须在提高企业的运行效率上下功夫，在增加产品附加值上下功夫，在掌握核心技术上下功夫，在创造知名品牌上下功夫。其实归根结底就是要在管理上下大功夫。何光营深知人才是企业间较量制胜的关键，甚至把人看作一切工作的出发点。为此，他把之前在公司工作的亲戚好友全部请辞，采取人才招募、科学规模化管理。全方位重视人力资源的开发与管理，全面了解人、重视人、尊重人、理解人、关心人、成就人和凝聚人，通过发展人来促进企业的发展。现在公司拥有数百名高级管理人员和技术人员。"他们是企业的核心和主体"，何光营如是说。在一点一滴的质量创新与人才管理培养中，何光营一直在追求着完美、诚信的理想，引领他的公司不断地创造更加骄人的业绩。

营作出了一个大胆的决定，要将自己的投资注入到更加顺应经济发展和经济社会建设的冶金工贸业，遂成立了大别山天通商贸有限公司。虽然之前从未涉足过这一行业，但凭着一股认真肯学、百折不挠的精神，他从零开始不断摸索总结，终于在这一行业站稳了脚跟。

随着投资的深入，何光营潜心摸索行业的发展规律，逐渐总结出一套经营理念。几年下来，何光营的企业以"滚雪球"的方式由小到大，由弱到强，公司销售收入随着时间的推移而逐渐递增。接着他又投资房地产开发、高科技、国际贸易、仓储物

何光营对于自己取得的这些成就，并没有沾沾自喜。他说："很多人离成功的距离也许只有一步之遥。可能是欠缺一个机会，可能是差那么一点坚

持。我总相信，抓住机会，坚持做一件事，并把它做好，总有一天梦想就会实现。每一次的拼搏，每一次的进步，都会带给我许多感慨和收获。"

拥有财富并不意味着人生就此成功，作为一个有社会责任感、敢于担道义的企业家，何光营深谙其中的哲理。因此，他格外看重企业的诚信和社会责任感。他说："无论你的企业有多大，必须遵守诚信的规则。企业为社会真诚的付出，肯定会得到社会的回报。反之，也就必败无疑。诚信服务社会，经商有德是企业家的基本素质。"

"鸦有反哺之义，羊知跪乳之恩"。由于对地方经济发展所作出的巨大贡献，2006年8月，何光营被选为湖北省地区经济开发促进会副秘书长；2007年当选为湖北省地区经济开发促进会副会长，2015年又荣任会长。何光营成功了，家乡逐渐发展起来了，乡亲们手里也有了足够的钱。面对未来，顺应时代发展，他不再局限于在当地筹建钢铁、汽车配件生产厂来扩展就业，他将深远的目光投向了更具发展潜力的高科技领域和生态农业，抓住国家"一带一路"战略发展机会，走出去，引进来。何光营说，"穷不一定会思变，但思富就应该要思变。不管将来涉及的行业有多少，只要能把它们串联在一起，相融共生，就能做大做强、无往不胜。"

心系慈善　回馈社会

穷则独善其身，达则兼济天下。何光营是一个有社会责任感、敢于担当道义的青年企业家。他

中国扶贫开发协会副会长温克刚为何光营颁发荣誉证书

何光营向中国红十字会总会捐款

认为，企业财富源于社会，回报社会是企业家的宗旨。这些年来，他一直不遗余力地为社会公益事业尽心尽力。在他心里，"慈善是一种责任，也是一种义务"。

2008年5月12日，四川汶川发生强烈地震。在灾难面前，全国各地都伸出双手支援灾区的救灾和重建。在地震发生的第一时间，何光营就在企业内部带头发出倡议为地震灾区捐款，员工纷纷响应献出爱心。他以个人的名义向地震灾区捐献款物达100万元。为此，他的公司被授予"中国关爱民生公益模范集体"荣誉称号。

用行动回报社会，社会给予何光营以掌声。如今何光营的身上有许多耀眼的光环：湖北省地区经济开发促进会会长，湖北省麻城市"纳税大户"称号，"人民不会忘记——中国关爱民生公益模范奖"，2009年获得由中国爱心工程委员会、中国公益事业联合会、中国高层决策协会联合颁发的"爱心使者奖""中国关爱公益爱心院长奖"以及"共和国脊梁——中国关爱公益杰出贡献人物奖"等诸多奖项。

何光营总说，"慈善不仅仅是帮助别人，也是帮助自己。"捐资助学是何光营做公益事业的主要方式之一。他特别重视孩子的教育，也许是早年未能完成学业的遗憾，总不忍心让孩子们再走自己的辛苦路。"只有教育跟上去了，才能真正脱贫致富。要发展经济，就必须重视教育。"他说。

何光营向赣南山区嫩哇乡中心小学生捐赠了800多套新校服和书包

2009年8月，何光营捐款40万元支持贫困地区基础教育，为此中国青少年发展基金会和中国少年报社共同在北京举行了隆重的捐助仪式。值得一提的是，何光营的这笔捐款，也是中国青少年发展基金会在2009年新学期开学之际所收到的第一笔捐款。捐助仪式上，中国青少年发展基金会常务副秘书长杨晓禹先生充分肯定了何光营的善举，对他

在企业飞速发展的同时，不忘回馈社会，不忘关注革命老区孩子们教育和成长的无私精神给予了盛赞，并亲自向何光营颁发了捐助证书和荣誉奖章。

在仪式上，何光营说："我无法忘记当年自己就读的破旧学校——麻城市三河镇舒家畈小学，我想通过中国青基会建设一所希望小学，让孩子们有个好的学习环境。我将向家乡的孩子捐送1万元图书和报刊，让孩子们看看外面的世界。这是我的心愿。"

2011年10月，在全国政协举办的"善行天下·政协委员慈善公益事迹展"上，时任中共中央政治局常委、全国政协主席贾庆林在参观政协委员们的慈善义举之时，拉着何光营的手，语重心长地嘱咐他和在场的政协委员们要多关注贫困地区的发展。何光营一直难忘这番嘱托。2012年初，何光营听说，四川甘南地区嫩哇乡中心小学藏族的孩子们穿着藏族服装上体育课很不方便，他们一直想跟城里的孩子一样，有一身属于自己学校的统一校服，能够快乐的运动。得知这一消息后，他当即拿出10多万元来资助孩子们，满足了孩子们的心愿。6月29日，嫩哇乡中心小学的孩子们格外开心，因为这一天他们有了新校服，400多名孩子每人两套。

2013年年初，中国文学艺术基金会校园文化专项基金办公室收到一封来自湖北恩施咸丰县民族实验小学孩子们的来信，信中说："我们是身处大山深处国家级贫困县的40名土家族娃子，电视上曾经看到过我们土家族的舞蹈上了电视，我们40个同学在老师的精心编排下，也排练了一个原生态的土家族舞蹈——欢乐土家娃。我们真想把我们民族的舞蹈演到首都北京去！可是，一来学校没那么多钱给我们做一身漂亮的土

2013 年 8 月，何光营资助湖北省咸丰县民族小学师生赴北京参加国际园博会文艺演出。图为全体师生与何光营在天安门广场合影，圆了孩子们的北京梦

家服装，二来我们更没那么多钱坐车去梦中向往的北京。恳请叔叔阿姨帮助我们实现这个梦想吧！"孩子们的信转给了作为湖北省青年企业家、农工党中央经济金融工作委员会委员的何光营，他毫不犹豫地表示："圆孩子们一个朴素的梦想，弘扬土家族文化遗产，我责无旁贷。孩子们演到北京的梦想我一定帮他们实现。"

当年 8 月 7 日，怀揣梦想的 40 名土家娃，带着他们的舞蹈登上了"欢动北京"2013 国际文化艺术交流周中外青少年大联欢的舞台。在北京园博园演出现场，孩子们用最欢快的舞蹈，回报给帮助他们圆梦的所有好心人。当一身土家族服装、一双质朴的土家族绣花鞋送到帮他们圆梦的好心人何叔叔面前时，何叔叔告诉孩子们，好好读书，给土家人争光，今后不仅要圆自己的个人梦想，还要为实现中国梦努力奋斗。

近几年来，心系教育的何光营将目光投注在孩子身上。他捐出近千万元来扶贫济困、捐资助学，先后在贫困地区为孩子们建希望小学、为缺少教学设备的学校修操场、送去崭新的桌椅……看到农村孩子同城里孩子一样，能够快乐学习、健康成长，何光营总是绽放笑容。

"通过慈善事业让社会更加和谐，这也是回报社会的最好方式。"他称，"在做慈善的过程中，我有很多感触，发现自己参加的慈善活动越多，就越喜欢参加。"一个人可能改变不了社会，但却能改变另一个人的状况，看着他人因你而改变，获得幸福和成功的机会，自己也会有一种莫大的幸福感。"人生的成就在于贡献。慈善这条路，我会用一生去践行，坚定不移地走下去。奉献即快乐，我将力所能及地去帮助更多有需要的人。"何光营动情地说。

在竞争激烈的商业浪潮中，何光营逆流而上，在挑战中艰难地谋求发展；而在他人需要帮助的时候，何光营立即伸出热情之手，圆他人之梦。他用自己的奋斗和善心向我们展示了大别山人拼搏进取的秉性；用气魄和胆识成就人生的光彩与梦想；用自身不懈追求的激情和奉献铸就了一位从大别山走出来的爱心使者。■

郑耀南

　　郑耀南，正是凭借一股敢于挑战命运，善于抓住机遇，肯于勤奋钻研的劲头，历经多年打拼，从一个只身闯荡社会的普通人一跃成为香港上市企业——都市丽人（中国）控股有限公司的董事长。他引领的"都市丽人"已经成长为集研发、制造、销售于一体的现代化大型贴身衣物品牌的企业集团，成为内衣行业首屈一指的领跑者。

　　郑耀南，不仅是一位逆袭成功的企业家，更是一位美誉远播的慈善家。截至目前，郑耀南已向社会各界累计捐款超过5000万元。他先后获得了2010年东莞"扶贫帮困特殊贡献奖"、2014年东莞"十大慈善人物"、2016年深圳市"鹏城慈善捐赠个人金奖"等慈善奖项。

天道酬勤　播撒大爱

—— 广东省政协委员、广东都市丽人实业有限公司董事长郑耀南

20 多年前，郑耀南怀揣着对未来的憧憬，带着 500 元只身闯荡繁华都市。20 多年后，他开创的"都市丽人"成为内地赴港上市"内衣第一股"，市值过百亿。在事业飞速发展的同时，郑耀南始终以履行社会责任作为自己奋斗的另一个重要目标，积极投身于慈善公益事业。

成功不是一蹴而就，没有人随随便便成功。"从一无所有的打工者，到发展成为现有 8000 多家专卖店的企业，每一个过程都给我很多挑战。不去试试，你永远不知道自己的能量有多大。"从一位普通人到"内衣王国"的缔造者，郑耀南演绎出了他自己精彩的人生励志剧。

抓住机遇　踏上创业之路

1995 年，改革开放初期的深圳，一切风景中都带着激情燃烧的迹象，孕育着生机，充满了活力。

这一年，20 岁的郑耀南，凭着福建古田人敢闯敢拼的劲头，兜里揣着 500 元毅然来到深圳。刚刚中专毕业的他，找到的第一份工作是沃尔玛中国总部的保安，负责"看大门儿"。虽然工作简单，但郑耀南则认为，简单的工作更要做得不一样，才会得到机会。比如他会留心记住楼里进出每一个人的名字，见面时能直接叫出对方名字。郑耀南说，"你就是一个保安也要做到这里最好的保安。如果我们不懂得岗位创新，也许保安就是一份工作，如果把沃尔玛当作学习机会，那就是一个机遇。"

沃尔玛作为全球最大的连锁零售商，有着独到的经营理念和企业文化。在工作之余，郑耀南更多的是观察这个全球大型企业如何管理企业、如何构建企业文化。时至今日，郑耀南最崇拜的企业家依然是沃尔玛创始人山姆·沃尔顿。几个月后，郑耀南迅速得到赏识，职务也随之变化：由总部大门的保安升级到卖场的保安。在郑耀南看来，这个转变是他人生的一个巨大转变。

"到了卖场后，我发现原来这个世界有另外一个不同的地方，就是很多消费者进来后，为什么会买这些东西，然后这些销售人员怎么能用最简单的技巧，把货卖给消费者，又该怎么去管理这些商品……这些都让我很着迷。"

2016 年 4 月 6 日 都市丽人向厦门大学捐赠 1000 万元

当好奇一瓶化妆品为什么能卖 300 元时，销售人员告诉郑耀南："卖化妆品卖的是梦想。"这句话着实让他震惊了一下，也促生了不做保安、转做销售的想法。于是，郑耀南转岗干起了化妆品销售。他喜欢观察、学习，业余还上电大学习提升自己，很快便成为商场里业绩最好的销售员，之后又升职为销售主管。

大凡成功者的故事里，梦想从不缺席。郑耀南并不是一个满足于现状的人。在他的心中，慢慢孕育着一个宏伟的梦想：开创属于自己的生意！

1998 年，郑耀南从沃尔玛辞职，下海创业，在深圳布吉镇租了一间车库，用 2 万元开了一间化妆品店，并以妻子吴小丽的名字，取名为"都市丽人"。他的店面只有 12 平方米，被隔成两间，外间卖货，他和妻子住在里间。两年间，郑耀南就已拥有 10 家化妆品店，赚了 100 万元，掘到了人生的第一桶金。

生意越做越大，郑耀南的创业之路看似平稳之时，却被当时的合作伙伴欺骗了，所有资金甚至外借的钱都被卷走。"当时几个月都没能走出低谷，那是我人生中的非常沉重的打击。你本以为自己很聪明，结果被人给坑了。你从没有想到别人会骗你。"郑耀南陷入了人生的低谷。

2000 年，一次偶然的机会，他来到当时深圳最繁华的商业街东门，惊奇地发现一个卖文胸的小摊位，每件仅售 10 元的内衣，在一小时内成交额竟然接近 1000 元。当时的女性内衣市场两极分化，一头是商场的高端品牌，另一头是超市的廉价产品。郑耀南则在红海之中发现了蓝海，开始思考如何开拓出现断档的内衣中端消费市场。

2000 年的中国内衣市场，品牌繁多，市场日渐红火。香港的安莉芳、台湾的宜而爽、美国的维多利亚的秘密，纷纷抢滩登陆，内地品牌也渐渐为人所知。1993 年，北京人张荣明推出爱慕品牌，3 年后，潮汕人林升智在深圳创立曼妮芬。

此后的一段时间里，郑耀南几乎天天出现在市场中，观察各式各样的内衣。他发现，深圳的内衣销售或者在高档的百货商场，或者在低档的菜市场和地摊上，而没有一家专门的内衣店。而内衣售价或在200元以上，或为20元左右，中档价位断层。郑耀南认为，这是属于他的机会。

郑耀南把自己的化妆品店改成了内衣店，售卖中档内衣和袜子。他虽然是个男人，却不觉尴尬，甚至还为购买内衣的女顾客提供建议。很快，他成为一些品牌的代理商，有了自己的内衣专卖店。1998年，属于他自己独立品牌的都市丽人内衣公司面市。2014年，都市丽人成为内地赴港上市"内衣第一股"，市值过百亿。截至2015年底，集团零售网络拥有8609间门店，覆盖全国各省、自治区、直辖市，创造就业岗位超过3万个。

郑耀南近照

在巨大的成功面前，郑耀南却认为上市对他来说并不是大功告成。他危机感很强，会随身带着一个小本子，随时记下遇到的问题，并找相关部门的同事沟通、探讨。因为担心懂得太少，郑耀南从到深圳初期就开始读电大，之后先后在厦门大学和长江商学院就读EMBA。上市前，为了弥补金融知识匮乏，他进入了上海交大金融学院，学习金融EMBA。

天道酬勤　成功开创"内衣王国"

2014年6月26日，香港的天气已经变得炎热，郑耀南走进中环交易广场，汗流浃背，看着港交所大楼上自己公司的海报，欣慰地露出了笑容。都市丽人以"内地内衣第一股"的名号在香港上市，发行价为每股3.6港元，计划发售4.06亿股。作为创始人，郑耀南在9点半敲响了上市铜锣。

都市丽人在香港联合交易所主板挂牌上市，成为内地首家登陆香港资本市场的内衣企业。郑耀南创立的公司在全国已有超过6000家门店，他计划在全国开1万家内衣店，未来一两年完成百亿销售收入，因为他相信所有追求生活品质的女人都愿意在内衣上一掷千金。

这家公司在中国服装行业最为低迷的时期，实

为东莞市慈善会凤岗分会捐款 100 万元

现了逆势高速增长。美国市场研究与分析公司弗诺斯特沙利文的报告显示，都市丽人 2013 年零售销售额为 54 亿元，占据了 2.8% 的国内市场份额，排名第一。都市丽人门店会员目前已超过 2700 万人。截至 2015 年 1 月 4 日，都市丽人的股价较发行价上涨了近 50%。

在中国内衣企业中，此前只有香港企业安莉芳在 2006 年底于港股上市；都市丽人成为内地首家上市内衣企业之后，深圳品牌曼妮芬（汇洁集团）则已经开始在 A 股排队上市。他们都试图通过上市，获取更多的发展资金和品牌效应。都市丽人和曼妮芬等，是目前少数扛过了行业严冬并找到发展方向的内衣企业。

中国内衣行业 2013 年零售额超过 2000 亿元，不过，市场分散，有超过 3000 多家生产企业，并没有出现占据绝对优势的企业，即便是目前规模最大的都市丽人，市场占有率也没超过 3%。庞大的市场，对于都市丽人而言，既是机会，也面临着惨烈的竞争。

随着都市丽人上市，郑耀南也完成了人生的逆袭。曾经的大门保安在 19 年的时间里摇身一变，成为上市公司的董事长，个人财富也超过 30 亿港元。

敢涉足如此性感的内衣行业，郑耀南自然有着过人的判断力。"传统的内衣店只做文胸，但消费者的要求是多元的，到店铺后不仅需要文胸，也需要袜子、内裤、睡衣、保暖家居服等等，甚至为男士买内衣、睡衣，是整体要求。"因此，郑耀南提出了"一站式购物店"，即把贴身衣物的产品整合到一个店，按价格、风格进行区分。只要到了专卖店，内衣、内裤、袜子、保暖背心、塑身美体，甚至男士内衣、睡衣，都一站购齐。

这种一站式快时尚体验服务，除了最大限度满足消费者对内衣的需求之外，也引领了整个内衣行业服务水平的提升。这也就是后来内衣业界有名的"集成营销"模式，被称为"全新的内衣消费模式"。

效果是立竿见影的。当高低档品牌还在市场混杀时，这种集成式品类营销模式，让都市丽人很快与竞争对手拉开差距。随后几年，其开店速度几乎年年翻番。

对于扩张速度，郑耀南有自己的独到见解。在他看来，当别人恐惧时一定要够大胆，当对手收缩战线时，就是自己扩张的最佳时机。

2008 年金融危机，大部分企业都在缩减规模甚至关闭时，郑耀南却加快"攻城略地"的步伐，门店版图从长江以南迅速拓展到全国主要城市，公司进入快速成长期。郑耀南看中的是，此时市场进入成本会相对较低。

在过去的十年时间里，都市丽人门店数量也迅速增长，从2003年的近50家到2015年的8609家，以整整100多倍的速度扩张。

此后，郑耀南改变传统的做法，放弃了代理，开始自己研发、生产、销售，覆盖了整个产业链，"中国最传统的代理制，我们发现这个模式肯定有问题，因为你不能控制零售，你不能控制终端，到底卖给了谁，什么情况都不了解。"而发展到现在庞大的商业王国，他干脆把利润偏低的制造环节也剥离掉，选择轻资产，集中精力于品牌和研发。现在仅在总部保留3%的产能，专门用于制版打样及制造工艺改进试验。"在中国寻求一个帮你制造的人并不难，而且你把资金过多地放在制造领域的话，其实是给企业带来一定的负累。"郑耀南明白，将都市丽人打造成品牌运营商和服装零售龙头才是最关键的。

坚持不懈　企业转型光鲜扩张

2015年3月成功收购排名国内内衣市场第六名的高端品牌欧迪芬后，目前都市丽人股票市值超过100多亿。如此巨大的规模背后有着郑耀南对企业独到的扩张策略，那就是逆势抄底。其间，他有两次最重要的扩张时机。

第一次是2003年"非典"期间。那时铺位成本低，郑耀南借机从十几家门店扩张到50家。第二次是2009年金融危机期间。郑耀南发现国内市场并没有真的受到很大影响，但是收购成本却低了很多。那一年，他只用原来一半的价钱就买了厂房，还收购了几家企业。

除了扩张策略，郑耀南的开店策略也深深影响了企业发展的版图。他总结了开店成功的四个要

郑耀南荣获鹏城慈善奖

点：一是选址，二是货品管理，三是店长和员工管理，四是有效的开店指导。

在选址方面，郑耀南的秘诀是开到社区、商业街、大学城等人流密集的地方。他很少打广告，每个店本身就是广告。货品管理上，他会针对不同地区的市场做调研，制订相应的货品供应计划和营销计划。这也源于他一次失败的经历，当年他将广东的经验直接复制到湖南，却发现当地消费者并不买账，原来两个地方顾客对货品的选择和购买习惯很不一样。现在，通过联网系统，他在总部已经可以掌握全国每个店的销售情况，从

而判断出不同地方消费者的偏好。郑耀南还有一整套精细化管理的经验，比如一个店到底配几个员工，可以利润最大化。

企业发展到一定阶段就会面临转型的问题，只有转型才能迎合市场需求，提升企业的核心竞争力。都市丽人原来是一家产销一体的企业，现在，郑耀南已经向"轻资产"的方向转型了。他逐步剥离制造环节，把工厂逐步卖掉了，将资源投入到研发设计等领域。目前东莞公司生产的产品，都是用在研发上的。每一年，郑耀南的公司都要研发 1000 多款新品。在郑耀南看来，好的设计和好的品牌才能卖钱。他的目标是将都市丽人打造成内衣界的"耐克"，变成品牌运营商和中国商业零售领导企业。

郑耀南在创新上是很有一套的。除了充分用好自己的设计师，他还很重视来自一线的意见。都市丽人在 2008 年就成立了创新委员会，拿出 30 万到 100 万，奖励员工的一个创意。

践行慈善　播撒爱心回馈社会

在事业飞速发展的同时，郑耀南始终以履行社会责任作为自己奋斗的又一个重要目标，积极投身"教育""扶贫""敬老""医疗""平安""双拥"等领域。截至目前，郑耀南已向社会各界累计捐款近 5000 万元，因此他先后荣获 2014 年东莞"十大慈善人物"荣誉称号以及 2010 年"扶贫帮困特殊贡献奖"、2016 年深圳市"鹏城慈善捐赠个人金奖"等慈善奖项。

郑耀南的祖籍在福建省古田县，他是从社会最底层成长起来的企业家，所以他一直注重企业慈善事业的同步跟进。在事业有成之后，郑耀南早期便积极投身家乡的基础设施建设。企业落户凤岗以来，他每年都会向东莞慈善会凤岗分会捐款，曾出资近百万元帮助凤岗政府添置警用工具，捐资 100 万元建设凤岗安居楼等等。

郑耀南向中国扶贫基金会捐赠 100 万元

2009 年，郑耀南向福建古田"阳光助学慈善基金"捐赠创办资金 200 万元；2010 年向福建古田"纳凉点"及泮洋村老年人活动中心建设项目捐款 80 万元，向凤岗镇贫困救助基金捐款 50 万元。

随后，郑耀南将企业慈善重点放在"教育""扶贫""医疗"等三个领域。比如，2011 年他向东莞市慈善会凤岗分会捐款 100 万元，向罗定市泷州教育基金会捐款 100 万元，向 CCTV6 母亲节关爱女性健康公益活动捐赠 100 万元物资；2012 年向东莞公安局凤岗分局捐赠 94.4 万元，向古田老人捐助赡养费 100 万元，向广东省青少年发展基金会捐款 100 万元，向东莞外地务工人员捐赠 20 万元保暖物资；2013 年为凤岗安居楼项目捐款 100 万元，参与林志玲台湾弱势儿童爱心关爱活动捐款 20 万元；2014 年向香港联交所捐款 100 万元，向广东省青年联合会捐款 100 万元，向中山博爱基金会捐款 100 万元，向深圳市新闽青年服务中心青年创业帮扶基金捐款 50 万元；2015 年捐款 262 万元支持"新闽青年服务中心""青年创业基金""广东青少年发展基金会"等。

2016 年，郑耀南捐资 1000 万元同厦门大学创办"厦门大学闽商研究院"，旨在为培养新一代闽商企业家而贡献自己的力量。2016 年向新疆生产建设兵团妇联捐赠女性产品 1000 万元，致力于慈善公益事业和精准扶贫开发。

郑耀南说，"企业和个人是社会的细胞，我们的价值不仅在于创造了多少经济效益，更重要的是要担负起更多的社会责任，多做对社会有益的事情。个人的捐助活动只是做了一点点我们应该做的事情，希望我们的爱心能够带动更多的人和企业投入慈善事业，弘扬慈善文化，逐步推动我国慈善公益事业的健康发展。"

除了积极投身公益慈善事业，郑耀南还肩负政协委员的职责。作为广东省及东莞市政协委员，郑耀南积极建言献策、履职尽责，近年来共提交《关于石马河流域水污染治理的建议》《关于运用经济杠杆管理停车是缓解城市交通拥堵必由之路的建议》等提案 11 份，其中《关于细分经营渠道、培植"隐形冠军"企业，促进社会经济均衡发展的提案》《关于进一步深化我市企业兼并重组盘活经济的建议》等提案被评选为优秀提案。

作为民革都市丽人支部的主委，郑耀南在上级的指导和关心下，积极与企业的中共组织互助协作，围绕加强企业发展、密切联系群众、促进社会建设等各方面，在民营企业这一政党建设的新领域，开展了多元化的工作，并依据《中国国民党革命委员会章程》，制定了《民革都市丽人实业有限公司支部管理制度总则》。2015 年，郑耀南带领都市丽人民革支部携手中共支部，通过召开都市丽人集团多党合作联席会议、筹建中国民营企业第一个多党合作展览厅等一系列措施，积极宣传中国共产党领导的多党合作和政治协商制度，推动政党基层组织在民营企业的交流与合作，同时借助基层组织的示范作用，在企业内部营造倡导协作、鼓励创新、担责、奉献的企业文化。都市丽人开展民营企业多党合作的做法，得到了民革中央领导及中共广东省委东莞市委有关领导的高度评价，国内各大媒体集中进行了相关宣传报道。

在郑耀南的精心打造下，都市丽人始终秉持世界级企业的标准，勇于创新，产品质量、品牌文化、营销等各方面不断提高，推动着中国内衣产业的进一步发展，也成为内衣行业首屈一指的领跑者，在成为中国第一、亚洲第二之后，都市丽人正在向全球前三强的目标阔步前进。■

后　记

在历时大半年的编撰过程中,《人民慈善家》得到了人民出版社和中国政协杂志社领导及有关部门的重视和大力支持,更得到了入编慈善家和他们所在机构工作人员的热心帮助。一些素来低调或繁忙的慈善家,也破例在百忙中接受了我们的邀请和访问,提供了详尽的文图资料,并与我们一道分享了他们的人生经历和经验……这是《人民慈善家》得以成功编撰出版的关键所在。对此,我们特别向他们致以衷心的感谢!

今天,在我们的身边,还有许许多多的慈善家,正在默默地用自己的爱心和行动诠释着"善行天下"的理念。《人民慈善家》所展现的,仅仅是少数中华儿女参与慈善公益事业的一个缩影。由于人手和能力有限,且筹备时间较短,《人民慈善家》所展现的先进事迹难免挂一漏万,也还有许许多多慈善家的先进事迹这次没有机会展现。在此,敬请各界包涵,批评指正。

责任编辑：贺　畅

责任校对：吕　飞

图书在版编目（CIP）数据

人民慈善家 / 刘军主编 .—北京：人民出版社 , 2017

ISBN 978-7-01-017236-1

Ⅰ . ①人… Ⅱ . ①刘… Ⅲ . ①慈善事业—名人—生平
事迹—中国—现代 Ⅳ . ① K825.38

中国版本图书馆 CIP 数据核字（2016）第 319571 号

人民慈善家
renmincishanjia

刘　军　主编

人民出版社 发行

北京市东城区隆福寺街 99 号金隆基大厦　邮编：100706

网址 http://www.peoplepress.net

新华书店总店北京发行所经销

北京雅昌艺术印刷有限公司印刷

开本：1/16　印张：19　字数：400 千字

版次：2017 年 1 月 第 1 版　2017 年 1 月北京第 1 次印刷

书号：ISBN 978-7-01-017236-1　定价：410.00 元

邮购地址：北京市东城区隆福寺街 99 号金隆基大厦　邮编：100706

人民东方销售中心　电话（010）66192645　65289539